जनता के बीच जनता की बात

(नुक्कड़ नाटक संग्रह)

जनता के बीच जनता की बात

(नुक्कड़ नाटक संग्रह)

संपादक : प्रज्ञा

वाणी प्रकाशन
21-ए, दरियागंज, नयी दिल्ली-110002
फोन : 011-23273167, 23275710
फैक्स : 011-23275710
e-mail : vaniprakashan@gmail.com
website : www.vaniprakashan.com

वाणी प्रकाशन का लोगो
विख्यात चित्रकार मक़बूल फ़िदा हुसेन
की कूची से

वाणी प्रकाशन
21-ए, दरियागंज, नयी दिल्ली-110002
द्वारा प्रकाशित
प्रथम संस्करण : 2008

मूल्य : 295.00
आवरण चित्र : निशांत नाट्य मंच की नाट्य प्रस्तुति
नागरी प्रिंटर्स, शाहदरा, दिल्ली-110032
द्वारा मुद्रित

JANTA KE BEECH
JANTA KI BAAT
Edited by : Pragya

भूमिका

आजादी के बाद भारत में लोकतंत्र की स्थापना के साथ, संविधान के माध्यम से जनता के लोकतांत्रिक-जनवादी अधिकारों को सुरक्षित रखने तथा जनवादी मूल्यों के संरक्षण के सरकारी प्रयास किये गये। देश की आम जनता को यह आश्वासन मिला कि अब शोषण और असमानता पर आधारित व्यवस्था का अंत हो जाएगा और प्रत्येक मनुष्य चाहे वह किसी भी जाति, धर्म, रंग, नस्ल या फिर सम्प्रदाय को मानने वाला क्यों न हो अपनी सामाजिक-राजनीतिक-सांस्कृतिक तथा आर्थिक मुक्ति को पा सकेगा। देश की आम जनता के लिए देश की आजादी के यही मायने थे। ये वही लक्ष्य थे जिनके लिए उसने ब्रिटिश साम्राज्य की दमनकारी ताकत से संगठित होकर लोहा लिया था। आजादी के बरस-दर-बरस बीत जाने के बाद भी यह लड़ाई अभी समाप्त नहीं हुई है। अभी भी देश की जनता को एक ऐसे सामाजिक-राजनीतिक वातावरण की प्रतीक्षा है जहाँ अन्याय, शोषण और असमानता का अंत हो चुका हो। इसीलिए स्वाधीनता प्राप्ति से लेकर आज तक भारत की बहुसंख्यक जनता ने यह अंनुभव किया है कि जनवाद एक शब्द मात्र है जिसमें समानता, स्वतंत्रता और बंधुत्व से मिली-जुली भावना सिरे से गायब है और आजाद भारत में सत्ता ने समय-समय पर जनता के जनवादी अधिकारों का हनन किया है।

जनता के इसी अनुभव को अभिव्यक्त करने और उसके मानवीय अधिकारों को बचाए रखने के विचार से ही जन-आंदोलनों के सांस्कृतिक औजार के रूप में नुक्कड़ नाटकों की शुरुआत हुई। जिनका उद्देश्य सत्ता की जनविरोधी नीतियों और समाज में प्रचलित जनविरोधी जड़ सामंती मूल्यों का विरोध करते हुए जनता के प्रतिरोध को मुखर करना था। यानी कि जनता के बीच जनता की बात को लेकर जाना। आपातकाल में शासन की तानाशाही प्रवृत्ति के विरोध से लेकर वर्तमान पूंजीवादी नव-साम्राज्यवादी व्यवस्था द्वारा जनता के शोषण और उत्पीड़न के विरुद्ध, नुक्कड़ नाटकों ने आवाज उठाई है। जनवाद पर हो रहे हमले की प्रतिक्रिया में नुक्कड़ नाटककारों और रंगकर्मियों ने जनता का पक्ष लेकर उनके संघर्ष में सच्ची भागीदारी की है।

आठवें दशक में देश भर में चल रहे जनवादी आंदोलनों में शिरकत करते हुए कई रचनाकार नुक्कड़ नाटकों की ओर उन्मुख हुए। इनमें शिवराम, रमेश उपाध्याय, स्वयं प्रकाश, राजेश कुमार, गुरुशरण सिंह, असगर वजाहत आदि शामिल थे। इन रचनाकारों ने नुक्कड़ नाटक को जनवादी रंगकर्म की महत्वपूर्ण विधा के रूप में स्थापित किया। ये रचनाकार मानते थे कि यदि आम जनता नाटक देखने प्रेक्षागृहों तक नहीं पहुँच पा रही है तो क्यों न नाटक को ही जनता के पास ले जाया जाए? हिंदी प्रदेश की कई नाट्य मंडलियों की शुरुआत इन्हीं रचनाकारों के नुक्कड़ नाटकों से हुई। इन रचनाकारों ने नाट्य मंडलियों के साथ मिल कर अनेक नुक्कड़ नाटक रचे। शिवराम का नाटक 'जनता पागल

हो गई है', रमेश उपाध्याय के नाटक 'गिरगिट', 'हरिजन दहन', और 'राजा की रसोई' और असग़र वजाहत का 'सबसे सस्ता गोश्त', जैसे अनेक नाटक, मंडलियों द्वारा खेले गये। नुक्कड़ नाटक ने अपनी तीन दशकों से अधिक की संघर्ष-यात्रा में न सिर्फ आपात्काल के हमले का विरोध किया है बल्कि आम जनता को प्रभावित करने वाली अनेक समस्याओं पर उसने अपनी जन-पक्षधर आवाज उठाई है। इसीलिए नुक्कड़ नाटकारों ने साम्प्रदायिकता, जातिवाद, सामंतवाद, वैश्विक आतंकवाद, युद्धोन्माद तथा बाजारवादी पूँजीवाद जैसी व्यापक समस्याओं से लेकर आम जनता के रोजमर्रा के जीवन से जुड़ी महँगाई, भ्रष्टाचार, बेरोजगारी, दहेजप्रथा, अशिक्षा, अवैज्ञानिक दृष्टिकोण और असमानता जैसे विषयों को नुक्कड़ नाटकों के जरिए उठाया है। ऐसा करते हुए इन नाटकों ने समय-समय पर चलाए जाने वाले जन-आंदोलनों में अपनी प्रभावशाली उपस्थिति दर्ज की है।

नुक्कड़ नाटक के उदय के समय से ही हिंदी प्रदेश में नाटककारों के साथ-साथ निशांत नाट्य मंच और जन नाट्य मंच ने अपने नाटकों के माध्यम से अपने समय, परिवेश और समाज की समस्याओं को अपने नाटकों में प्रस्तुत किया है। भारत, पाकिस्तान, नेपाल, बंगलादेश और भूटान के मेहनतकशों के बीच पचास से अधिक नाटकों की तीन हजार से अधिक प्रस्तुतियाँ करने वाले निशांत नाट्य मंच की स्थापना सन् 1977 के अंत में दिल्ली में हुई। निशांत ने प्रारंभ से ही जनवादी मूल्यों और जनपक्षधर सिद्धांतों के प्रचार-प्रसार को अपना लक्ष्य माना है। देश की आजादी के लिए शहीद हुए अशफाक, रामप्रसाद बिस्मिल, भगत सिंह और चंद्रशेखर आजाद के सपनों के भारत को अपने नाटकों का विषय बनाया है। निशांत के नाटक शासक वर्ग की निरंकुशता और मनमानी नीतियों का विरोध करते हैं। निशांत नाट्य मंच ने महिलाओं के शोषण, अमानवीयकरण, साम्प्रदायिकता, असहिष्णुता, बहुराष्ट्रीय कम्पनियों की लूट, अँग्रेजियत के विरोध के प्रति स्वयं को प्रतिबद्ध किया है। दूसरी नाट्य-मंडली जन नाट्य मंच, सन 1973 में दिल्ली के कुछ वामपंथी रंगकर्मियों के प्रयासों से स्थापित हुई। जनम के नाटकों में आम जनता के अपनी परिस्थितियों के प्रति असंतोष, आक्रोश तथा बेचैनी को अभिव्यक्ति मिली है। जनम नुक्कड़ नाटक को वहाँ लेकर गया जहाँ पर शोषण, अन्याय, गरीबी, भुखमरी में पिसता हुआ आम आदमी अपने जीवन ही नहीं बल्कि अपने स्वाभिमान की लड़ाई भी लड़ रहा था। जनम की नाट्य-यात्रा में इस नाट्य संस्था के संस्थापकों में से एक सफदर हाशमी का बड़ा योगदान रहा है। सफदर ने नुक्कड़ नाटक लेखन से लेकर उसकी सैद्धांतिकी तैयार करने तक और गम्भीर विषयों पर लेख लिखने से लेकर बच्चों के लिए कविताएँ और नाटक लिखने जैसे कई काम किये। 1 जनवरी 1989 में राजनीतिक गुंडों द्वारा सफदर की हत्या ने समाज के राजनीतिक कार्यकर्त्ताओं, रंगकर्मियों, बुद्धिजीवियों और आम मजदूर-किसानों को उद्वेलित कर दिया। जन नाट्य मंच इस घटना के बाद और अधिक शक्ति और साहस

के साथ जनवादी रंगकर्म में जुट गया। जन नाट्य मंच ने मँहगाई, चुनाव, सांप्रदायिकता, आर्थिक नीतियों के जन-विरोधी स्वरूप, ट्रेड यूनियनों के अधिकारों, महिलाओं के अधिकार और शिक्षा प्रणाली जैसे मुद्दों पर नाटक किये हैं।

इस संग्रह के सभी नुक्कड़ नाटक, नुक्कड़ नाटककारों तथा नाट्य मंडलियों के सामाजिक सरोकारों, गहरी जनप्रतिबद्धता और परिवर्तन में आस्था को अभिव्यक्त करते हैं। जन-आंदोलनों से जुड़े इन नाटकों की विशिष्टता इस बात में है कि ये नाटक जनता की समस्याओं, परेशानियों और तकलीफों से सीधे तौर पर जुड़े हुए हैं। ये नुक्कड़ नाटक हमारे समय के उत्पीड़ित, शोषित और हाशिये पर डाल दिये गये तबकों की आवाजें हैं। इसलिए इन नुक्कड़ नाटकों में जनतंत्र, जनता की सामूहिक इच्छा का प्रतिफलन है, जिसके जरिए देश की सामाजिक, राजनीतिक, आर्थिक, और सांस्कृतिक उन्नति के रास्ते तलाश किए जाते हैं। लेकिन पिछले दो दशकों में देश में राजनीतिक-सामाजिक-सांस्कृतिक स्तर पर भारी परिवर्तन आया है। अयोध्या और उसके बाद गुजरात में हिंदुत्व की प्रयोगशाला के माध्यम से जिस प्रकार सामाजिक-धार्मिक-सांप्रदायिक ध्रुवीकरण किया गया उससे देश की एकता को गहरा आघात पहुँचा है। इसी प्रकार सामाजिक न्याय की लड़ाई भी मात्र राजनीतिक सत्ता प्राप्ति के लक्ष्य तक ही सीमित हो कर रह गई है जबकि सामाजिक न्याय का रास्ता इससे आगे चलकर पूरे समाज के रूढ़िवाद और जड़तावाद की समाप्ति की ओर जाता है। आज सामाजिक न्याय के लिए किए गए संघर्ष की बदौलत दलित समुदाय के कुछ प्रतिनिधि सामाजिक-राजनीतिक स्तरों पर ऊँचे पदों पर पहुँच गए हैं परंतु इससे समाज में व्याप्त ब्राह्मणवाद समाप्त नहीं हो गया है। शिक्षा, खान-पान, प्रेम और विवाह जैसी बुनियादी बातें उठते ही यह सच खुलकर सामने आ जाता है। इससे यह बात साफ हो जाती है कि सामाजिक न्याय की लड़ाई मात्र राजनीति सत्ता प्राप्ति से ही पूरी नहीं हो जाती बल्कि इसके लिए एक लंबा सामाजिक-सांस्कृतिक संघर्ष करना होगा और उसका हथियार बनेगी शिक्षा। इस संग्रह में स्वयं प्रकाश के नाटक 'नई बिरादरी' का रामेश्वर और उसका दोस्त जाति और बिरादरी से बड़ी बिरादरी मनुष्यता की मानते हैं। सदियों से चली आ रही मनुवादी व्यवस्था के प्रबल पक्षधर समूह के ये घोर विरोधी हैं। यह व्यवस्था आज भी हाशिये के समाज को वहीं सिमटे रहने में समाज की उन्नति समझती है। वर्चस्व प्राप्त समूह वर्ण-व्यवस्था के निचले पायदान पर खड़े लोगों को इंसान नहीं समझता इसीलिए दमन की प्रचंड अग्नि में उन्हें भस्म कर देने में इसे कोई संकोच नहीं होता। रमेश उपाध्याय का नाटक 'हरिजन दहन' एक ऐसी ही कहानी को लेकर सामने आता है। यह नुक्कड़ नाटक एक ओर दलित जातियों के अपमान और अत्याचार की कहानी कहता है, तो दूसरी ओर उनके शिक्षित होने की गहन आवश्यकता को रेखांकित करता है। शिक्षित जनता न सिर्फ अपने उत्पीड़क का गुण-धर्म जान लेती है, बल्कि अपने अधिकारों की लड़ाई के लिए

संगठित भी होती है। जातिवाद से जुड़ा एक मुख्य मुद्दा आरक्षण का भी है। वास्तव में समाज में जातिवाद अभी भी जीवित है इसीलिए आरक्षण की आवश्यकता बनी हुई है। आरक्षण की व्यवस्था से सामाजिक-ऐतिहासिक कारणों से दबाए गए वर्गों को आगे आने का अवसर मिला है। निशांत का 'टुकड़ा नहीं पूरी रोटी लेंगे' जैसा नुक्कड़ नाटक, प्रतिभा की दुहाई देने वाले वर्ग के दोहरे चरित्र को सामने लाता है।

जातिवाद की इस समस्या का एकमात्र आयाम मानवीय गरिमा के हनन का ही नहीं है बल्कि सदियों से जातिवाद समाज में आर्थिक असमानता और सामाजिक रूढ़िवाद के साथ-साथ राजनीतिक जोड़-तोड़ का भी जरिया बना रहा है। जन-विरोधी शक्तियाँ मेहनतकश वर्ग को जाति और धर्म के आधार पर बाँटकर उनकी सामूहिक शक्ति को समाप्त करने का षड्यंत्र रचती हैं। ये शक्तियाँ जनता की बुनियादी जरूरतों जैसे रोटी, कपड़ा, मकान और मानवोचित जीवन जीने के लिए उपयुक्त परिस्थितियों से ध्यान हटाने के लिए धर्म के धुएँ का प्रयोग करती हैं। जनता को समझाया जाता है कि उनकी प्राथमिक समस्या धर्म और ईश्वर की आराधना करने की है न कि भुखमरी, बेरोजगारी और उचित पारिश्रमिक की। इस षड्यंत्र को उजागर करता है रमेश उपाध्याय का नाटक 'राजा की रसोई'। इसी प्रकार धर्म और मजहब के नाम पर फैलाये जा रहे सांप्रदायिक वैमनस्य के केंद्र में भी सत्ता प्राप्ति के लिए किए जाने वाला जोड़-तोड़ सक्रिय है। वास्तव में धर्म और मजहब पर आये खतरों को दिखाकर सांप्रदायिक ताकतें स्वयं को धर्मभीरु जनता का मसीहा बनाना चाहती हैं। समय-समय पर भड़क उठने वाले सांप्रदायिक दंगों का नेतृत्व करने वाले न तो हिंदू हैं और न ही मुसलमान। इनकी एक ही जाति है सत्ता की जाति। उनका एक ही धर्म है सत्ता पर काबिज रहने का धर्म। सत्ता जो चुनाव के दौरान अपनी उजली पाक छवि बनाकर जनता से धर्म और जाति के नाम पर वोट बटोरती है। सत्ता के इन ठेकेदारों के चेहरे असग़र वजाहत के नाटकों 'सबसे सस्ता गोश्त' और 'देखो वोट बटोरे अंधा' जैसे नुक्कड़ नाटकों में साफ दिखाई देते हैं।

वर्तमान समय में सांप्रदायिकता और धार्मिक कट्टरवाद की समस्या मात्र भारत की चौहद्दी तक महदूद नहीं रही है। यह एक विश्वव्यापी समस्या का रूप ले चुकी है। पिछले कुछ समय से अमेरिका के नेतृत्व में चल रहे 'आतंक के विरुद्ध युद्ध' ने पूरे विश्व को दो खेमों में बाँट दिया है। एक वे जो इस युद्ध में अमेरिका के साथ हैं और दूसरे वे जो अमेरिकी दमन को झेल रहे हैं। त्रासदी यह है कि जो आतंक से 'मानवता की रक्षा' का झंडा उठाए हुए हैं वे ही बाजार के लिए युद्ध करते हुए पूरी दुनिया में युद्ध का बाजार भी चला रहे हैं। स्थानीय स्तर से लेकर वैश्विक स्तर पर बढ़ी धार्मिक असहिष्णुता इतना अधिक विकृत रूप ले चुकी है कि किसी भी मनुष्य को मात्र इसलिए मारा जा सकता है कि वह आपके विश्वास का नहीं है और जो लोग अमेरिकी आतंक और कट्टरपंथियों

के आतंक का विरोध करते हुए एक बेहतर मानवीय समाज का विकल्प सुझाने का प्रयास करते हैं उन्हें 'राह' से भटका हुआ बतलाकर 'सही रास्ते' पर लाने के प्रयास किये जाते हैं।

वैश्वीकरण, निजीकरण और आर्थिक उदारीकरण को विकल्पहीन बतलाकर पूँजीवादी शक्तियाँ विश्व भर में श्रमिकों के मौलिक अधिकारों और जायज हकों को छीन रही हैं। बहुराष्ट्रीय कम्पनियों को तो सरकारें तमाम तरह की सुविधाएँ देने को तैयार हैं परंतु श्रमिकों की सामान्य-से-सामान्य माँगों को भी नकार दिया जाता है। बाजारवादी नव साम्राज्यवाद के कसते जा रहे शिकंजे के विरुद्ध जनम का 'संघर्ष करेंगे जीतेंगे' तथा निशांत का 'अंग्रेजी की गुलामी हमें मंजूर नहीं' जैसे नाटक प्रतिरोध की आवाज बनकर उभरते हैं। इसी प्रकार स्थानीय बाजार को नियंत्रित करने वाला व्यापारी वर्ग कालाबाजारी और भ्रष्टाचार से आम जनता के जीवन को और भी अधिक कष्टमय बना देता है। ऐसा व्यापारी वर्ग मात्र एक नागरिक का ही शत्रु नहीं है बल्कि वह पूरे समाज का शत्रु है जिसे नाटककार स्वयं प्रकाश ने अपने नुक्कड़ नाटक 'सबका दुश्मन' में उजागर किया है।

विश्व भर में चल रहे युद्धों, सत्ता परिवर्तनों, बढ़ते हुए कट्टरवाद तथा बदले हुए आर्थिक माहौल का सबसे अधिक प्रभाव महिलाओं पर पड़ा है। दुनिया की आधी आबादी पर कठमुल्लाओं और समाज की रूढ़िवादी ताकतों ने पहनने-ओढ़ने, सोचने-विचारने, चलने-फिरने, शिक्षित होने न होने से लेकर मनुष्य की तरह जीने तक पर पाबंदी लगा दी है। अब समाज में औरतों की हर सामान्य गतिविधि के लिए एक कायदा निश्चित कर दिया गया है। उस पर तुर्रा यह कि ऐसे समाज में बलात्कारों, इज्जत के लिए की जा रही हत्याओं, भ्रूण हत्याओं और आत्महत्याओं के लिए स्वयं स्त्रियों को ही जिम्मेदार ठहरा दिया जाता है। पुरुष वर्चस्ववाद, कानूनों और सामाजिक मान्यताओं के भीतर ऐसे चोर दरवाजे खोज लेता है जिसके जरिये हर स्याह को सफेद और सच को झूठ सिद्ध करना उसके लिए आसान हो जाता है। ऐसे में शिवराम का 'दुलारी की माँ', और जनम का 'वो बोल उठी' जैसे नाटक पुरुष-प्रधान समाज के अंधे पूर्वाग्रहों और जातिगत आधार पर किये जा रहे दोहरे अपमान का करारा जवाब बनकर उभरते हैं। ये नुक्कड़ नाटक दुनिया की आधी आबादी द्वारा समानता और सम्मानपूर्वक जीवन जीने के लिए किये जा रहे संघर्ष के सच्चे हमदर्द और हमसफर बनकर आते हैं। 'दुलारी की माँ', (शिवराम) 'वो बोल उठी' (जनम) की रजनी, माँ और रेशम आज की जागृत औरतों की प्रतिनिधि हैं। ये वे आवाजें हैं जो पुरुष वर्चस्ववाद के बंद कानों और कुंद दिमागों को झकझोरती हैं। इन नाटकों से यह साफ जाहिर होता है कि मात्र समस्याएँ गिना देने भर से वह दूर नहीं होतीं बल्कि उनके लिए अनवरत, अनथक लड़ाई लड़ी जानी जरूरी है।

बीसवीं शताब्दी का महत्त्व इतिहास में इसलिए गिनाया जा सकता है कि इस सदी में जन-संघर्षों ने निरंकुश बर्बर सत्ताओं को धूल चटाई है। चाहे वह रूस का जार हो या जर्मनी का हिटलर या फिर दमनकारी ब्रिटिश साम्राज्यवाद; सभी ने जनता के सामने घुटने टेके हैं। जनता के अपने जीवन की दिशा को पूरे 180 डिग्री तक पलट दिया है। दूसरी महत्त्वपूर्ण बात यह है कि भले ही यूरोप के लिए समता, स्वतंत्रता और बंधुत्व के मूल्य 18वीं शताब्दी में स्वीकार हुए हों परंतु भारत जैसे एशिया, अफ्रीका और दक्षिण अमेरिका के गरीब और संघर्षशील देशों ने इन आधारभूत जनवादी मूल्यों के अर्थ 20वीं शती में ही समझे। लेकिन आजादी और लोकतंत्र पा लेने के बाद भी भारत में निरंकुश तनाशाह सत्ताएँ नष्ट नहीं हो गई हैं, वे पूँजीवादी बाजारवादी ताकतों और रूढ़िवादी जड़ मान्यताओं की पोषक संस्थाओं की मदद से जब-तब आम जनता के अधिकारों का हनन करती हैं। इसलिए जनवादी अधिकारों की रक्षा के लिए निरंतर प्रयत्न करने की आवश्यकता अभी समाप्त नहीं हो गई है। ऐसे में शिवराम का 'नाट्य रक्षक' नाटक पूँजीवादी जनतंत्र के विकल्प के रूप में समाजवादी जनवाद की जरूरत पर बल देता है।

'सभ्यताओं के संघर्ष' के फासीवादी विचार को मूर्त्त रूप देते हुए आज जब दुनिया को युद्धों की आग में झोंका जा रहा है और साथ ही साथ शोषण और अन्याय पर आधारित पूँजीवादी नव साम्राज्यवाद को विकल्पहीन बतलाया जा रहा है, तब विकल्पों की खोज एक अनिवार्यता बन जाती है। इस संदर्भ में यह कहना अनुचित न होगा कि विकल्पहीन समाज वास्तव में निर्जीव समाज होते हैं। इस संग्रह के सभी नुक्कड़ नाटक इन विकल्पों को सुझाते हैं।

आज नुक्कड़ नाटक ने वह मुकाम हासिल कर लिया है कि नाटक का कोई भी अध्येता या विश्लेषक इसके अस्तित्व और महत्त्व को नकार नहीं सकता। नुक्कड़ नाटक आज देश के कोने-कोने में पहुँच रहा है। कारखानों के गेट से लेकर राजनीतिक रैलियों तक, मजदूरों के धरनों से लेकर शिक्षकों के प्रदर्शनों तक, दलितों की सभाओं से लेकर महिलाओं के लिए संसद में आरक्षण की मांग के लिए निकाले जा रहे जुलूसों तक, विश्वविद्यालयों, महाविद्यालयों के छात्र-छात्राओं से लेकर प्रशिक्षित कालाकारों तक सभी ने नुक्कड़ नाटकों की शक्ति और उपयोगिता को पहचाना है। अब कोई भी नाट्य समीक्षक नुक्कड़ नाटक को 'गटर थियेटर' नहीं कह सकता और न ही यह कहा जा सकता है कि नुक्कड़ नाटक बिना किसी तैयारी, पूर्वाभ्यास या गम्भीर समझ के बस यों ही तैयार किया जा सकता है। आज नुक्कड़ नाटक का अपना सौंदर्यशास्त्र है। पर जहाँ एक ओर नुक्कड़ नाटक की लोकप्रियता बढ़ी है वहीं नुक्कड़ नाटक लेखन के क्षेत्र में कुछ समस्याएँ भी उभर कर आ रही हैं। पहली समस्या यह है कि नुक्कड़ नाटककारों का एक बड़ा वर्ग है जो कि इसके उदय के समय से ही इसके साथ था, स्वयं को इससे अलग-थलग पा रहा

है। कारण है नुक्कड़ नाटक लेखन के क्षेत्र में चलने वाला यह विवाद कि 'नुक्कड़ नाटक का लेखन एक व्यक्ति द्वारा होना चाहिए या फिर सामूहिक'। नुक्कड़ नाटक को एक सामूहिक विधा मानते हुए अधिकांश नुक्कड़ नाट्य मंडलियों ने स्वयं अपने सामूहिक प्रयासों से नुक्कड़ नाटक लिखना प्रारम्भ कर दिया है। इस स्थिति से नुक्कड़ नाटककारों को यह अनुभव होता है कि व्यक्तिगत प्रतिभा को उचित अवसर नहीं मिल पा रहा है। दूसरी समस्या यह है कि अनेक नाट्य मंडलियाँ, दूसरी प्रतिष्ठित नाट्य मंडलियों और नाटककारों के प्रसिद्ध व प्रकाशित नाटकों को ज्यों का त्यों या फिर उनमें अपने मनमाफिक परिवर्तन कर अपने नाम से प्रस्तुत करने लगीं हैं। दूसरे, नाटक करते समय न तो नाटककारों व नाट्य मंडलियों से कोई अनुमति ली जाती है और न ही उन्हें उनके नाटकों के प्रदर्शन की कोई सूचना भेजी जाती है। यह स्थिति नुक्कड़ नाटक के लिए अच्छी नहीं कही जा सकती। इसीलिए मेरा उन सभी साथियों से अनुरोध है जो नुक्कड़ नाटक कर रहे हैं कि वे न केवल इस संग्रह के बल्कि जिस किसी भी नाटककार या नाटक मंडली के नाटक करें, उनकी प्रतिभा का समुचित सम्मान करते हुए नाटक करने से पूर्व उनकी अनुमति लें, सम्भव हो तो उन्हें नाटकों के प्रदर्शन के समय आमंत्रित करें और जनता के बीच, जनता के नाटककार का नामोल्लेख कर उसे पूरा आदर दें।

अब कुछ बातें जनता की बात जनता के बीच रखने वाले नुक्कड़ नाटकों के इस संग्रह की जरूरत के बारे में। हुआ यों कि जब नुक्कड़ नाटकों पर मेरी पुस्तक 'नुक्कड़ नाटक : रचना और प्रस्तुति' राष्ट्रीय नाट्य विद्यालय से प्रकाशित हुई तो बावजूद इस विधा की लोकप्रियता के मुझसे कई लोगों ने यह प्रश्न पूछा कि क्या नुक्कड़ नाटकों की स्क्रिप्ट्स उपलब्ध हैं? यह मेरे लिए एक चौंका देने वाला प्रश्न था। मेरे द्वारा कई संग्रहों की जानकारी देने के बाद लोगों की कुछ जिज्ञासाएँ तो शांत हुईं पर इससे यह बात तो स्पष्ट हो ही गई कि अभी नुक्कड़ नाटकों के और संग्रहों की आवश्यकता है। तभी इस संग्रह को आकार देने की योजना बनी। साथ ही साथ मैं यह भी जानती हूँ कि अभी ऐसे अनेक संग्रहों को प्रकाश में लाने की जरूरत बनी हुई है। मैं राष्ट्रीय नाट्य विद्यालय के पूर्व निदेशक प्रो. देवेन्द्रराज अंकुर जी का विशेष आभार व्यक्त करती हूँ जिनके सतत् प्रोत्साहन और सहयोग से यह संग्रह तैयार हुआ। वाणी प्रकाशन के अरुण माहेश्वरी जी का धन्यवाद जिन्होंने इस संग्रह को प्रकाशित किया। अंत में, मैं उन सभी सृजनशील, सक्रिय और जनप्रतिबद्ध साथियों का आभार व्यक्त करती हूँ जिनके सहयोग से यह संग्रह आकार ले पाया।

दिल्ली **प्रज्ञा**

फरवरी 2008

अनुक्रम

			पृष्ठ
	भूमिका		
1. **परिचय**	:	असग़र वजाहत	1
नाटक	:	सबसे सस्ता गोश्त	
		देखो वोट बटोरे अंधा	
2. **परिचय**	:	जन नाट्य मंच	15
नाटक	:	संघर्ष करेंगे जीतेंगे	
		वो बोल उठी	
3. **परिचय**	:	निशांत नाट्य मंच	65
नाटक	:	टुकड़ा नहीं पूरी रोटी लेंगे	
		अँग्रेजी की गुलामी हमें मंजूर नहीं	
4. **परिचय**	:	रमेश उपाध्याय	86
नाटक	:	राजा की रसोई	
		हरिजन दहन	
5. **परिचय**	:	शिवराम	129
नाटक	:	दुलारी की माँ	
		नाट्य रक्षक	
6. **परिचय**	:	स्वयं प्रकाश	186
नाटक	:	नई बिरादरी	
		सबका दुश्मन	

परिचय

असग़र वजाहत

जन्म	:	5 जुलाई 1946, फतेहपुर उत्तर प्रदेश।
मंचीय नाटक	:	शहंशाह-ए-ताज एक गधा (1968), फिरंगी लौट आए (1974), इन्ना की आवाज़ (1976), वीरगति (1982), समिधा (1986), जिस लाहौर नहीं देख्या ओ जम्मया ही नहीं (1989), अकी (1998)।
नुक्कड़ नाटक	:	सड़क पर, ऑन ड्यूटी, देश को आगे बढ़ाओ, नया अध्यादेश, फर्क कहाँ है?, आग, नंगा प्रसाद, सबसे सस्ता गोश्त, क्या उपाय है, मुरलीधर की मुरली, गाड़ी, डॉक्टर जनता है, पूरा प्यार, देखो वोट बटोरे अंधा आदि।
नुक्कड़ नाटक संग्रह	:	सबसे सस्ता गोश्त।
सम्पर्क	:	79, कला विहार, मयूर विहार - 1, दिल्ली-91
दूरभाष	:	2712384

सबसे सस्ता गोश्त

असग़र वजाहत

(मंच स्थल पर गायक आता है और गाना प्रारंभ करता है।)

गायक : हिंदु मुस्लिम सिख ईसाई
नहीं है कोई भाई-भाई
करते हैं सब मिल के लड़ाई
मारा पीटा आग लगाई
जब देखो तब आफत आई
रोज लड़ाई, रोज लड़ाई
(स्वर बदल कर)
धरम के नाम पर बच्चों की टाँगें चीर देते हैं।
धरम के नाम पर औरत की छाती काट देते हैं।
धरम के नाम पर जिंदा जलाते हैं ये लोगों को।
धरम के नाम पर लाशों की ये मंडी सजाते हैं।

(गायक चला जाता है और मंचस्थल पर एक हिन्दू नेता तथा एक मुसलमान नेता आते हैं।)

(दोनों हाथ पकड़ कर नाचते हुए गाते हैं।)

दोनों : नेता हैं हम जात के
हिंदू हैं न मुस्लिम
अरे काम हमारा लूट के खाना
हिंदू हैं न मुस्लिम
(नाचते-नाचते रुक जाते हैं।)

हिंदू नेता : चुनाव सिर पर आ गए। काम कुछ हुआ नहीं। वोट लेना फिर पड़ेगा .... वैसे तो मेरे चुनाव क्षेत्र में हिन्दुओं का बहुमत है .... पर सब मुझसे घृणा करते हैं।

मुस्लिम नेता : मेरे चुनाव इलाके में मुसलमानों की तादाद ज्यादा है। पर वो सब मेरी शक्ल से नफरत करते हैं।

दोनों मिलकर : पर हम नेता हैं। हम नफरत को प्यार में बदलना जानते हैं .... हम उनसे कहेंगे ....

मुस्लिम नेता : बिरादराने इस्लाम हिंदुओं ने तुम्हें बर्बाद कर दिया। तुम्हारे घर उजाड़ दिए। तुम्हें जिंदा जला दिया .... लेकिन घबराने की क्या बात है मैं तुम्हारे साथ हूँ .... मैं ....

हिंदू नेता : आर्यावर्त्त के सुपुत्रों इन मलेच्छ मुसलमानों ने भारत-माता के टुकड़े कर डाले। इन्हें क्या अधिकार है यहाँ रहने का। इन्होंने तुम्हारी औरतों की इज्जत लूटी है। बच्चों के गले काटे हैं .... आओ हम मिल-जुलकर आगे बढ़ें .... मैं तुम्हारे साथ हूँ, तुम्हारा सेवक .... हाथ जोड़ता है।

मुस्लिम नेता : मैं लोगों का दिल जीत लूँगा। जब उन्हें कर्फ्यू पास दिलाऊँगा ....

हिंदू नेता : राहत सामग्री बाटूँगा।

मुस्लिम नेता : जमानतें कराऊँगा।

हिंदू नेता : मंदिर बनवाने के लिए चंदा जमा करूँगा।

मुस्लिम नेता : मस्जिद की मरम्मत कराऊँगा।

हिंदू नेता : हर-हर महादेव।

मुस्लिम नेता : अल्लाहो अकबर।

(एक मुल्ला और एक पंडित भागते हुए मंच स्थल पर आते हैं और हिंदू नेता के चरणों में पंडित और मुसलमान नेता के चरणों में मुल्ला बैठ जाते हैं और दोनों उन दोनों के पैर पकड़ लेते हैं)

मुस्लिम नेता : (मुल्ला जी से) मुल्लाजी क्यों उदास हो?

मुल्ला : मस्जिद बनवाने के लिए चंदा कम जमा होता है .... मेरी साख गिर रही है।

हिंदू नेता : (पंडित से) क्या कष्ट है पंडित जी।

पंडित : दान दक्षिणा, पूजा, पाठ, हवन आदि कोई नहीं कराता बहुत विधर्म है।

हिंदू-मुस्लिम नेता

एक साथ : दोनों खड़े हो जाओ। जैसा कहा जाए करो........पाँचों उंगलियाँ घी में होंगी, सिर कढ़ाई में होगा, टाँगे चूल्हे में होंगी।

(मुल्ला-पंडित खड़े होकर ताली बजाते हैं और नाचने लगते हैं।)

मंच पर दो बदमाश आते हैं और आते ही ठहाके लगाते हैं।

बदमाश : गिटिर पिटिर बोल कर ही काम नहीं चलेगा नेताओं .... देश के रक्षकों .... आग तो हम ही लगाएँगे .... गोलियाँ तो हम ही चलाएँगे। बच्चों की गर्दन तो हम ही काटेंगे .... औरतों की इज्जत तो हम ही लूटेंगे। उनकी छातियाँ तो हम ही काटेंगे .... कभी वर्दी पहन कर कभी उतारकर हम ही आएँगे ....

हिंदू नेता : आओ बहादुरों तुम तो मेरा दाहिना हाथ हो।

मुस्लिम नेता : आओ बहादुरों तुम तो मेरी आँखें हो।

(हाथ पकड़ कर गोला बना लेते हैं और गाना गाते हुए नाचते हैं।)

समूह गान : सारे जहाँ से अच्छा।
हिंदोस्ता हमारा
हम बुलबुले हैं इसकी
ये गुलिसितां हमारा
मजहब नहीं सिखाता
आपस में बैर रखना
हिन्दी हैं हम वतन है
हिन्दोस्तां हमारा।

(गाना खत्म करके बदमाश मंच स्थल के कोने पर रखी एक पोटली उठा कर क्रमशः हिंदू और मुसलमान नेताओं को देते हैं।)

मुस्लिम नेता : **(मुल्ला जी से)** मुल्ला जी इसे लेकर मस्जिद में डाल दो।

मुल्ला : क्या है इसमें ....

मुस्लिम नेता : क्या होगा? बचपने वाली बातें करते हो, इसमें है सुअर का गोश्त।

(मुल्ला पोटली छोड़ देता है।)

हिंदू नेता : (पंडित से) ये पोटली उठाओ .... इसमें है गाय का गोश्त।

(पंडित पोटली छोड़ देता है।)

हि. मु. नेता : अपनी-अपनी पोटलियाँ उठाओ .... हिम्मत से काम दिखाओ .... जाओ मंदिर में गाय और मस्जिद में सुअर पहुँचाओ।

(मंचस्थल से सब निकल जाते हैं।)

मंचस्थल पर दो पोटलियाँ आकर गिरती हैं और एक तरफ से हिंदू तथा

दूसरी तरफ से मुसलमान आते हैं।

हिंदू : हर-हर महादेव।

मुसलमान : अल्लाहो अकबर।

हिंदू : हम तुम्हारा खून पी जाएँगे।

मुसलमान : हम तुम्हें जहन्नुम पहुँचा देंगे।

(दोनों गिरोह और पास आते हैं, नारे और जोर से लगाते हैं और अपने-अपने हथियार सीधे कर लेते हैं। शोर बढ़ता है। अचानक एक आदमी दोनों गुटों के बीच में आ जाता है—चीख कर कहता है।)

आदमी : ठहरो, रुको .... बात सुनो .... मैं जानता हूँ तुम लोग न हिंदू हो न मुसलमान .... तुम लड़ने का फैसला करके ही घर से निकले हो .... लेकिन बताओ तो आखिर बात क्या है?

हिंदू : मुसलमानों ने मंदिर में गाय का गोश्त फेंका है ये देखो।

मुसलमान : हिन्दुओं ने मस्जिद में सुअर का गोश्त फेंका है ये देखो। (आदमी झुककर दोनों पोटलियों को देखता है फिर खड़ा होकर)

आदमी : भाइयों ये सुअर और गाय का गोश्त नहीं है।

भीड़ : है है .... क्यों नहीं है ....

आदमी : नहीं, नहीं दोस्तों मैंने दुनिया देखी है। क्या तुम समझते हो मैं गाय और सुअर के गोश्त को नहीं पहिचानता .... देखो अगर ये सुअर का गोश्त होता तो इसमें चर्बी होती .... देखो चर्बी कहाँ है .... अगर ये गाय का गोश्त होता तो लाल होता .... रेशे .... होते .... इसमें रेशे कहाँ हैं .... नहीं नहीं ये गाय और सुअर का गोश्त तो हो नहीं सकता .... धोखा हुआ है तुम लोगों को।

भीड़ : फिर ये किसका गोश्त है?

आदमी : सुनो........ये आदमी का गोश्त है।

भीड़ : आदमी का गोश्त है?

आदमी : **(विश्वास से)** हाँ आदमी का गोश्त .... ये रंग .... ये वे रेशे . ... ये तो आदमी का गोश्त है मेरे भाई, आदमी का ....

हि. मु. नेता : नहीं नहीं .... तुम झूठ बोल रहे हो।

आदमी : रंग और रंगत देखो .... रेश देखो .... ये आदमी के गोश्त के अलावा कुछ हो ही नहीं सकता।

कुछ आवाजें : (ठंडेपन से) अच्छा, आदमी का गोश्त है।

एक आवाज : तब कोई बात नहीं।

दूसरी आवाज : मंदिर अपवित्र नहीं हुआ।

तीसरी आवाज : मस्जिद नापाक नहीं हुई।

चौथी आवाज : चलो अच्छा ही हुआ।

पाँचवीं आवाज : धरम बच गया।

हिंदू नेता : चलो हिंदुत्व के रक्षकों, ये गाय का नहीं, आदमी का गोश्त है।

मुसलमान नेता : चलो इस्लाम के सिपाहियों, ये सुअर का नहीं आदमी का गोश्त है।

बदमाश : च : च : च : आदमी का गोश्त

(सब चले जाते हैं)

◆◆◆◆◆

देखो, वोट बटोरे अंधा

असग़र वजाहत

पात्र

ब्रजलाल सिरमू	: क्षेत्र का एम. पी.
गीता सिरमू	: एम. पी. की पत्नी
रागनी सिरमू	: एम. पी. की विदेश में पढ़ी बेटी
कालू सिरमू	: क्षेत्र का गरीब किसान
लाला सिरमू	: कालू सिरमू का अनपढ़ बेटा
प्रधान सिरमू	: कालू सिरमू के गाँव का प्रधान
सेवक सिरमू	: ब्रजलाल सिरमू का नौकर

मंच स्थल : किसी भी खुली जगह या मंच पर नाटक प्रस्तुत कर सकते हैं, दृश्यों में नाटक को विभाजित नहीं किया गया है, मंच स्थल पर होने वाली गतिविधियाँ ही दृश्य को स्थापित कर देंगी।

भाषा : क्षेत्र के अनुसार बदली जा सकती है,

(कालू सिरमू और लाला सिरमू का प्रवेश, इधर-उधर देखते हैं)

(गाना गाते हैं)

जाति ही पूछो, जाति ही पूछो
जाति ही पूछो, जाति ही पूछो

कुछ मत देखो, जाति ही देखो
कुछ मत मानो, जाति ही मानो
कुछ मत समझो, जाति ही समझो
कुछ मत जानो, जाति ही जानो

जाति ही पूछो, जाति ही पूछो
जाति ही पूछो, जाति ही पूछो

काला न देखो, पीला न देखो
सीधा न देखो, उल्टा न देखो
खाई न देखो, कुआँ न देखो
जाति ही देखो, जाति ही देखो

जाति ही पूछो, जाति ही पूछो
जाति ही पूछो, जाति ही पूछो

शिक्षा न देखो, काम न देखो
नगर न देखो, गाँव न देखो
पुण्य न देखो, पाप न देखो
न्याय न देखो, अन्याय न देखो,

जाति ही पूछो, जाति ही पूछो
जाति ही पूछो, जाति ही पूछो
(गाना समाप्त होता है)

सेवक सिरमू : ओ .... कौन हो तुम लोग .... बताव .... घुसे चले आ रहे हैं .... अरे यम.पी. की कोठी है .... अभी पुलिस में एक फोन लगा देंगे तो जीवन भर चक्की पीसोगे।

कालू सिरमू : अरे यह श्री ब्रजलाल सिरमू की कोठी है न?

सेवक सिरमू : अरे बाहर गेट पर सूरज जैसा नाम चमक रहा है, पढ़ा नहीं?

कालू सिरमू : पढ़े होते तो पूछते क्यों?

सेवक सिरमू : इसी से (लाला सिरमू की ओर संकेत कर) पढ़वा लेते........कौन है तुम्हारा?

कालू सिरमू : हमारा बेटा है .... लाला सिरमू .... पर पढ़ा नहीं है .... हम कालू सिरमू हैं .... ब्रजलाल सिरमू हमें अच्छी तरह जानते हैं ....

सेवक सिरमू : (व्यंग्य में) अच्छी तरह जानते हैं।

कालू सिरमू : अरे जात बिरादरी है .... हम भी सिरमू हैं .... वो भी सिरमू हैं ....

सेवक सिरमू : मैं भी सिरमू हूँ ....

कालू सिरमू : (प्रसन्न होकर) अपना जात बिरादरी (कालू सिरमू सेवक सिरमू से गले मिलने के लिए आगे बढ़ता है सेवक पीछे हट जाता है)

सेवक सिरमू : ठहर जा .... कालू ठहर जा .... सुन तुझे पता है देश में कितने सिरमू हैं?

कालू सिरमू : पूरे देस में?

सेवक सिरमू : हाँ हाँ पूरे देश में?

कालू सिरमू : होंगे सौ पचास करोड़।

सेवक सिरमू : ठीक .... अब बता .... मैं यानी सेवक सिरमू सबसे गले मिलने लगूँ तो मेरा क्या हाल हो जाएगा? समझा ....? अब जल्दी बता काम क्या है और यहाँ क्यों आया है?

कालू सिरमू : नेताजी से मिलना है।

सेवक सिरमू : नेता जी सो रहे हैं?

कालू सिरमू : सो रहे हैं? दिन का दस बजा है .... चुनाव में तो हमारे गाँव में छः बजे सुबह पहुँच गये थे।

सेवक सिरमू : अरे मूरख .... चुनाव का टैम .... और बाद का टैम बराबर नहीं है .... चुनाव के टैम में घड़ी घोड़े की तरह दौड़ती है .... चुनाव के बाद घड़ी कछुए की तरह चलती है .... समझा?

कालू सिरमू : सिरमू बाबू कब उठेंगे?

सेवक सिरमू : अब फिर वही जिहालत वाली बात .... अरे क्या नेताजी सोने से पहले किसी को बताकर सोते हैं कि कब उठेंगे .... जब मन में आएगा उठ जाएँगे .... तुम जाओ .... दस-पंद्रह दिन बाद आना।

कालू सिरमू : दस-पंद्रह दिन बाद उठेंगे?

सेवक सिरमू : अरे पागल .... तब उनके पास समय होगा।

कालू सिरमू : भइया दूर से आए हैं .... बड़ा किराया लगा है .... अब फिर से आना ....

सेवक सिरमू : अब देख लो .... बात यही है ....

(दूर से आवाज आती है)

ब्रजलाल सिरमू: अरे सेवक कौन आया है किससे बात कर रहा है .... ठेकेदार तो नहीं है ....

कालू सिरमू : जात बिरादर हैं .... कालू सिरमू .... बनेला गाँव के .... जात बिरादर हैं .... थोड़ा मिलने आए हैं।

(ब्रजलाल सिरमू मंच स्थल में आ जाता है)

कालू सिरमू : पहचान गए साहब .... गाँव बनेला .... सिरमुओं का गाँव है ..

...... पूरा वोट आपको ही पड़ा था .... पूरा ....

ब्रजलाल सिरमूः (अनमने मन से) हाँ .... हाँ याद आ गया .... कहो सब ठीक है न?

कालू सिरमू : सब ठीक है .... ये हमारा लड़का है लालू सिरमू .... पढ़ नहीं पाया .... पर खेती .... बाड़ी में समझदार है .... घर में चार भैंस भी पली हैं .... पच्चीस बीघा की दो फसली है .... टियूबवेल लगाया है ....

ब्रजलाल सिरमू : तो ट्रैक्टर के लोन के लिए आए हो?

कालू सिरमू : नहीं .... जी .... ट्रैक्टर तो है ही है .... एक तालाब भी है आपका .... सिंघाड़ा ....

ब्रजलाल सिरमूः (बात काटकर) खाद बीज का लोन लेना है?

कालू सिरमू : नहीं नहीं .... आपकी कृपा से सब है।

ब्रजलाल सिरमूः फिर क्या काम है तुम्हें .... क्यों आए हो?

कालू सिरमू : हमारा बेटा .... लाला सिरमू कैसा लगता है आपको?

ब्रजलाल सिरमूः कैसा लगता है? (चौंक कर) क्या मतलब?

कालू सिरमू : इसमें कोई कमी तो नहीं लगती?

ब्रजलाल सिरमूः (बिगड़कर) साफ साफ कहो .... कहना क्या चाहते हो?

कालू सिरमू : मैं अपने बेटे का रिश्ता, आपकी बेटी के साथ देने आया हूँ।

ब्रजलाल सिरमूः (बहुत आश्चर्य से) तुम अपने बेटे का रिश्ता मेरी बेटी रागनी सिरमू से देने आए हो?

कालू सिरमू : हाँ जी बिलकुल जाति की शादी जाति में।

(ब्रजलाल सिरमू बेहोश होकर गिर पड़ता है)

कालू सिरमू : अरे नेता जी को क्या हो गया।

सेवक सिरमू : क्या हो गया? बकवास करता है, ऐसी बात कर दी कि नेताजी बेहोश हो गये।

कालू सिरमू : क्या गलत बात कह दी? इसमें क्या बुराई है अगर मेरे बेटे लाला सिरमू का विवाह रागनी सिरमू के साथ हो जाए? हमारी जाति एक है।

सेवक सिरमू : (गुस्से में) अबे तू ये क्या बड़ी देर से जाति-जाति बके जा रहा है ... तुझे कुछ अकल भी है।

कालू सिरमू : जाति की महत्ता तुम नहीं सेवक सिरमू .... जाति की महत्ता तो ये (जमीन पर पड़े ब्रजलाल सिरमू की ओर संकेत करते हुए) .... समझते हैं .... चुनाव में जब हमारे गाँव आए थे तो बोले थे .... सबसे बड़ी चीज जाति ही है। एक जात-एक पात। बोले थे कुछ मत देखो केवल जाति देखो .... अच्छा बुरा कुछ नहीं बस अपनी जाति है, जाति ही .... ।

सेवक सिरमू : (बात काटकर) रागनी सिरमू बड़ी ऊँची पढ़ाई करके विदेश से आई है और तेरा लड़का जाहिल है।

कालू सिरमू : उससे क्या होता है, जाति तो एक ही है।

सेवक सिरमू : रागनी बेटी है तो सिरमू .... पर ब्रजलाल सिरमू एम.पी. की बेटी है .... करोड़ों की सम्पत्ति की मालिक है।

कालू सिरमू : उससे क्या होता है जाति तो एक ही है।

सेवक सिरमू : रागनी बेटी मैनेजिंग डायरेक्टर है।

कालू सिरमू : उससे क्या होता है जाति तो एक ही है।

सेवक सिरमू : उन्हें डेढ़ लाख महीना पगार मिलती है।

कालू सिरमू : उससे क्या होता है जाति तो एक ही है।

(मंच स्थल पर रागनी सिरमू आ जाती है।)

रागनी सिरमू : ओ .... ये .... डैड को क्या हो गया .... सेवक ....

सेवक सिरमू : बेबी .... डैड को कालू ने बेहोश कर दिया ....

रागनी सिरमू : ओ गॉड कौन कालू ....

कालू सिरमू : जी मैं कालू सिरमू .... मैं भी सिरमू जाति का हूँ .... मेरा बेटा भी सिरमू है .... आपके भी सिरमू हो .... आपके पिताजी भी ......

रागनी सिरमू : व्हाट नॉन सेन्स .... सेवक से क्या बक रहा है .... डैड बेहोश कैसे हो गए।

सेवक सिरमू : बेबी ये आदमी आपके डैड से बोला था कि अपने लड़के (इशारा करके

बताता है) की शादी आपके साथ करना चाहता है।

रागनी सिरमू : ओ माई गॉड .... इस लड़के के साथ मेरी शादी, (रागनी सिरमू गिरकर बेहोश हो जाती है।)

सेवक सिरमू : अरे पागल क्या अपनी बातों से पूरे .... परिवार को मार डालेगा ....

गीता सिरमू : (दूर से आवाज आती है) सेवक .... क्या बात है। कौन चिल्ला रहा है .... साहब कहाँ है? बेबी कहाँ गई ....

सेवक सिरमू : मैडम .... साहब बेहोश हैं, बेबी बेहोश हो गयी है। (गीता मंच स्थल पर आ जाती है।)

गीता सिरमू : अरे ये बेहोश हो गये।

सेवक सिरमू : जी ये आदमी है .... कहता है मेरे लड़के से बेबी की शादी कर दो। यही सुनकर साहब और बेबी बेहोश हो गये हैं।

गीता सिरमू : पागल तो नहीं हो गया है।

कालू सिरमू : (उत्तेजित होकर) आज हमें आप सब पागल कह रहे हो .... जब वोट लेने गाँव आते थे तो कहते थे कि जाति से बड़ा कुछ ना है। जाति पर वोट डालो .... जाति से बड़ा कुछ ना है .... आज बोलते हैं बेबी पढ़ी लिखी है .... तो हमसे काहे को बोला था कि जाति सबसे बड़ी है .... हमसे कहते जाति से बड़ी शिक्षा है तो हम लाला को पढ़ा देते ....

गीता सिरमू : चुप रहो .... चुप .... चिल्लाओ मत .... तुम सिरमू हो।

कालू सिरमू : हाँ जी हम भी सिरमू हैं .... आप भी सिरमू हैं।

गीता सिरमू : मैं सिरमू नहीं हूँ .... ब्रजलाल हैं सिरमू .... मेरी जाति तो दूसरी है .... इनसे शादी के बाद ....

कालू सिरमू : तो आप सिरमू नहीं हो।

गीता सिरमू : नहीं .... मैं मैथल जाति की हूँ।

कालू सिरमू : मैथल?

गीता सिरमू : हाँ, मैथल।

कालू सिरमू : तो हमसे तो ब्रजलाल सिरमू कहते रहे कि जाति पर वोट दो

.... और आप मैथल स्त्री के साथ विवाह कर चुके हैं ....

गीता सिरमू : वो सब छोड़ो .... साहब और बेबी को होश में लाओ ....

कालू सिरमू : हम क्या करें?

सेवक सिरमू : तुमने बेहोश किया है तुम ही होश में लाओ।

कालू सिरमू : होश में कैसे लाएँ?

सेवक सिरमू : अरे क्या कहा था कि साहब और बेबी बेहोश हो गये थे?

कालू सिरमू : कहा था—जाति पांत एक है, हमारी यही टेक है। रागनी, लालू एक है।

गीता सिरमू : तो अब इसका उल्टा बोलने का है।

कालू सिरमू और लाला सिरमू गाते हैं :

जाति के अंदर जाति के बाहर
ढोल के अंदर पोल के बाहर
जात तुम्हारी जात हमारी
एक है लेकिन बात तो ये है
जात तुम्हारी जात हमारी
एक तो है पर एक नहीं है
जात तुम्हारी जात हमारी
एक हो कैसे तुम तो पढ़े हो
जात तुम्हारी जात हमारी
एक हो कैसे हम हैं जाहिल
जात हमारी, जात तुम्हारी
एक तो है, पर एक नहीं है
जात हमारी एक नहीं है
एक नहीं है जात हमारी
एक नहीं है, एक नहीं है, एक नहीं है ऽऽऽ

(ब्रजलाल सिरमू और रागनी सिरमू होश में आ जाते हैं और उठकर खड़े हो जाते हैं)

ब्रजलाल सिरमू: यह सच्चाई किसने कही .... मैं जीवित हो उठा।

रागनी सिरमू : जान में जान आ गयी .... ओ गॉड मैं तो डर ही गई थी कि मेरी और लाला सिरमू की जाति एक ही है।

ब्रजलाल सिरमूः कालू सिरमू तुम समझदार हो।

कालू सिरमू : अब समझ मिली है पहले न थी।

(कालू सिरमू और लाला सिरमू गाते हैं)

उल्लू हमको बना रहे हो?
जात-पात का पाठ पढ़ाकर
झूठे सपने दिखा-दिखाकर
तेल में पानी मिला-मिलाकर
उल्टा सीधा दिखा-सुनाकर
उल्लू हमको बना रहे हो?
जात पांत का गोरखधंधा
देखो वोट बटोरे अंधा
बेलागत फैलाकर धंधा
गुड़ में मिट्टी मिला-मिलाकर
उल्लू हमको बना रहे हो?

◆◆◆◆◆

परिचय

जन नाट्य मंच

स्थापना	: 1973
जनम द्वारा किए गए मंच नाटक	: बकरी, भारत भाग्य विधाता, फिरंगी लौट आए, अब राजा की बारी है, मोटेराम का सत्याग्रह, मदर, सत्यशोधक, वरुण के बेटे, हम यहीं रहेंगे, एक औरत हिपेशिया भी थी, आजादी ने जब दस्तक दी, शम्बूक वध आदि।
जनम के नुक्कड़ नाटक	: मशीन, हत्यारे, औरत, समरथ को नहीं दोष गुसाईं, मिल के चलो, आया चुनाव, जब चोर बने कोतवाल, मई दिवस की कहानी, गाँव से शहर तक, काला कानून, वीर जाग जरा, हल्ला बोल, मत बाँटों इंसान को, संघर्ष करेंगे जीतेंगे, अँधेरा आफताब माँगेगा, जिन्हें यकीन नहीं था, आर्त्तनाद, राहुल बॉक्सर, नहीं कुबूल, वो बोल उठी, ये दिल माँगे मोर गुरुजी आदि। जनम ने 70 से ज्यादा नुक्कड़ नाटकों और 15 मंच नाटकों के 8500 से अधिक प्रदर्शन हिंदुस्तान के लगभग 150 शहरों और कस्बों में किए हैं।
नुक्कड़ नाटक संग्रह	: चौक-चौक में गली-गली में भाग-1, भाग-2, नुक्कड़ जनम संवाद अंक-14-15, नुक्कड़ जनम संवाद अंक - 16-17, अंक 18-19।
त्रैमासिक पत्रिका	: नुक्कड़ जनम संवाद (सन् 1993 से निरंतर प्रकाशित)।
मोबाइल थिएटर	: लगातार खुले में मंच नाटक करने के लिए 1997 में बना सफदर रंगमंच (सफर)।
सम्पर्क	: जे-147, आर.बी. एंक्लेव, पश्चिम विहार, नई दिल्ली - 110063।
दूरभाष	: 25264822, 9868301864।

संघर्ष करेंगे, जीतेंगे

जन नाट्य मंच

पात्र विभाजन

1. आई. एम. एफ.
2. शंकर
3. फूलवती
4. संघर्ष
5. बीरबल/हिजड़ा-1
6. कैशियर/मनमोहन/मास्टर
7. अकरम
8. मजदूर 4/चाचा
9. गुंडा/हिजड़ा-2/कमांडो
10. गुंडा/मालिक/नरसिम्हा

[गोलाकार अभिनय स्थल में कलाकार बैठे हैं। एक कलाकार सिर्फ पैंट पहने सीटी बजाते, करतब दिखाते, सबका अभिवादन करता है। बाकी कलाकार ताली बजाते, तरह-तरह की आवाजें कसते हैं। पहला कलाकार अंदाज से दायरे के ऐन बीच में रखे सामान को पहनता है। यह सामान है—अमरीकन टी शर्ट, छड़ी, मुखौटा, अमरीकन टॉप हैट, बेल्ट में लगी पिस्तौल और एक ढीला चोगा जिस पर पैबंद लगे हैं। इन पैबंदों पर छँटनी, बेरोजगारी, महँगाई, स्कैम, केबल टी.वी., डंकल, डॉलर वगैरा लिखा है। यह आई.एम.एफ. है। जैसे ही यह चोगा पहनता है बाकी पात्र अचानक हैरान हो जाते हैं और उसे ढूँढ़ने लगते हैं मानो कि वो अदृश्य हो गया है। आपस में और दर्शकों से आई.एम.एफ. के बारे में पूछते हैं। आई.एम.एफ. अन्य पात्रों को दिखाई नहीं देता। कुछ देर तक ढूँढ़ने के बाद बाकी पात्र तंग आ कर नाटक शुरू करते हैं।]

एक पात्र : साथियों वो आदमी नजर नहीं आ रहा।

बाकी पात्र : हाँ!

एक पात्र : वो गायब हो गया।

बाकी पात्र : हाँ!

एक पात्र : अरे भाड़ में जाने दो उसे, हम अपना नाटक शुरू करते हैं। तो साथियों पेश है जन नाट्य मंच का नुक्कड़ नाटक 'संघर्ष करेंगे, जीतेंगे'।

[गाना शुरू होता है। गाने के दौरान तरह-तरह की विरचनाएँ बनाई जाती हैं। फुलबतिया और शंकर की शादी होती है। आई.एम.एफ. गाने के दौरान तरह-तरह की हरकतें करता है मगर किसी को नजर नहीं आता।]

गाना : फिटर की शादी होगी पैकर के साथ
हॉर्न, बाजा होगा, रेड लाइन पे आएगी बारात।
मूँछों को गिरवी रख कुछ न कुछ करेंगे जुगाड़
शादी का जोड़ा बने पुरानी चद्दरों को फाड़।
सेहरे की लड़ियों में बीड़ियाँ लटकेंगी
बाद में बैठ के उन्हें फूँकेगा ससुर दिन-रात।
वरमाला प्लास्टिक की, नौ रुपये घंटे पे लाए
फटाफट पंडित बुलवाओ, मुहूर्त निकल न जाए।
अग्नि की लपटों में सामग्री नहीं गिरेगी
पुरोहित ले जाएँगे घी और नैवेद्य साथ।
लाल जोड़े की जगह लाल रिबन होंगे
दुल्हे का कोट नहीं सिर्फ टिच-बटन होंगे
सालियाँ चोरी करेंगी हवाई चप्पलें
क्या करें ये ही तो है उनके जीजा की औकात।
कैसी सोच यह पाई-कहीं हो न जग हँसाई
अर हर रीत निभाई-चाहे हो लाख महँगाई
विदा के वक्त दुल्हन रोई नहीं पर
नमक महँगा है हो न जाए बर्बाद।

[शंकर और फूलवती सो रहे हैं। आई.एम.एफ. उनके कान के पास जोर से सीटी मारता है। शंकर खटाक से उठ बैठता है और चलने लगता है।]

फूलवती : तुम कहाँ चले सवेरे-सवेरे!

शंकर : काम पर और कहाँ। तू तैयार न हुई! तुझे न जाना है काम पर?

फूलवती : लो अभी कल तो शादी की और आज काम पर भी चल दिए। ए जी-सुनो न!

शंकर : सुन तो रहा हूँ। बोल भी कुछ।

फूलवती : ए जी! मैं कह रही थी—वो...

शंकर : अब देख लटका मत। जल्दी बोल जो बोलना है।

फूलवती : मैं वो कह रही थी...

शंकर : अरे तुझे क्या हो गया है! कल तक तो तू बोले थी सीधे-सीधे, साफ-साफ। आज यह क्या कर रही है ए जी, सुनो जी...।

फूलवती : हाँ-हाँ! मैं भी वही कह रही हूँ। मुझसे भी यूँ लटकाकर न बोला जा रहा है। सीधी-सीधी बात सुन लो। आज कोई काम पर न जावेगा। आज तो हमारा हनीमून मनेगा कह दिया मैंने बस।

शंकर : हनीमून मनेगा?

फूलवती : हाँ-हनीमून।

शंकर : तो उसी के लिए तो इंतजाम करने जा रहा हूँ। आज तनख्वाह का दिन है। मैं शाम को फैक्ट्री से लौटूँगा तो चलेंगे हनीमून मनाने। जा तू भी काम पर होइया।

फूलवती : सच्ची! शाम को कहाँ चलेंगे?

शंकर : शाम को खूब मस्ती करेंगे। अंकल चिप्स खाएँगे, पेप्सी कोला पिएँगे और अँग्रेजी पिक्चर देखेंगे।

फूलवती : सच्ची-तू जल्दी आइयो। मैं तेरी राह देखूँगी।

शंकर : अरे मैं बस यूँ गया और यूँ आया।

[शंकर और फूलवती जाते हैं। सायरन की आवाज होती है। चार पात्र आकर मशीन बनाते हैं। शंकर भी शामिल होता है। आई.एम.एफ. बीच में घूमता है। फिर से सायरन की आवाज के साथ काम रुकता है। कैशियर आता है।]

कैशियर : बीरबल ले यहाँ अँगूठा लगा। गिन ले पूरे 864 रुपए हैं।

बीरबल : 864 किसलिए? 1200 बनते हैं।

कैशियर : अरे बीरबल। पाँच दिन तू देर से काम पर आया तो उसकी तनख्वाह कटी। फिर तेरी लापरवाही से दो दिन मशीन खराब रही इसका नुकसान अलग और साइकिल स्टैंड पर साइकिल खड़ी करने का किराया। मालिक ने पैसा काटने का हुक्म दिया है। शुक्र कर कि यह मिल रहे हैं।

बीरबल : साले हर बार कोई बहाना बनाकर पैसा काट लेते हैं।

शंकर	:	राम-राम कैशियर साब। हमारे को तो पूरे पैसे देने ही पड़ेंगे। हमारे काम में आप कोई खोट नहीं निकाल सकते हैं। अजी हम न देर से आते हैं न जल्दी जाते हैं। न हमने कोई मशीन खराब की, न कोई छुट्टी ली और तो और हमने शादी भी छुट्टी के दिन की थी और हनीमून शाम को मनाएँगे। हमारी तनख्वाह तो पूरी ही मिलेगी।
कैशियर	:	अरे-अरे तुझे पूरी तनख्वाह मिलेगी। तू क्यों घबराता है कर यहाँ साइन और यह ले गिन 1078 रुपये।
शंकर	:	पर यह क्या कैशियर साब यहाँ तो 1242 रुपए लिखा है और आप दे रहे हैं 1078 रुपए। यह क्या चक्कर है?
कैशियर	:	अबे तुझे अब तक 1078 मिलते थे न, तो फिर तुझे क्या मतलब? तू अपने पैसे रख, तुझे रजिस्टर से क्या लेना?
शंकर	:	उल्लू तो बनाओ मत। हम भी सब जाने हैं। न्यूनतम वेतन बढ़ाने का आर्डर आ गया है। पिछले महीने यूनियन के दबाव से तुम लोगों से न्यूनतम वेतन देने की बात पक्की हुई है। अब तुम हमसे साइन तो करवा रहे हो 1242 रुपये पर और पकड़ा रहे हो 1078 रुपये।
कैशियर	:	पैसे लेने हैं तो ले वरना आगे चलता बन।
शंकर	:	मैं एक पैसा कम नहीं लूँगा। 1242 रुपये पर साइन करके 1078 रुपये नहीं लूँगा। यह अंधेरगर्दी नहीं चलेगी।
गुंडा-1	:	बड़ी जुबान निकल आई है तेरी। जा बेटा ले जा और हनीमून मना ले।
गुंडा-2	:	अबे सुहागरात के दिन अपनी जोरू को क्यों रांड बनाने पर तुला है। शाबास ले ले पैसे।
शंकर	:	अबे तू कौन होता है मुझे पैसे दिलवाने वाला। मैं एक भी पैसा कम नहीं लूँगा।
मजदूर-4	:	शंकर मान जा झगड़ा मत कर।
बीरबल	:	हाँ-हाँ शंकर वेतन ले ले नहीं तो मारेंगे तुझे।
शंकर	:	चुप करो तुम लोग। अरे यह भाड़े के टट्टू बिगाड़ क्या लेंगे हमारा।
गुंडा-1	:	लगता है इसकी जोरू को उठाना ही पड़ेगा।
गुंडा-2	:	हाँ उस्ताद। क्या टंच माल है। क्या मटक-मटक कर चलती है जालिम।

उस्ताद देखोगे तो गश आ जाएगा।

शंकर : अबे ओ सूअर जबान संभाल के बात करियो नहीं तो...

गुंडा-1 : नहीं तो क्या कर लेगा बच्चे (उकसाने वाले अंदाज में)

गुंडा-2 : अबे हिम्मत है तो बाहर आ।

[गुंडे शंकर को उकसाते हैं। शंकर के साथी शंकर को रोकते हैं। आई.एम.एफ. गुंडों के साथ हँसता है। शंकर अपने आपको छुड़ा कर कहता है।]

शंकर : छोड़ो मुझे, डरते हो इन कुत्तों से। ये बिगाड़ क्या लेंगे हमारा। चुपचाप खड़े क्या देख रहे हो। 1242 पर साइन करवाकर 1078 में टरका देते हैं। किसी न किसी बहाने उसमें से भी पैसा मार लेते हैं और तुम चूं भी नहीं करते। धिक्कार है तुम लोगों पर। कायर कहीं के, हिजड़े हैं सब के सब।

अकरम : शंकर ठीक कहता है। हम 1078 लेकर 1242 पर साइन नहीं करेंगे।

मजदूर-4 : हाँ-यह अंधेरगर्दी नहीं चलेगी।

अकरम : अरे यूनियन ने तो 1654 न्यूनतम वेतन की मांग की है और यह 1242 देने में ही नानुकर कर रहे हैं।

मजदूर-4 : भाइयो आज कोई तनख्वाह नहीं लेगा।

कैशियर : अब तुम्हें वेतन मिलेगा भी नहीं जाओ भागो, खिड़की बंद।

शंकर : जाओ बड़े आए वेतन न देने वाले, वेतन तो तेरे अच्छे भी देंगे। लेंगे तो पूरा वेतन लेंगे।

अकरम : लेके रहेंगे पूरा वेतन।

सब : 1654-1654

मजदूर-4 : गुंडागर्दी नहीं चलेगी...।

[सभी पात्रों का प्रस्थान। फूलवती का प्रवेश गाते हुए। गाने के और संवाद के दौरान आई. एम.एफ. फूलवती के पीछे-पीछे चलता है और उसको लोलुप निगाहों से देखता है।]

फूलवती : मैं कामिनी कचनार हूँ—मैं एक मजदूर नार हूँ
गैंती हूँ मैं छेनी हूँ मैं, मैं कटर की धार हूँ...
फूलवती मैं, बसमति मैं, गोरी काली नार हूँ

रूपवती मैं यशमति मैं सोलह सिंगार हूँ मैं कामिनी...।

इतनी देर लगा दी। जाने कहाँ बातों में लगा होगा। कहता था मैं यूँ गया और यूँ आया। कहता था शाम को हनीमून मनाएँगे, पेप्सी कोला पिएँगे, अंकल चिप्स खाएँगे, अँग्रेजी फिल्म देखेंगे। समझ में तो कुछ आएगा नहीं गिटर-पिटर अंग्रेजी फिल्म देखेगा। दसवीं फेल है मुआं लेकिन शौक ऐसे करे हैं जैसे कलेक्टर है। कह रहा था तू काम पर हो आइयो। काम नहीं रुकना चाहिए। हो आई मैं काम से, वहाँ वो हरामजादा ठेकेदार कैसे घूर-घूर कर देख रहा था। जैसे पहले कभी देखा ही न हो। "फुलबतिया वैसे तो हम शादीशुदा औरतों को रखे ना हैं। वो बहुत काम चोरी करे हैं। घर के कामकाज में उलझी रहे हैं। पर तेरी बात और है, फुलबतिया तुझे हम रख लेंगे। लेकिन तुझे हर सैंकड़ा 15 पैसे कम मिलेंगे।" देखती हूँ कैसे कम देता है हरामजादा। बूढ़ा खूसट धोती में हगवा न दिया तो मेरा नाम फुलबतिया नहीं। मगर यह कहाँ रह गया, जरूर यूनियन आफिस गया होगा। वहाँ जाए बगैर उसकी रोटी नहीं हजम होती। चलकर पता करती हूँ।

[फूलवती बाहर जाती है। आई.एम.एफ. बैठता है। अकरम चाचा (मजदूर नेता) और शंकर का प्रवेश]

अकरम : ठीक किया तूने तनख्वाह न लेकर। लेकिन अब हमें यह तय करना होगा कि आगे क्या करना है।

चाचा : कामरेड वह भी तय कर लेंगे। पर अब इसे जाने दो अभी कल ही तो शादी हुई है। पहले दिन ही बहू को इतना इंतजार कराना ठीक नहीं। क्यूँ ठीक कही न।

शंकर : नहीं चाचा वह बात नहीं है। इस कैशियर को ठीक करना ही होगा। कुछ तय करना ही होगा।

चाचा : अरे बचवा अभी तो संघर्ष की शुरुआत है और फिर यह किसी एक फैक्ट्री या मिल-मालिक की बात नहीं है। यह उन सरकारी नीतियों का भी सवाल है जो इस सरकार ने विदेशी दबाव में आकर बनाई हैं।

शंकर : चाचा आप तो हर चीज को सरकारी नीतियों और विदेशी दबाव के साथ जोड़ देते हो। हम तो अपने दुश्मन को साफ-साफ पहचानते हैं–यह मिल मालिक, यह गुंडे और यह कैशियर।

चाचा : इतना उतावला न हो शंकर, असली जड़ तक तो हमें अभी पहुँचना है

और वो हम संघर्ष के जरिए ही पहुँचेंगे।

[फुलबतिया का प्रवेश]

फूलवती : राम राम चाचा।

चाचा : मैं न कहता था कि पहले ही दिन बहू को इंतजार करवाएगा।

अकरम : मैं भी तो यही कह रहा हूँ चाचा। भाभी इंतजार करती होगी।

शंकर : पर चाचा, अकरम...

अकरम : अरे हाँ-हाँ घर जा। कैशियर भी यहीं है। तू भी और चाचा भी यहीं हैं। कोई भागे थोड़े ही जा रहे हैं।

चाचा : कल गेट मीटिंग पर सब तय हो जाएगा तू घबरा मत।

शंकर : पर चाचा मैं तो वो पैकेट लेने आया था जो मैंने अकरम को दिया था।

अकरम : यह ले पैकेट और जल्दी घर जा। भाभी इंतजार कर रही है।

शंकर : हाँ-हाँ जा रहा हूँ।

[चाचा और अकरम बाहर जाते हैं।]

फूलवती : तनख्वाह नहीं मिली। फिर से की होगी मार-पीट।

शंकर : अरे वो साला कैशियर ज्यादा पर साइन करवाकर कम पैसे दे रहा था। पर तू फिक्र न कर। कल गेट मीटिंग हो जाने दे फिर देख लेंगे। फिर एक भी मजदूर ने आज तनख्वा नहीं ली यह कोई कम बड़ी बात नहीं है। कुछ एक के घर में तो आज चूल्हा भी नहीं जलेगा।

फूलवती : पर हमारे हनीमून का क्या होगा? सारे सपने हवा हो गए।

शंकर : हनीमून तो हम मनाएँगे ही, हमारे सपने इतनी जल्दी खत्म नहीं हो सकते। हम जिंदा सपने देखते हैं इसीलिए तो संघर्ष करते हैं।

फूलवती : (चिढ़ाते हुए) हम जिंदा सपने देखते हैं इसीलिए तो संघर्ष करते हैं। बड़ा आया जिंदा सपने देखने वाला। मुझे नहीं देखने तेरे जिंदा सपने।

शंकर : ए रूठ गई क्या? देख मैं तेरे लिए क्या लाया हूँ, ए देख न। [चादर ओढ़ाता है। गीत के दौरान अलग-अलग विरचनाएँ बनती हैं। अंत में संघर्ष का जन्म होता है।]

गाना : यह माघ का महीना
माँ ने काता सूत

बापू चादर बनाई, माँ ने तन से लगाई
उसका जिया हरषाया
माँ का पहलौठा माँ की कोख में आया।
खेले फागुन गुलाल, सुर्ख हुए उसके गाल
फुलबतिया शरमाई, बात पिया को बताई
बढ़ी दोनों की प्रीत, यह संघर्षों का गीत।
आया महीना चैत, मालिक हक न देत
तेज हो गई लड़ाई, गए मजदूर चेत।
आई झूमती बैसाखी, सोना धरती के अंग
यौम-ए-मई का जुलूस, लाल झंडे का रंग।
मजदूर बहाते पसीना, रोटी मिले दो जून
जेठ का महीना, मालिक चूसते हैं खून।
पीला जर्द माँ का रंग, बिना मांस के है हाड़
फिर भी गिनती है पीस, यह महीना आषाढ़।
चली सावन की पुरवैया, माँ का छूट गया काम
ठेकेदार ने बुलाया, कहा-करो घर आराम।
बचा कमाने वाला एक, आई भादों की बरसात
घर का छप्पर टूट गया, नहीं मरम्मत की औकात।
आए आश्विन के दिन, माँ करे है सिलाई
उसने चोला बनाया, आई धरती की दाई।
कार्तिक की हवाओं ने, पालना झुलाया
माँ का पहला बालक, माँ की गोद में आया।
यह मुफलिसी का पाला, जिंदा सपनों का जाया।
यह अजल का जोगी, हर युग में ये आया
फुलबतिया का बेटा संघर्ष कहलाया।

[हिजड़ों का प्रवेश]

हिजड़ा-1 : बधाई हो काके की बधाई हो।

हिजड़ा-2 : बधाई हो मुन्ने की बधाई हो।

[गाते हैं। आई.एम.एफ. भी नाचता है। आई.एम.एफ. को कोई नहीं देख पाता। मगर संघर्ष

बचपन से ही आई.एम.एफ. को देख सकता है।]

चादर के नीचे क्या है-चादर के नीचे
पर्दे के पीछे क्या है-पर्दे के पीछे
चादर में मुन्ना मेरा-पर्दे में काका मेरा
लूंगी मैं रुपया 101...

हिजड़ा-1 : फुलबतिया नाचते-नाचते थक गए। अब मुँह तो मीठा करा।

हिजड़ा-2 : पानी न सही पेप्सी कोला तो पिलवा।

हिजड़ा-1 : मोरनी मैं तो पूरा 101 रुपया लूँगी।

हिजड़ा-2 : नैना! मैं तो एक साड़ी भी लूँगी। पहला काका है पहला।

फूलवती : जो हमारी हैसियत है वो करेंगे ही। यह लो (पैसे देती है।)

संघर्ष : माँ उसे भी दो वो भी नाचा था।

फूलवती : कौन? और कौन है?

संघर्ष : वो माँ। (आई.एम.एफ. की तरफ इशारा करता है। माँ को कुछ नजर नहीं आता।)

हिजड़ा-1 : यह क्या सिर्फ 10 रुपए!

हिजड़ा-2 : इनसे क्या होगा। यह तो अभी हवा हो जाएंगे।

(आई.एम.एफ. दोनों के हाथ से पैसे ले लेता है।)

संघर्ष : माँ उसने पैसे ले लिए।

फूलवती : तू चुपकर। देखो हमारी इतनी ही हैसियत है। इससे ज्यादा हम कुछ नहीं कर सकते।

हिजड़ा-1 : हाय-हाय पहला काका है। उस पर ऐसी बलाएँ।

हिजड़ा-2 : हम तो लेकर ही जाएँगे।

फूलवती : अरे तुम्हारी ऐसी की तैसी। निकलते हो या लगाऊँ दो-चार हाथ।

[हिजड़े चले जाते हैं। आई.एम.एफ. हँसता है। मुन्ना देखता है।]

फूलवती : मुन्ना चल आ तू यहाँ क्या कर रहा है। हर वक्त पाउडर के डिब्बे, कोलगेट के पैकेट इन्हें इकट्ठा करके क्या करता है तू। चल आ जल्दी तैयार हो जा।

संघर्ष : आ रहा हूँ माँ।

[शंकर का प्रवेश]

शंकर : मुन्ने को तैयार नहीं किया अभी तक। आज इसका दाखिला करवाना है स्कूल में। उसके बाद फैक्ट्री भी पहुँचना है बहुत जरूरी मीटिंग है। सुना है मालिक तालाबंदी की धमकी दे रहे हैं।

संघर्ष : बापू मैं तैयार हो गया। मैंने सारी ए बी सी सीख ली है—मैं तो लिख भी लेता हूँ।

शंकर : चल मुन्ना जल्दी चल। मास्टर साब को सारी सुना दियो। [दोनों जाते हैं। स्कूल का दृश्य मास्टर पढ़ाता है। बच्चे दोहराते हैं। आई.एम.एफ. भी साथ में मजे लेता है।]

मास्टर : ए फॉर

बच्चे : अमरीका

मास्टर : बी फॉर

बच्चे : बोफोर्स

मास्टर : सी फॉर

बच्चे : कोका कोला

मास्टर : डी फॉर

बच्चे : डंकल

मास्टर : ई फॉर

बच्चे : एग्जिट पॉलिसी

मास्टर : एफ फॉर

बच्चे : फॉरेन

मास्टर : जी फॉर

बच्चे : गुंडागर्दी

मास्टर : एच फॉर

बच्चे : हर्षद मेहता

मास्टर : आई फॉर

बच्चे : ईलू-ईलू

मास्टर : चुप बे ईलू-ईलू।

मास्टर : आई फॉर

एक बच्चा : इंडिया (सारे जहाँ से अच्छा...गाता है।)

मास्टर : चुप बे! इंडिया! (फिर पूछता है) आई फॉर

बच्चे : आई.एम.एफ.

मास्टर : कल सभी बच्चे अपनी-अपनी कापियों में अमरीका से लेकर आई.एम. एफ. तक लिखकर लाएँगे। समझ गए।

बच्चे : हाँ जी।

मास्टर : क्या समझे?

बच्चे : हाँ जी।

मास्टर : हाँ जी-हाँ जी कहना और इसी क्लास में रहना। चलो भागो हरामजादो अब पी.टी. का घंटा है। अगर किसी भी लड़के ने फुटबॉल को हाथ लगाया तो हाथ तोड़ दूँगा।

एक बच्चा : मास्साब पैर लगा सकते हैं फुटबॉल को।

मास्टर : हरामी! साला! *[शंकर का प्रवेश। सब बच्चे भागते हैं।]*

शंकर : नमस्कार मास्टर साब।

मास्टर : क्या है?

शंकर : वो उन्होंने बताया कि दाखिले के इंचार्ज आप हैं। मुझे अपने मुन्ना का दाखिला करवाना है।

मास्टर : क्या नाम है इसका?

संघर्ष : संघर्ष!

मास्टर : जाट है।

शंकर : नहीं, मजदूर हूँ।

मास्टर : अच्छा। क्या मजदूरी करता है?

शंकर : फिटर हूँ। मेरा मुन्ना ए बी सी भी जाने है। आप कुछ भी पूछ लो इससे।

संघर्ष : हाँ मुझे सारी ए बी सी आती है।

मास्टर : वाह रे गुदड़ी के लाल। अभी करता हूँ तेरा इंटरव्यू।

(मास्टर ए दिखाता है। आई.एम.एफ. उसके आगे 'आई' लगा देता है)

ये क्या है?

संघर्ष : आई।

मास्टर : *('बी' दिखाता है। आई.एम.एफ. उसके आगे 'एम' लगा देता है)* और ये क्या है?

संघर्ष : एम।

मास्टर : वाह भाई वाह *(फिर 'सी' दिखाता है उसके आगे आई.एम.एफ. 'एफ' लगा देता है।)* और ये क्या है?

संघर्ष : एफ।

मास्टर : यह तो सारे जवाब अँग्रेजी में ही देवे है भाई। इसको तो तू किसी प्राइवेट स्कूल में दाखिल करवा दे।

शंकर : इतनी तो हैसियत ना है मेरी मास्टर साब।

मास्टर : हाँ तू चवन्नी वाले स्कूल में ही भेजेगा। सारे नालायक यहीं आते हैं भर्ती होने। फिर कहते हैं स्कूल का रिजल्ट अच्छा नहीं है। गधे भी कभी आदमी बने हैं। जा फीस जमा करा दे। कल से स्कूल भेज दियो।

शंकर : मास्टर साब। सुना था कि गरीब बच्चों को वर्दी और किताबें मुफ्त मिलती हैं।

मास्टर : सब कुछ मुफ्त में ही ले लो। सरकार ने यह रियायतें बंद कर दी हैं। वैसे ही पढ़े-लिखे बेरोजगार बढ़ रहे हैं। सरकार ने तय किया है लोगों को साक्षर करो। पढ़ाओ नहीं और ग्रेजुएट तो वही बने जिसके पास इतना पैसा हो कि अगर नौकरी नहीं मिली तो अपना बिजनेस कर सके। इसलिए सरकार ने फीस बढ़ा दी और रियायतें बंद कर दी हैं। अब सरकार के पास पैसा न है, तभी तो हमारी तनख्वाह भी काट रहे हैं और तू है कि मुफ्त की वर्दी और किताबें माँग रहा है। [इस संवाद के दौरान आई.एम.एफ. मास्टर की जेब से पर्स निकाल लेता है और ए बी सी वाले प्लेकार्ड भी उससे ले लेता है।]

शंकर : तनख्वाह कट रही है। तो चलो मास्टर साब हमारे साथ कंधे से कंधा मिलाकर संघर्ष करो।

मास्टर : हम कोई मजदूर हैं जो संघर्ष करें। कर लेंगे कोई न कोई जुगाड़। ट्यूशन पढ़ाएँगे या कुछ और कर लेंगे। नौकरी का क्या है आज है कल नहीं।

शंकर : तो मास्टर साब तुम करो छँटनी का इंतजार। हमें जीना है तो संघर्ष करना होगा। चल मुन्ना मीटिंग का टाइम हो गया। तेरी फीस जमा कराके सीधे फैक्ट्री जाना है।

संघर्ष : बाबा! वो आदमी सारी वर्दी और किताबें लेकर चला गया।

शंकर : कौन आदमी।

संघर्ष : वही जिसने आई.एम.एफ. दिखलाया था और उसने ना मास्टर साब की जेब से पैसे भी निकाले थे।

शंकर : जेब से पैसे निकाले थे, आई.एम.एफ दिखलाया था। पता नहीं क्या कह रहा है तू। चल जल्दी से फीस जमा करा दें, फैक्ट्री जाना है। वहाँ गेट मीटिंग में 'जन नाट्य मंच' का नुक्कड़ नाटक भी होगा चल जल्दी चल।

[दोनों जाते हैं। पीछे-पीछे आई.एम.एफ. भी जाता है। ढोलक की थाप के साथ नाटक के अंदर नुक्कड़ नाटक का एक सीन शुरू होता है, आई.एम.एफ. भी बैठकर देखता है।]

पात्र-1 : हम चाहते हैं हर बशर को जीने का अधिकार हो।

पात्र-2 : हम चाहते हैं सर पे न छंटनी की तलवार हो।

पात्र-3 : हम चाहते हैं हों हमारे पास भी पक्के मकान

पात्र-4 : हो अगर काम बराबर तो मिले वेतन समान।

सब : हम चाहते हैं सबको शिक्षा और सबको काम हो
हम चाहते हैं देश यह फिर से न गुलाम हो।
हम चाहते हैं अब न दंगे कोई भड़का सके
हम चाहते हैं आदमीयत फूले-फले गा सके।
हम आदमी को आदमी से चाहते हैं जोड़ना
हम जुल्म के पहाड़ को चाहते हैं तोड़ना।
हम जानते हैं यह हमारी फैसलाकुन जंग है
हम जानते हैं लाल अपने परचम का रंग है...

चाचा : हर जोर जुल्म की टक्कर में

सब : संघर्ष हमारा नारा है

[नारे लगते हैं। जुलूस बनता है। शंकर और संघर्ष भी जुलूस में शामिल होते हैं। चाचा जुलूस में सबसे आगे हैं। दूसरी तरफ से मालिक और आई.एम.एफ. का प्रवेश होता है।]

नारे : अपना हम लेके रहेंगे
लेके रहेंगे लेके रहेंगे
क्लोजर छंटनी नहीं सहेंगे
नहीं सहेंगे नहीं सहेंगे।

मालिक : देखिए अभी हमारे साथ कुछ विदेशी मेहमान हैं। आप लोग चाहें तो 15 मिनट बाद हम आपसे बात कर सकते हैं। आप अपने नुमांइदे हमारे आफिस में भेज दें।

[मालिक और आई.एम.एफ.का प्रस्थान। मजदूर नारे लगाते हैं।]

चाचा : साथियो! इलाके के सारे मजदूरों की एकजुटता के चलते मालिकों ने हमें बातचीत के लिए बुलाया है। मैं दोहराना चाहता हूँ साथियो, यह एक फैक्ट्री की बात नहीं है। आज पुंजसंस तो कल कोई और बंद हो सकती है। यह एक मजदूर का नहीं सारे मजदूरों का सवाल है। चाहे वो प्राइवेट सेक्टर का हो या पब्लिक सेक्टर का। पक्का मजदूर हो या ठेके का। सबके सिरों पर छँटनी की तलवार लटक रही है और इसका मुकाबला हम अपनी एकजुटता से ही कर सकते हैं, अपने संघर्षों से ही कर सकते हैं।

(नारा लगता है) 'हर जोर जुल्म की टक्कर में-संघर्ष हमारा नारा है' 'आवाज दो-हम एक हैं'। साथियो। मालिकों से बातचीत के लिए मैं, कामरेड अकरम और कामरेड शंकर जाएँगे। धरना जारी रहेगा।

संघर्ष : बाबा मैं भी जाऊँगा।

शंकर : तू चुपचाप वहाँ बैठ जा।

संघर्ष : नहीं। मैं भी चलूँगा।

चाचा : अरे ले चल शंकर।

शंकर : चाचा आप भी कैसी बातें कर रहे हैं। यह मैनेजमेंट से मीटिंग है।

चाचा : बच्चा है। जिद कर रहा है तो ले चल। [चारों जाते हैं।]

मालिक : देखिए आप समझदार लोग हैं। माँग ऐसी रखिए जिन्हें हम पूरा कर सकें।

चाचा : हमारी केवल दो माँगे हैं - पहली यह कि हमें एक भी मजदूर की छँटनी मंजूर नहीं। दूसरी - न्यूनतम वेतन और महँगाई भत्ते की हमारी माँग को पूरा किया जाए।

मालिक : आप लोग समझने की कोशिश कीजिए। हर साल हमें फैक्ट्री में लाखों रुपये का घाटा सहना पड़ रहा है।

अकरम : अरे साहब रहने दीजिए। फिर वही घिसापिटा रिकार्ड। हर महीने नई विदेशी कार बदलते हैं और हमें कह रहे हो घाटा सहना पड़ता है। कोई और कारण ढूंढ़िए, इससे बात नहीं बनी।

मालिक : देखिए। इस तरह बातचीत नहीं हो सकती। हम समझौते की बात कर रहे हैं।

अकरम : अरे जाओ-जाओ बड़े आए समझौता करने वाले। हम सब जानते हैं तुम्हारे तरीके।

चाचा : अकरम! छोड़िए सेठजी बच्चा है। आप अपनी बात पूरी करें।

मालिक : हम तो साफ बात करना जानते हैं। जमाना काफी आगे बढ़ गया है। फैक्ट्री जितनी हमारी है उतनी ही आपकी भी। इस बात को तो आप लोग मानते हैं।

शंकर : फर्क सिर्फ इतना है कि आप मालिक हैं और हम मजदूर। हम मेहनत करते हैं आप नफा कमाते हैं।

मालिक : नफा! वही तो मैं कह रहा हूँ, जो आपकी समझ में नहीं आ रहा है। अगर फैक्ट्री को घाटे से बचाना है तो उसका आधुनिकीकरण करना जरूरी है। नई मशीनें लानी होंगी, नए उपकरण लाने होंगे और उनमें पैसा लगता है। पैसा हमारे पास है नहीं। [आई.एम.एफ. जो अभी तक खामोश है मालिक से बात करता है। मगर संघर्ष और मालिक के सिवाय उसे कोई देख-सुन नहीं सकता।]

आई.एम.एफ. : पैसा हम देगा। हमारे साथ हाथ मिला लो तुम्हें खूब मुनाफा होगा! नहीं तो तुम बर्बाद, तुम्हारा घटिया माल कोई नहीं खरीदेगा। मगर पहले फालतू लोगों को बाहर निकालो-छँटनी करो-छँटनी।

मालिक : ठीक है सर। ऐसा ही होगा। (मजदूर नेताओं से) अगर आप लोगों ने हमारी मदद नहीं की तो फैक्ट्री बंद भी हो सकती है। हम कुछ मजदूरों को रिटायर करना चाहते हैं। वैसे भी नई मशीनें आने के बाद उनकी जरूरत नहीं रहेगी। हम आपको पूरा आश्वासन देते हैं कि आपके हितों का पूरा ध्यान रखा जाएगा।

चाचा : देखिए हम भी चाहते हैं कि फैक्ट्री चले। उसका आधुनिकीकरण हो, नई मशीनें आएँ। मगर एक भी मजदूर की छँटनी हमें मंजूर नहीं। ठीक कहता है अकरम; आपके पास हर महीने नई कार बदलने के लिए पैसा है। मगर नई मशीनों के लिए नहीं और जो फैक्ट्री आप विदेशी मदद से लगाने जा रहे हैं उसके बारे में भी हम जानते हैं।

संघर्ष : हाँ दद्दू यह उससे बात भी कर रहा था। वो कह रहा था हमारी मदद से फैक्ट्री लगाओ।

शंकर : क्या बक रहा है। चुपचाप खड़ा रह।

मालिक : देखिए हमने जो कहना था हमने कह दिया। अगर आप को हमारी बात मंजूर नहीं तो हमें तालाबंदी करनी पड़ेगी। हमारे पास इसके अलावा कोई चारा नहीं। अब आप लोग जा सकते हैं।

[आई.एम.एफ. संघर्ष को इन संवादों के दौरान छड़ी और पिस्तौल से धमकाता है। मालिक जाता है।]

शंकर : अब क्या किया जाए।

संघर्ष : अकरम चाचा वो आदमी बीच-बीच में टोपी वाले से बात कर रहा था।

अकरम : कौन टोपी वाला?

संघर्ष : वही जो तुम्हारे पीछे खड़ा है।

अकरम : (पीछे मुड़ता है) कौन खड़ा है पीछे!

शंकर : अरे इसकी बातें मत सुन। सुबह से न जाने क्या ऊटपटांग बके जा रहा है।

चाचा : पर शंकर मालिक किसी से बात तो जरूर कर रहा था। बीच में उसने 'ठीक है सर' भी कहा था।

संघर्ष : हां दद्दू यही टोपीवाला। बाबा, यही जिसने स्कूल में आई.एम.एफ. दिखलाया था और फिर वर्दी और किताबें लेकर भाग गया था। यही

कह रहा था छँटनी करो, मुनाफा कमाओ।

(आई.एम.एफ. संघर्ष को फिर धमकाता है।)

शंकर : देखा चाचा, मैं न कहता था इसे बाहर छोड़ आओ। बच्चा ही तो है। ऐसी मीटिंग का दिमाग पर जाने क्या असर पड़ता है।

चाचा : खैर। अब तो यह सोचना है कि आग क्या करें। बाकी साथियों से सलाह लेते हैं।

सब : क्या हुआ चाचा? मीटिंग में क्या तय हुआ?

चाचा : साथियो। मैनेजमेंट ने हमारी माँगे मानने से इंकार कर दिया है। वो छँटनी वापस लेने को तैयार नहीं और आधे मजदूरों की छँटनी करने पर आमादा है। उन्होंने तालाबंदी की धमकी भी दी है। साथियो हम इसे चुपचाप नहीं सहेंगे। हम अपना संघर्ष और तेज करेंगे।

एक मजदूर : पर चाचा हम छँटनी हुए कुछ मजदूरों की खातिर बाकी मजदूरों को तो नुकसान नहीं पहुँचा सकते।

शंकर : क्या बकते हो। आज बीरबल की छँटनी हुई है कल मुझे भी निकाला जा सकता है। आज अकरम को निकाल रहे हैं कल तुम्हें भी निकाल सकते हैं।

चाचा : ठीक कहता है, शंकर ये किसी एक मजदूर की लड़ाई नहीं। ये हम सबकी साझी लड़ाई है।

फूलवती : हाँ मैं तो इस फैक्ट्री मे काम नहीं करती, मैं तो ठेके की मजदूर हूँ फिर भी मैं धरने में शामिल हुई हूँ और भी फैक्ट्रियों के मजदूर यहाँ आए हैं।

चाचा : हाँ हमें सबको साथ लेकर चलना होगा। हमें अपना संघर्ष और तेज करना होगा। हम सरकार का दरवाजा खटखटाएँगे हम प्रधानमंत्री के यहाँ धरना देंगे। चलो साथियो।

नारा : अभी तो ये अँगड़ाई है

आगे और लड़ाई है।

हर जोर जुल्म की टक्कर में

संघर्ष हमारा नारा है।

[इस पूरे दृश्य के दौरान आई.एम.एफ. संघर्ष को लगातार धमकाता रहता है। संघर्ष, बाकी सबका ध्यान आई.एम.एफ. की तरफ आकृष्ट करने की कोशिश करता है मगर कोई ध्यान नहीं देता। दृश्य के अंत में जुलूस की शक्ल में सब जाते हैं पीछे-पीछे संघर्ष भी है। आखिरी नारे पर अचानक संघर्ष आई.एम.एफ. के सामने आकर जोर से नारा लगाता है और फिर बिना डरे आगे बढ़ जाता है। आई.एम.एफ. सकपकाकर देखता रह जाता है और अभिनय स्थल की परिधि पर बैठ जाता है। सब मजदूर दूसरी तरफ धरने पर बैठते हैं। ब्लैक कमांडो का प्रवेश होता है।]

ब्लैक कमांडो : "मैं हूँ ब्लैक कमांडो नंबरवन
हर दम रहता हूँ मैं अटेंशन।
सिक्यूरिटी में लगा है मेरा तन-मन
सिक्यूरिटी से मुझको मिले है धन।
मेरे होते मार न पाए पर परिंदा
नरसिम्हा की सिक्यूरिटी का मैं हूँ बंदा।"
(मजदूरों से) कौन हो तुम और क्या चाहते हो?

शंकर : हमें प्रधानमंत्री से मिलना है।

ब्लैक कमांडो : प्रधानमंत्री जी अभी व्यस्त हैं।

शंकर : व्यस्त हैं!

ब्लैक कमांडो : हां। वो वित्तमंत्री जी से जरूरी बातें कर रहे हैं। इस वक्त परिंदा भी पर नहीं मार सकता। यह हमारा इंतजाम है ब्लैक कमांडों नंबर वन का इंतजाम।

(प्रधानमंत्री, मनमोहन और आई.एम.एफ. का प्रवेश)

संघर्ष : मगर अंदर तो वो एक और आदमी से भी बातें कर रहे हैं।

(बातों की आवाजें आती हैं।)

ब्लैक कमांडो : नो। यह नामुमकिन है। इम्पासिबल।

संघर्ष : तुम्हें यकीन नहीं आता तो खुद अंदर देख लो।

ब्लैक कमांडो : हम अभी देखते हैं। हमारी चार सिक्यूरिटी वाल को कौन फाँदकर गया है।

[प्रधानमंत्री, मनमोहन और आई.एम.एफ. बातें कर रहे हैं।]

मनमोहन : सर। हमने आपके कहे मुताबिक सब कर लिया है।

नरसिम्हा : जी हाँ सर! अब सब लहर पेप्सी पीते हैं, 'लियो' खिलौनों से खेलते हैं, विडियो देखते हैं। सर हमने सब कुछ स्कीम के मुताबिक ही किया है।

मनमोहन : सर। पिछली बार आपसे मुलाकात के बाद हमने रुपए की कीमत 6 पैसे कर दी थी। पर सर इस बार तो हमने यह हक भी आप पर छोड़ दिया है कि आप जो चाहें रुपए के साथ कर सकते हैं।

नरसिम्हा : डी.टी.सी. तो बस बंद ही समझो। डेसू (बिजली विभाग) भी हम बेच रहे हैं।

मनमोहन : तमाम पब्लिक सेक्टर को हम बेचने की सोच रहे हैं। बिजली, पानी और रेलवे को भी गिरवी रखने का इरादा है।

आई.एम.एफ.: वो सब तो ठीक है। हमने तुम्हें लोन इसीलिए दिया कि हमें तुम पर यकीन था। मगर तुम लोगों ने अभी तक दवाओं के बारे में कोई कदम नहीं बढ़ाया। दवाएँ अब भी कम दामों पर मिल रही हैं। हमारे लोन से ली गई गाय का बछड़ा अब भी किसान के पास रहता है। हमें वो बछड़ा चाहिए। हम वो बछड़ा मांगटा है।

मनमोहन : मगर सर आप उस बछड़े का क्या करेंगे?

आई.एम.एफ.: हम सब बछड़े का सांड बनाएगा। यू नो बुल, बिग बुल।

(नरसिम्हा को अचानक दौरा पड़ जाता है)

नरसिम्हा : (चिल्लाते हुए) हमें पाँच साल पूरे करने हैं।

आई.एम.एफ.: हे मन्नू! इसे क्या हुआ—वट हैपन्ड?

मनमोहन : सर आपने बिग बुल यानी हर्षद मेहता का जिक्र किया न। उसका नाम सुनते ही इन्हें दौरा पड़ जाता है।

आई.एम.एफ.: डौरा।

मनमोहन : यैस सर। डौरा।

(ब्लैक कमांडो हरकत में आता है)

ब्लैक कमांडो : किससे बात कर रहे हैं सर। सिक्यूरिटी अलार्म! कोई है।

मनमोहन : क्या बात है नंबर वन।

ब्लैक कमांडो : शी ऽऽऽ चुप। खतरा है सर।

मनमोहन : खतरा, कहाँ है खतरा।

आई.एम.एफ.: यह कौन है मनमोहन? इसे यहाँ से भगाओ।

मनमोहन : सर यह हमारे प्रधानमंत्री जी का सिक्यूरिटी गार्ड है। मुझे किसी से बात करता देख यह सोच रहा है कि यहाँ कोई सिक्यूरिटी फाल्ट है।

ब्लैक कमांडो : आप किससे बातें कर रहे हैं? इधर कोई है।

(अचानक मुड़कर बंदूक आई.एम.एफ. की ओर मोड़ देता है। आई.एम.एफ. डरते हुए पीछे हटता है।)

आई.एम.एफ.: मन्नू इसे रोको। इसे बोलो गन हटाए। बहुत खटरनाक हटियार है। हमारी कंपनी ने सप्लाई किया है—बहुट लीथल वैपन है। इसे हटाओ।

मनमोहन : सर आप मौन धारण कर लजिए। हमारे मौनी बाबा की तरह। यह आपको देख-सुन नहीं सकता। मुझे आपसे बात करता देख परेशान है।

[आई.एम.एफ. चुप होकर नरसिम्हा की बगल में खड़ा हो जाता है।]

मनमोहन : नंबर वन।

ब्लैक कमांडो : यैस सर!

मनमोहन : अटेंशन! अबाउट टर्न एण्ड गैट आउट। [ब्लैक कमांडो मुड़कर मार्च करता हुआ जाता है और अंदर आते हुए शंकर, चाचा, अकरम और संघर्ष से टकरा जाता है। चारों आगे बढ़ते हैं। ब्लैक कमांडो मनमोहन से टकरा जाता है।]

मनमोहन : क्या बात है नंबर वन।

ब्लैक कमांडो : सर यह लोग...

मनमोहन : कौन हैं यह लोग?

ब्लैक कमांडो : सर यह लोग प्रधानमंत्रीजी से मिलना चाहते हैं।

मनमोहन : क्या आप मिलेंगे सर!

नरसिम्हा : हाँ-हाँ। हमें पाँच साल पूरे करने हैं।

मनमोहन : ओह! पाँच साल पूरे करने हैं। अच्छा आप लोग प्रधानमंत्री जी से मिल सकते हैं। लेकिन जल्दी कीजिए वह काफी व्यस्त हैं।

नरसिम्हा : हाँ-हाँ। हमें पाँच साल पूरे करने हैं।

शंकर : हम जानना चाहते हैं कि क्या मालिकों को मिल बंद करने और छँटनी करने की इजाजत है?

नरसिम्हा : हाँ-हाँ। हमें पाँच साल पूरे करने हैं।

चाचा : आपने उन्हें छँटनी की इजाजत क्यों दी? क्या आप चाहते हैं कि मजदूर बेरोजगार हो जाएं?

अकरम : पहले ही हमें जीने लायक वेतन नहीं मिलता है। ऊपर से यह छँटनी की बात। क्या आप चाहते हैं कि हम जानवरों से भी बदतर जिंदगी जिएँ?

नरसिम्हा : हाँ-हाँ। हमें पाँच साल पूरे करने हैं।

फूलवती : आपने स्कूल की वर्दी और किताबों पर रियायत बंद कर दी।

बीरबल : राशन के दाम बढ़ा दिए। चीनी, दूध, तेल सब महँगा कर दिया।

चाचा : सरकारी अस्पतालों में जाँच के लिए फीसें लगा दी हैं।

अकरम : आपने डी.टी.सी. को खत्म कर दिया। ब्लू लाइन बसें चला दीं। उनमें हमारा पास भी नहीं चलता।

नरसिम्हा : हाँ-हाँ। हमें पाँच साल पूरे करने हैं।

फूलवती : देश जलता रहा और आप चुपचाप बैठे रहे।

शंकर : संविधान और कानून को खुलेआम तोड़ा गया और आपने कहा कि हमारे पास पूरी सूचना नहीं है।

बीरबल : आपने विदेशियों को बढ़ावा दिया और सरकारी कंपनी को बेचा।

चाचा : आपने देश को गुलामी की राह पर धकेल दिया।

संघर्ष : आपने इस लुटेरे के साथ मिलकर सबको लूटा।

सब : किसके साथ मिलकर!

नरसिम्हा : हाँ-हाँ। हमें पाँच साल पूरे करने हैं।

आई.एम.एफ. : अगर तुम इसी तरह बकटा रहा तो पाँच साल तो क्या पाँच घंटे भी नहीं चल पाएगा।

नरसिम्हा : मगर हमें पाँच साल पूरे करने हैं।

आई.एम.एफ. : मन्नू इसे समझाओ। इसका दिमाग फिर गया है। इसने एक ही रट लगा रखा है। इसे बताओ अगर यह समझदारी से काम नहीं लेगा तो हम अपना सपोर्ट भगवा पल्टन को ट्रांसफर कर देगा। उन्होंने भी हमें पूरा विश्वास दिलाया है कि वो लिबरलाइजेशन यानी खुलापन जारी रखेगा।

मनमोहन : सर। मैं अभी समझाता हूँ। (नरसिम्हा के कान में कुछ कहता है।)

नरसिम्हा : हाँ-हाँ। हमें पाँच साल पूरे करने हैं।

मनमोहन : तभी तो।

आई.एम.एफ. : मनमोहन, यह ऐसे नहीं समझेगा।

मनमोहन : सर आप प्लीज एक मिनट चुप रहिए।

ब्लैक कमांडो : (अचानक हरकत में आता है) सिक्यूरिटी रिस्क! कौन है? सिक्यूरिटी रिस्क। कोई है यहाँ।

संघर्ष : वो है आई.एम.एफ.।

ब्लैक कमांडो : (प्रधानमंत्री से) सर!! सिक्यूरिटी फेलियर!

परिंदा पर मार रहा है।

नरसिम्हा : हाँ-हाँ! हमें ...।

शंकर : कौन है संघर्ष? किससे करते हैं यह लोग बातचीत?

चाचा : हाँ। कहाँ नजर आ रहा है आई.एम.एफ.। कौन विदेशी है यहाँ?

कमांडो : हाँ। कहाँ है वो परिंदा। मैं उसे गोली से उड़ा दूँगा।

संघर्ष : कमाल है। आप लोगों को, यह नजर क्यों नहीं आता। यह तो हर जगह मौजूद है, पाउडर के दूध में, टूथपेस्ट में, अंकल चिप्स में, पेप्सी कोला में। स्कूल से यह वर्दी और किताब ले जाता है। यह राशन खा जाता है। फैक्ट्री में छँटनी करवाता है। यह रेडलाइन का वह पहिया है जो अपने मुनाफे की खातिर सबको कुचलता चला जाता है। यह तो सब जगह है। आप लोग इसे पहचानते क्यों नहीं!

[संवाद के दौरान संघर्ष एक-एक करके आई.एम.एफ. के चोगे पर लगे पैबंद हटा देता है और फिर आई.एम.एफ. का चोगा ही उतार लेता है। नीचे से टी शर्ट नजर आने लगती है। आई.एम.एफ. एक बार फिर से सबको नजर आने लगता है।]

सब : कौन है यह?

चाचा : ओह! आई.एम.एफ. यानी अंतर्राट्रीय मुद्राकोष, विदेशी कर्जा। मैं न कहता था इन सब चीजों में इसका हाथ है।

ब्लैक कमांडो : ओहो तो यह है वो परिंदा जो कि सिक्यूरिटी के सारे इंतजाम को फेल करके पर मार गया। मैं अभी इसे खत्म करता हूँ।

मनमोहन : हाल्ट नंबर वन। यह हमारे मेहमान हैं।

नरसिम्हा : हाँ-हाँ नंबर वन हमें पाँच साल पूरे करने हैं।

मनमोहन : देखिए, अब लोग जा सकते हैं। हमें एक जरूरी मीटिंग करनी है अपने विदेशी मेहमान के साथ।

नरसिम्हा : हाँ-हाँ। हमें पूरे पाँच साल रहना है।

मनमोहन : वैसे भी प्रधानमंत्री जी ने आपसे जो कहना था वो कह चुके हैं।

नरसिम्हा : हाँ हमने कह दिया कि हमें पाँच साल पूरे करने हैं और हम करेंगे। आप लोग जा सकते हैं।

चाचा : आई.एम.एफ. के दलालो गद्दी छोड़ो (सब दोहराते हैं)

सबको शिक्षा सबको काम

फिर न होगा देश गुलाम

आई.एम.एफ. : मनमोहन यह नारे बंद करवाओ। इनसे हमारा सिर फटता है।

मनमोहन : नंबर वन। इन लोगों को धक्के देकर बाहर निकाल दो।

आई.एम.एफ : नंबर वन हमने यह गन तुमको किसलिए दिया है। फायर करो फायर (नरसिम्हा, मनमोहन व आई.एम.एफ. फायर का आर्डर देते हैं।)

ब्लैक कमांडो : फायर।

[संघर्ष झंडा लेकर आगे बढ़ता है घायल होकर गिरता है। आई.एम.एफ., नरसिम्हा और मनमोहन ठहाका लगाते हैं और प्रस्थान करते हैं।]

संघर्ष : हर जोर जुल्म की टक्कर में...

सब : संघर्ष हमारा नारा है।

शंकर/फूलवती: तुम लाख कर लो जुल्म

संघर्ष रुक न पाएगा

काफिला जो चल पड़ा है

अब न रोका जाएगा

गोलियों की गूँज से आवाज दब न पाएगी

जंग यह जीने की है अब नहीं रुक पाएगी।

(सभी गाना गाते हैं।)

◆◆◆◆◆

पहला प्रदर्शन : 1993

वो बोल उठी

जन नाट्य मंच

पात्र विभाजन

पहली कहानी	दूसरी कहानी	तीसरी कहानी
मालिक/संजय	माँ	हरिमोहन
रजनी	बेटी	रेशम
माँ	बेटा	लछमन/सुभाष
बब्लू		शामदत्त
दादा/राधे		बिंदिया
पापा		शफी
वीरू		प्रभुराम
लल्लू		जगदीश
		मंजू

पहली कहानी

[तीन तरफा अभिनय स्थल। एक कलाकार का प्रवेश]

कलाकार : आज जो नाटक हम आपको दिखाने जा रहे हैं, वो दरअसल तीन कहानियों की एक कड़ी है। पहली कहानी एक छोटी बच्ची की आवाज है, जिसे आप खिलौनों की चाह कह सकते हैं, या बालहठ भी। या फिर नकारे गए बचपन का आक्रोश। तो पेश है वो बोल उठी। [प्रस्थान।]

[झाडू लगाते हुए रजनी का प्रवेश।]

रजनी : *(गुनगुनाती है।)* मछली जल की है रानी, जीवन उसका है पानी...हाथ लगाओ तो डर जाएगी, बाहर निकालो मर जाएगी।

[घर का काम करने का अभिनय करती है। मालिक का प्रवेश]

मालिक : कभी-कभी अपनी माँ की जगह रजनी काम पर आ जाती। उस दिन उसके स्कूल की छुट्टी होती, या उसकी माँ बीमार होती। या फिर बड़ी कोठी में कोई बड़ी पार्टी होती और उसे ज्यादा काम। नौ-दस साल की

रजनी दोपहर का खाना और बर्तन निपटाने के बाद गहरी नींद में सोती। उसे उठाना बड़ा मुश्किल होता। अम्मा कहती—"मरी यहाँ काम करने आई है या सोने?" शाम की चाय के बाद ही वो उठ पाती। वो अक्सर कहती—

रजनी : आप मुझे यहीं रख लीजिए। मैं घर का सारा काम करूँगी। मुझे स्कूल नहीं जाना। टीचर मुझे मारती है। मेरा होमवर्क जो पूरा नहीं होता।

मालिक : अम्मा कहती —"मुई आज घर भी न जाएगी क्या? अपने भाई बहनों से नेह नहीं तुझे?" वो कहती—

रजनी : घर में तो मुझे कोई टी.वी. भी नहीं देखने देता। सिर्फ रात की पिक्चर देख पाती हूँ।

मालिक : "इसीलिए दिन भर सोती रहती है घोड़े बेचकर!" कभी-कभी अम्मा उसे पाँच-दस रुपये अलग से दे देती और कभी मेरी बेटी के पुराने कपड़े भी। ये तोहफे इस नतीजे पर पहुँचने के लिए काफी थे कि—

रजनी : पढ़ने-लिखने से कोई फायदा नहीं। काम करने से पैसा मिलेगा जिससे टॉफी, गोली, चॉकलेट और कोकाकोला पी जा सकती है।

मालिक : एक दिन अम्मा ने उसे दो रिबन दिए। सुर्ख लाल, खूब चमकदार।

(उल्लासमय संगीत बजता है। जमीन पर रखे चौड़े रिबनों को रजनी और मालिक डांस की मुद्रा में घुमाते हैं। दो कलाकार डंडों पर लगे लंबे रिबनों को हवा में फहराते हैं। संगीत खत्म होने पर डंडे नीचे रख देते हैं। रजनी दोनों रिबनों को अपने हाथ में पकड़े रहती है। रिबन 8-10 इंच चौड़ और 3-4 मीटर लंबे हों तो उन्हें लेकर डांस करने से एक खूबसूरत स्पैक्टिकल या नजारा बनाया जा सकता है। और साथ ही दर्शकों के अंदर रजनी के लिए रिबनों का महत्त्व रेखांकित किया जा सकता है।)

मेरी बेटी के स्कूल के डांस प्रोग्राम के लिए आए थे ये रिबन। मेरी बेटी आठ साल की है रजनी से कोई दो एक साल छोटी। डांस प्रोग्राम के बाद चूंकि ये रिबन उसके किसी काम के न थे इसलिए रजनी को दे दिए। रजनी उन रिबनों को पाकर बहुत खुश थी। वो तो उन्हें वहीं बाँध लेना चाहती थी मगर अम्मा ने इजाजत नहीं दी। उस दिन रजनी ने हमारे यहाँ का काम आनन-फानन में निपटाया और फौरन अपने घर की ओर रवाना हो गई। आगे क्या हुआ वो रजनी की माँ ने मेरी पत्नी को बताया।

[मालिक का प्रस्थान। रजनी की माँ का प्रवेश।]

माँ : उस दिन दोपहर बाद जब रजनी काम से घर लौटी तो उसके हाथ में दो लाल रिबन थे। एकदम नए दिख रहे थे। मैंने पूछा—कहाँ से लाई है?

रजनी : अम्मा जी ने दिए हैं।

माँ : ला मैं सँभालकर रख दूँ।

रजनी : मैं न दूँगी! तुम गुड़िया को दे दोगी।

माँ : नहीं री मैं सँभालकर रख दूँगी तेरे लिए।

रजनी : मैं सँभाल सकती हूँ अपना सामान।

माँ : *(संवाद के दौरान रजनी एक्शन करती है।)* जल्दी से रिबनों को अपने बस्ते में छिपाकर, कंघी और शीशा उठाकर सीधे नल के पास चली गई। *(रजनी से)* क्या कर रही है?

रजनी : बाल धोऊँगी।

माँ : वो सब बाद में कर लियो। अभी दादा को चाय दे आ। और छत पर से बब्लू को भी नीचे बुला ले। जाने कब से पतंग उड़ा रहा है। *(रजनी एक्शन करती है।)* दादा को फटाफट चाय देकर लौट आई और साथ ही बब्लू को दो आवाजें भी दे दीं।

रजनी : बब्लू! मम्मी बुला रही है, जल्दी नीचे आ!

माँ : पता नहीं बब्लू ने सुना भी या नहीं।

रजनी : मम्मी बबलू नहीं आ रहा है।

माँ : चल तू तो चाय पी ले।

रजनी : मैं पीकर आई हूँ। *(नल के पास बाल धोने की तैयारी करती है।)*

माँ : पहले स्कूल का काम पूरा कर ले, नहीं तो कल टीचर फिर से मारेगी। *(रजनी तुनककर जाती है।)* पढ़ती-वढ़ती ना है। चौथी की चौथी में धरी रह जाएगी। *(रजनी रिबन उठाकर हँसती है।)* इसमें हँसने की क्या बात है?

रजनी : मम्मी तुम तो भूल गईं, मैं तो आज स्कूल गई नहीं। तो काम कहाँ से मिलता?

(माँ-बेटी हँसती हैं। रिबनों से माँ उसे सजाती है। इस दौरान संगीत बजता है।)

माँ : अचानक गुड़िया उठकर रोने लगी। ए रजनी! तू गुड़िया को चुप करा, मैं उसके लिए बोतल में चाय लाती हूँ। *[रजनी तुनककर नल पर जाती है। माँ चाय लेने जाती है।]* चाय की बोतल लेकर वापिस आई तो देखके मेरा जी जल गया। जी में आई धर दूँ दो कम्बख्त को। आँखों में साबुन चला गया था। सर्दियों के दिन, शाम को झोंटा गीला करके बैठ गई। *[बाल पकड़कर रजनी को खींचकर लाती है। रजनी चीखती-चिल्लाती है।]* बड़ी मुश्किल से गीले बाल सुखाए। इतने में बब्लू आ टपका। *[बब्लू का प्रवेश।]*

बब्लू : *(बिसूरता है।)* मम्मी, मम्मी! मम्मी वीरू ने मेरी माधुरी दीक्षित वाली पतंग काट दी। दूसरी लेने आया हूँ।

माँ : बहुत हो गई ये पतंगबाजी। चल अब नीचे रह।

बब्लू : इस बार मैं वीरू की पतंग काटूँगा। कोई कपड़ा दे दो, मम्मी। मैं पतंग में पूँछ लगाऊँगा।

माँ : कपड़ा? पूँछ?

बब्लू : हाँ पूँछ वाली पतंग को कोई नहीं काट सकता।

माँ : कोई कपड़ा-वपड़ा नहीं है और अब नीचे रह। *(बबलू बिसूरने लगता है।)* और इस लड़की को तो देखो, फिर से अपने रिबनों में उलझ गई। बबलू ने रिबनों को देखा तो उसकी आँखों में चमक आ गई।

(बब्लू रजनी के हाथों से रिबन छीन लेता है। दोनों शोर मचाते हैं। माँ डाँटती है।)

बब्लू : मिल गई पुच्छल, अब आएगा मजा।

रजनी : मेरा रिबन दे दे।

बब्लू : नहीं दूँगा, नहीं दूँगा।

माँ : शोर सुनकर इनके दादा आ गए। *[दादा का प्रवेश।]*

बब्लू : दादा, दादा, देखो ये रिबन नहीं दे रही है।

रजनी : मैं नहीं दूँगी।

बब्लू : मैं अपनी पतंग में पूँछ लगाऊँगा।

रजनी : पतंग कट गई तो?

बब्लू : नहीं कटेगी। पूँछ वाली पतंग को कोई नहीं काट सकता।

दादा : ए रजनी दे क्यूँ नहीं देती तू रिबन।

रजनी : मेरे रिबन हैं, मैं क्यूँ दूँ?

दादा : देती है या नहीं?

रजनी : नहीं।

बबलू : देख लो दादाजी।

दादा : नहीं देगी?

रजनी : नहीं *(दादा रजनी को थप्पड़ मारता है।)*

दादा : *(बब्लू से)* जा बेटा जा। शाबास, तू खेल। *(दादा जाता है।)*

बब्लू : ओए मिल गई रिबन, मिल गई। *[रजनी और माँ को चिढ़ाता है। माँ मारने को दौड़ती है, बब्लू भाग जाता है।]*

माँ : *(रजनी को पुचकारती है।)* बस-बस कोई बात नहीं। सब ठीक हो जाएगा। *(रजनी को सहलाती है।)* चल आ मैं तुझे आटे के गुलगुले बनाना सिखाती हूँ।

[रजनी रूठकर जाती है। पीछे-पीछे माँ भी जाती है। शोर मचाते हुए वीरू, संजय, राधे और लल्लू का प्रवेश। तीनों पतंग उड़ाते हैं। लल्लू किनारे पर खड़ा देखता है।]

संजय : ओए वीरू आज तो नौ पतंग काट दी होंगी न हमने।

वीरू : नहीं यार छह-सात ही हुई होंगी।

संजय : नहीं यार नौ। देख मैं गिनवाता हूँ। *(पतंग गिनता है। हर पतंग के नाम के साथ बाकी लोग 1, 2, 3...9 तक गिनते हैं।)* पहले परियल, फिर छप्पर, फिर मोमबत्ती, इसके बाद हरियल, फिर चाँदतारा, फिर अक्खल, उसके बाद भेड़ियल, तिरंगा और आखिर में बब्लू की माधुरी दीक्षित।

लल्लू : बस नौ। शंकर दादा का रिकार्ड तो दस का है।

वीरू : *(चिड़ाता है।)* शंकर दादा का रिकार्ड दस का है। हम काटेंगे दस। बोल संजय कौन-सी काटूँ?

संजय : वो चाँद तारा काट डाल।

वीरू : काट दूँ?

राधे : छोड़ उसे। वीरू वो अक्खल देख उसे काट।

वीरू : हाँ-हाँ। *(दूसरी पतंग को देखकर)* नहीं अक्खल नहीं वो लाल पुच्छल वाली देख। उसे काटते हैं।

राधे : शंकर दादा की लगती है। बड़ी सुंदर लग रही है। स़र, सर, सर.....

संजय : तू पागल है राधे। शंकर दादा उधर नहीं रहता, वो तो उस हरे मकान में रहता है। इधर तो कोई नया ही खिलाड़ी है।

वीरू : मैं जानता हूँ कौन अनाड़ी है। बब्लू वही जिसकी माधुरी दीक्षित काटी थी।

राधे : वीरू यार ऐसा नहीं हो सकता कि लाल पुच्छल वाली को काटें ही नहीं। उसे लपेट कर अपनी पतंग में फंसाकर ले आएँ।

संजय : *(राधे को लात मारता है।)* यहाँ हम मछली पकड़ने आए हैं या पतंग उड़ाने? चल चरखड़ी उठा।

राधे : नहीं यार, मैं तो कह रहा था लाल पुच्छल वाली को काटते ही नहीं हैं। इसे अपनी पतंग में फँसाकर ले आते हैं। बाद में अपनी पतंग में लगा लेंगे।

संजय : अबे लाल पुच्छल वाली तो गायब हो गई। लगता है वीरू दादा को देखकर फट गई। *(सब हँसते हैं।)*

लल्लू : फट गई, क्या फट गई ।

सब : अबे पतंग *(हँसते हैं।)*

वीरू : देख-देख वो छप्पर इधर आ रही है। ले लूँ लपेटे में?

दोनों : ले ले। खींच मार। *(पतंग लड़ाते हैं। शोर करते हैं। छप्पर को काट देते हैं।)*

संजय : कट गई। कट गई बन गया अपना रिकार्ड। *(तीनों नाचते हैं। वीरू पतंग की डोर संजय को पकड़ाता है।)*

वीरू : पता है मैं तो कल ही रिकार्ड बना लेता। कल स्कूल में मास्टर जी ने दस का नोट दिया और कहा—जा एक बिस्कुट का पैकेट ले आ-फिफ्टी फिफ्टी। मैं भी हो गया फिफ्टी फिफ्टी। सीधे बराबर के मैदान में गया, जहाँ अपना यार पतंग उड़ा रहा था डायमंड रैड।

दोनों : डायमंड रैड?

वीरू : हाँ, वो ही हीरा लाल। मैं भी उड़ाने लगा उसके साथ। तीन घंटे पतंग उड़ाते रहे हम-सात पतंग काट दीं। तभी क्या देखता हूँ मास्टर जी नीम का मोटा डंडा लेकर चले आ रहे हैं सटासट। *(मास्टर जी की एक्टिंग करता है।)* ओ बीरू, मेरा दस का नोट, मेरा बिस्कुट का पैकेट फिफ्टी-फिफ्टी। मैंने पतंग छोड़ी और हो गया गोली।

लल्लू : ओ वीरू तेरी तो फट गई होगी। *(वीरू उसके पीछे मारने के लिए भागता है।)*

संजय : वीरू उसे छोड़ यार, वो देख लाल पुच्छल!

(वीरू उससे पतंग की डोर लेता है। लपेटने की कोशिश करने में उनकी ही पतंग कट जाती है।)

लल्लू : ओए कट गई, कट गई। वीरू की फट गई। *(तीनों उसे घूरते है। वीरू मारने आता है।)*

वीरू : क्या कहा?

लल्लू : फट गई *(वीरू हाथ उठाता है)* मेरी जेब, मेरी जेब फट गई। *(लल्लू बाहर जाता है। बाकी सामान उठाते हैं। लल्लू वापस लौटता है। चिड़ाते हुए)* ओए वीरू, फट गई। *[मारने के लिए तीनों उसके पीछे भागते हैं। प्रस्थान। माँ आती है।]*

माँ : पूरी शाम रजनी ने रसोई में आने का नाम नहीं लिया, वहीं छत पर टँगी रही। पतंग नहीं देख रही थी। अपने लाल रिबन देख रही थी। इतने में उसके पापा भी आ गए। *[पिता का प्रवेश।]*

पापा : बब्लू की माँ घुइयाँ लाया हूँ। अच्छे से मसाला डालकर तरी वाले बनाना।

माँ : ठीक है। *[रजनी हाथ में रिबन लिए भागकर अंदर आती है।]* अंधेरा होने के बाद ही रजनी नीचे आई।

पापा : बब्लू की माँ, जरा ये टी. वी. तो चालू कर दो। *(टी.वी. ऑन करते ही हिंदी फिल्म का गाना बजाता है—काँटों से खींच के ये आंचल... माँ रसोई के काम में जुटती है। पापा गाना सुनता है। रजनी रिबनों के साथ नाचती है।)*

माँ : रजनी। रजनी। रजनी। *(रजनी जवाब नहीं देती।)* महारानी जी जरा खाना तो परोस दीजिए, बाद में कर लेना अपना सोलह सिंगार। *(रजनी अनसुनी कर देती है।)*

पापा : *(चिल्लाकर)* सुनाई नहीं देता क्या। तेरी माँ ने क्या कहा। *(रजनी खाना परोसती है। पापा खाते हैं। माँ रजनी को हिदायत देती रहती है। "रोटी दे। ठीक से निकाल। प्याज काटने के लिए रोज याद दिलाना पड़ेगा? चल पानी ले जा।" नल पर हाथ धोकर पापा सोने जाते हैं।)*

माँ : रजनी बेटा आज तू अकेले ही बर्तन साफ कर ले। *[रजनी बर्तन उठाकर नल पर जाती है।]* सुबह से मुझे बुखार था, काम पर भी नहीं गई थी। शाम का खाना पकाने के बाद बदन टूट रहा था। सोने का वक्त हो गया था। रजनी के पापा ने बत्ती बुझा दी। बब्लू और गुड़िया तो पहले ही सो गए थे। मेरी भी आँख लग गई। *(माँ पापा के पास लेटती है। रजनी बर्तन साफ करने के बाद चुपके से अपने रिबन उठाकर नल के पास खड़ी होती है।)* तभी अचानक नल के पास की बत्ती जल गई। *(उठकर देखती है।)* हाय दैया इस लड़की को तो देखो। फिर से शीशे के सामने खड़ी होकर अपने बालों को सँवार रही थी और रोशनी सीधे इसके पापा की आँखों पर पड़ी।

पापा : *(चिल्लाकर)* कौन है? बत्ती बंद करो। बर्तन तो साफ कर चुकी न बब्लू की माँ।

माँ : *(रजनी से)* रजनी चल सोने चल। कल स्कूल नहीं जाना। *(रजनी नहीं आती।)*

पापा : बत्ती बंद करो नींद नहीं आ रही।

माँ : बस अभी। रजनी अपने रिबन तो बाँध ले जरा।

पापा : रिबन बाँध ले? ये कौन-सा वक्त है रिबन बाँधने का? *(पापा का गुस्सा बढ़ता है।)*

माँ : बेचारी सुबह से काम में अटकी पड़ी थी। अभी तो वक्त मिला है उसे।

पापा : काहे का काम। पूरी शाम छत पर टुकुर-टुकुर पतंग देखती रही। उसे नींद नहीं आ रही, हमें तो आ रही है।

माँ : गरम क्यूँ होते हो? आ जाएगी दो मिनट में।

पापा : *(बरसता है)* घंटे भर से दो मिनट-दो मिनट सुन रहा हूँ। सारा दिन मशीन पर खड़े-खड़े जान निकल जाती है। आती है या मैं आऊँ। *(खड़ा होता है।)*

माँ : *(रजनी का हाथ पकड़कर)* ए रजनी आजा। देख तेरे पापा गुस्सा कर रहे हैं। *(रजनी हाथ छिटक देती है।)* जाने कहाँ से ताकत आ गई उसमें। रजनी रिबन दे दे। दे दे रिबन।

रजनी : खबरदार जो मेरे रिबनों को हाथ लगाया।

पापा : *(गरजकर)* रजनी!

माँ : मैं सँभाल रही हूँ न। तुम क्यों बीच में बोल रहे हो...

पापा : यह सब कुछ तुम्हारा ही किया धरा है। लौंडिया को सिर पे चढ़ा रखा है। चलो हटो। *(माँ को धक्का देता है। रजनी की तरफ बढ़ता है।) थप्पड़ मारता है। रजनी गिरती है। संगीत बजता है। गुस्से से रजनी अपने बाप को घूरती है।)*

माँ : उस वक्त मैंने उसका चेहरा रोशनी में देखा। आँखें बड़ी-बड़ी करके घूर रही थी सबको। चेहरे पर पाउडर पोत चुकी थी। शायद सुर्खी भी लगाई थी। आँखें गुस्से के मारे लाल थीं और लगातार बड़बड़ा रही थी...

रजनी : बाँधूँगी रिबन, मुझे कोई नहीं रोक सकता, जरूर बाँधूँगी, मेरे रिबन हैं, किसी को न दूँगी। *(बोलती जाती है।)*

पापा : बहुत देर से देख रहा हूँ तेरा डिरामा। रिबन बाँधेगी। रिबन बाँधेगी। महारानी अभी बँधवाता हूँ तुझे रिबन। *(बालों से पकड़कर बाहर धक्का देता है। फिर माँ से)* तू खड़े-खड़े क्या कर रही है यहाँ? चल अंदर।

[दोनों का प्रस्थान। एक कलाकार का प्रवेश]

कलाकार : आज के नाटक की दूसरी कहानी परिवार में एक औरत की आवाज है। हमने इस परिवार को एक परिवेश दिया है, लेकिन ये कहीं का भी हो सकता है। इस कहानी में जो आवाज है—नम्रता से भरी मगर बेहद मजबूत, जो दुनिया बदलने की हिम्मत रखती है। तो पेश है वो बोल उठी।

[कलाकार का प्रस्थान। संगीत बजता है। बेटी, माँ, बेटे का स्टूल लेकर प्रवेश। तीनों बैठते हैं। ये तीनों अपने तथा अन्य पात्रों का किरदार निभाते हैं।]

बेटी : शक्ति नगर के इस पुराने मोहल्ले में कोई बात ज्यादा देर तक छुपती न थी, और सावित्री चाची ने जो किया, उससे तो मोहल्ले की नींव हिल गई।

माँ : पिछली तीन पुश्तों से हमारा ये पुराना कायस्थ परिवार यहाँ रह रहा था। इन बच्चों के दादा मॉडल स्कूल में प्रिंसिपल थे। बड़ा मान था उनका मोहल्ले में। इनकी दादी को सब मास्टराइन कहकर बुलाते थे। इनके पिता भी इसी लाइन में गए, बाद में प्रिंसिपल भी बने।

बेटा : घर को भी स्कूल समझते थे पिताजी। बात-बात पर मुर्गा बना देते थे। याद है माँ, हालाँकि चाचाजी इंजीनियर थे मगर पिताजी उन्हें फिजिक्स यूँ समझाते थे मानो चौथी क्लास का बच्चा हो।

माँ : तेरे चाचा हमेशा पढ़ने-लिखने में मशगूल रहते थे। रेलवे में बड़े अफसर भी थे। लेकिन मोहल्ले और घर में तेरे पिता का ही राज था। वो ही तेरे दादा के उत्तराधिकारी थे।

बेटी : सावित्री चाची की ये हरकत उनकी सत्ता को चुनौती थी।

माँ : ऐसी बात नहीं है।

बेटी : ऐसी ही बात है। झंडे गाड़ दिए थे चाची ने, हमारी तो हीरोइन है चाची।

माँ : सावित्री ने किसी को चुनौती नहीं दी थी। उसने जो भी किया अपनी बेटी के, कंचन के भले के लिए किया। इसीलिए तो उस दिन इतनी नम्रता के साथ बोली—प्रसाद साहब से मैं हाथ जोड़कर माफी माँगती हूँ, मगर मेरी बेटी का ब्याह उनके बेटे के साथ नहीं होगा—और कंचन के ससुराल से आए नेग के साथ सुहाग की चुन्नी भी लौटा दी थी सावित्री ने।

बेटी : बुआ, मामी, घर की सारी औरतें सकते में आ गईं। जब तक पिताजी के पास खबर पहुँची, प्रसाद साहब का छोटा लड़का और उनके घरसे आई औरतें नेग लेकर वापिस जा चुके थे।

बेटा : मैं दौड़ता हुआ उनके पीछे तक गया मगर बहुत देर हो चुकी थी। वापिस लौटा तो देखा सावित्री चाची काम में ऐसे लगी हैं जैसे कुछ हुआ ही न हो। घर की बाकी औरतें एक तरफ झुंड बनाकर खुसर-फुसर कर रही थीं।

माँ : तेरी दोनों बुआएँ आने वाले तूफान का सोच रही थीं। तेरे पिता के गुस्से का उन्हें खूब मालूम था। कमला जीजी बोलीं—क्या जरूरत थी ये सब करने की। जब मर्दों ने बात तय कर दी थी, तो आज शादी के रोज ये क्या कर डाला सावित्री ने।

बेटी : बिमला बुआ बोलीं—सावित्री से ऐसी उम्मीद न थी। अब देखना भैया क्या गत करेंगे सावित्री की।

बेटा : माँ तुम तो मन ही मन खुश हो रही होगी?

माँ : मैं क्यों खुश होती?

बेटा : सावित्री चाची की प्रशंसा पिताजी उठते-बैठते हर वक्त करते थे। जब भी उन्हें डाँटना-फटारना होता, सावित्री चाची का उदाहरण दे दिया जाता था।

माँ : तेरे पिताजी जो चाहे कहते हों, मगर सावित्री ने मुझे हमेशा बड़ी बहन की तरह माना।

बेटा : फिर भी माँ याद है वो हल्दी के हलवे वाली बात?

माँ : तुझे कैसे पता हल्दी के हलवे वाली बात? तू तो तब पैदा भी नहीं हुआ था।

बेटी : ये अभिमन्यु है न माँ।

माँ : मुझे याद है, सावित्री की शादी को बस कुछ ही दिन हुए थे। एक दिन इनकी दादी ने हल्दी का हलवा बनाने को कहा।

बेटी : हल्दी का हलवा?

माँ : सावित्री ने कभी सुना ही नहीं था। थोड़ा सोचकर बोली—

बेटी : अम्माजी हल्दी का हलवा तो मैंने कभी बनाया नहीं। आप मुझे सिखा दीजिए।

माँ : बस, अम्मा को तो इसी का इंतजार था। फौरन उसे गले से लगा लिया—आ मेरी छोटी बहूरानी मैं तुझे बताती हूँ कैसे बनाते हैं हल्दी का हलवा—और जब हलवा बनकर आया तो अम्मा ने खूब तारीफ की।

बेटा : माँ उस दिन तो तुम्हें सावित्री चाची से जरूर ईर्ष्या हुई होगी।

माँ : क्यों, मुझे क्यों होती ईर्ष्या।

बेटा : क्योंकि जब तुमने बनाया था हल्दी का हलवा, तो बन गई थी कद्दू की सब्जी।

माँ : धत्। *(कुछ सोचकर)* हाँ हुई थी ईर्ष्या। लेकिन तब की बात और थी। तब हममें बचपना था। मगर सावित्री ने सबका मन जीत लिया। मेरा भी।

बेटी : हाँ, मुझे भी याद है। एक बार चाचा दौरे से आए थे तो दो साड़ियाँ लाए थे। एक नीली आसमानी और दूसरी मोंगिया। साड़ियाँ देखते ही तुमने झट से मोंगिया साड़ी उठा ली।

माँ : हाय! ये मोंगिया रंग कितना खूबसूरत है। मैं इसे लूँगी।

बेटी : चाचा बोले—

बेटा : सावित्री को ये रंग बहुत पसंद है।

बेटी : तो झट से सावित्री चाची बोली—ये कौन सा रंग ले आए? मुझे तो ये आसमानी रंग पसंद है।

माँ : ऐसी व्यवहार-कुशल देवरानी का भला मैं क्यों बुरा चाहती। अपनी सीमाओं में रहने वाली सावित्री, हमेशा परिवार का भला सोचने वाली, कभी किसी बात पर न अड़ने वाली। हर बात में दूसरों को तरजीह देने वाली सावित्री। उससे किसी को ऐसी उम्मीद न थी।

बेटा : जब शुरू में कंचन की शादी तय हुई थी तो पिताजी ने ही रिश्ता देखा था। प्रसाद साहब रिटायर्ड अफसर थे। बेटा भी ऊँचे ओहदे पर था। अच्छा खाता-पीता परिवार था।

माँ : सावित्री भी रिश्ते को लेकर खुश थी। हालाँकि उसकी सलाह किसी ने माँगी नहीं थी।

बेटी : चाची से तो क्या, किसी ने कंचन से पूछना जरूरी नहीं समझा था। हमारे यहाँ रिश्ते जोड़ते समय औरतों से पूछने का रिवाज न था।

माँ : इन बच्चों की मामी के दूर के रिश्ते में थे प्रसाद साहब। एक दिन बात ही बात में मामी ने कह दिया—लड़का अच्छी तनख्वाह पाता है। ऊँची पोस्ट पर है। ऊपर की आमदनी भी कम न होगी।

बेटी : सावित्री ने कहा— ऊपर की आमदनी?

माँ : हाँ, लड़का हर साल फॉरन घूमने जाता है। दो-दो गाड़ियाँ हैं, दोनों

भाइयों की अपनी कोठियाँ हैं। बताओ, सिर्फ सरकारी तनख्वाह में इतना सब कुछ थोड़े ही न होता है?

बेटी : हो सकता है पुश्तैनी पैसा हो।

माँ : न जी न, मैं पूरे खानदान को जानती हूँ। भई सीधी बात है लड़का सप्लाई में डायरेक्टर है। सेंपल भरने वाले कई इंस्पेक्टर उसके मातहत हैं।

बेटी : उससे क्या होता है? तुम ऊपर की आमदनी क्यों कह रही हो?

माँ : ओफ्फो! एक बार तो रंगे हाथों पकड़ा भी गया था। वो तो प्रसाद साहब बड़े अधिकारी थे इसलिए मामला रफादफा कर दिया।

बेटा : पर चाची ने मामी की बात को यूँ ही नहीं मान लिया। पूरी खोज-खबर ली। पता चला कि सरसों के तेल में मिलावट के मामले में उसे ही दोषी ठहराया गया था। बड़ा बावेला मचा था उस कांड में। पानी की तरह पैसा खर्च करके और अपने प्रभाव का पूरा इस्तेमाल करके ही प्रसाद साहब अपने बेटे को बचा पाए थे। वरना जेल तय थी। ये सब कुछ सुनने के बाद ही चाची पिताजी के पास गई थी। पिताजी उस वक्त बैठक में थे। चाची वहाँ पहुँची और बोली–

माँ : आपसे एक बात करनी थी भैया।

बेटा : हाँ बोलो बहू।

माँ : भैया कंचन की शादी आप यहाँ मत कीजिए।

बेटा : क्या कह रही हो बहू!

माँ : ठीक कह रही हूँ। लड़का रिश्वतखोर है। उससे हम अपनी बेटी की शादी कैसे कर सकते हैं।

बेटा : बहू!

बेटी : आवाज सुनकर चाचा भी वहाँ आ गए। हमारी तो हिम्मत न थी भीतर जाने की। बाहर से सब सुन रहे थे। कमला बुआ, फूफाजी, मामाजी और पिताजी भीतर थे। चाचा कह रहे थे–शादी के पाँच दिन बचे हैं, और तुम ये क्या फिजूल की बातें लेकर बैठ गई सावित्री।

माँ : अगर एक दिन पहले भी मुझे ये शादी रोकनी पड़ती तो रोकती।

बेटी : कमला बुआ ने कहा–आखिर बात क्या है?

माँ : जीजी लड़का रिश्वत लेता है। सरसों के तेल की मिलावट वाले कांड में रंगे हाथों पकड़ गया था।

बेटा : मामा ने स्थिति को सँभालने की कोशिश की और कहा—भई देखो, कंचन की मामी ने जो कुछ भी कहा उसे सही मत मानना। उसकी तो बेकार की बातें करने की आदत है।

माँ : भाभी का कोई दोष नहीं। मैं जो कुछ कह रही हूँ अपनी जानकारी के आधार पर कह रही हूँ।

बेटा : फूफाजी ने कहा—इस समाज में थोड़ी बहुत बेईमानी तो हर कोई करता है। वैसे भी उस पर रिश्वत लेने का इल्जाम ही लगा था साबित तो नहीं हुआ था। जब कोर्ट ने उसे बरी कर दिया तो हम कौन होते हैं फैसला सुनाने वाले।

माँ : जीजाजी, हम जानते-बूझते हुए अपनी बेटी का रिश्ता एक ऐसे व्यक्ति से करें जो बेईमान है, ऐसी इस परिवार की रीत नहीं है।

बेटी : चाचा ने कहा—रिश्वत! क्या चीज होती है रिश्वत? जिसका काम होता है, वो काम करवाने के लिए कुछ गिफ्ट दे देता है। हमें भी कई लोग मिठाई दे जाते हैं दीवाली पर।

माँ : अगर आप इसे रिश्वत समझते हैं तो मत लिया कीजिए और वैसे भी मिठाई लेने में और लोगों को जहर मिलाकर देने में बहुत फर्क होता है। पैंतीस लोगों की जान गई थी उस कांड में।

बेटी : शादी तोड़ने से पहले तुमने कंचन के बारे में सोचा है। उसका क्या होगा कमला बुआ बोली।

माँ : शादी तय करने से पहले तो हमने कंचन से पूछा नहीं था। मगर ये निर्णय लेने से पहले मैंने कंचन से बात की थी।

बेटी : अब कंचन कौन होती है ये तय करने वाली। लड़का बेईमान है या रिश्वतखोर या चोर या कोई और, ये देखना मर्दों का काम है। रिश्ते नाते की बातों में औरतों को दखल नहीं देना चाहिए। ऐसी भी रीत है इस घर की।

माँ : अगर मर्द गलत निर्णय लें तो उस रीत को बदलना भी जरूरी हो जाता है।

बेटी : गलत निर्णय? चाचा ने कहा—तुम जानती हो सावित्री ये रिश्ता बड़े भैया ने तय किया है।

माँ : इसीलिए मैं बड़े भैया से ही गुहार कर रही हूँ। वो अपनी बेटी की बात कभी न टालेंगे।

बेटा : सावित्री तुमने मुझे पिता का दर्जा दिया है तो तुम्हें मेरी बात भी रखनी होगी। ये शादी होगी।

माँ : नहीं।

बेटा : ये मेरा आदेश है।

माँ : इस आदेश को मानने से मैं इंकार करती हूँ।

बेटा : ये शादी होगी और जरूर होगी।

माँ : ये शादी नहीं होगी। मैं उसे रोकूँगी।

बेटा : जब तक ये शादी नहीं हो जाती तब तक तुम कमरे में कैद रहोगी।

माँ : मैंने इस घर में दो शादियाँ पहले भी देखी थीं। एक बिमला की और दूसरी इनके चाचा की। मगर इस शादी की बात कुछ अलग थी। तीन रोज तक उत्सव का माहौल था। मेहमान आए गए। सब ऊपर से खुश दिखाई देते थे, मगर भीतर कुछ था जो उदास था। बाहर चमक दमक थी मगर भीतर कुछ था जो बास मारता था।

बेटी : खुले में किसी की बात करने की हिम्मत नहीं थी। मगर दबे-छुपे बातें चल रही थीं।

बेटा : मेरी ड्यूटी सावित्री चाची को खाना पहुँचाने और उनकी देखभाल करने पर लगाई थी।

बेटी : मुझ पर सख्त पाबंदी थी चाची से मिलने की। मुझे हर पल कंचन के साथ रहना था।

बेटा : तीन रोज से चाची ने नाममात्र ही खाया था। कमला बुआ बार-बार उनका हाल पूछतीं।

बेटी : और कंचन थी कि चाची से मिलने की जिद कर रही थी।

बेटा : लेकिन मेरा पहरा बहुत कड़ा था।

बेटी : उसके बावजूद शादी से पहले वाली रात को कंचन सावित्री चाची से

मिली। ये सिर्फ मैं जानती हूँ।

बेटा : इतने दिनों तक जिस सावित्री चाची का उदाहरण सबको एक आदर्श नारी की तरह दिया जाता था, आज वो अपनी एक हरकत से इतनी जलील हो गई थी। तू जानती है कमला बुआ ने क्या कहा–

बेटी : हाँ। यही न–तूने तो वंश चलाने वाला एक भी न जना, फिर किस बात का अभिमान करती है?

बेटा : तुझे कैसे पता?

बेटी : माँ ने बताया था।

बेटा : जब माँ को ये पता था तो वो चुप क्यूँ रही।

बेटी : माँ की वही पुरानी रट–औरत की कुछ सीमाएँ होती हैं। सीमाएँ! हँ! पता है भैया, माँ ने पिताजी से बात की थी। पिताजी बोले–तुम समझ नहीं रही हो सरला, आज अगर सावित्री को उसकी बेटी का रिश्ता तय करने का अधिकार दे दिया जाए तो कल वो इस घर की जायदाद में भी उसका हिस्सा माँगेगी। जरा सोचो, ये तुम्हारे बेटे के हक में से जाएगा। माँ चुप रह गई। पिताजी का कद उनकी नजरों में घट गया।

बेटा : तीन रोज बीत गए। शादी का दिन आन पहुँचा। मैं सुबह चाय लेकर चाची के कमरे में गया। चाची ने कहा अपने पिता से कहो, मैं उनसे बात करना चाहती हूँ।

बेटी : फिर सावित्री चाची पिताजी के पास गई, माफी माँगी और कहा–आप कंचन के लिए जो अच्छा समझें वो करें।

बेटा : तुम क्यों फिक्र करती हो बहू। मैं हूँ न, कंचन पर कोई आँच न आने दूँगा।

बेटी : फिर सुबह ग्यारह बजे कंचन के ससुराल वाले चुन्नी चढ़ाने आए और सावित्री चाची ने जो कहा था वो कर दिखाया...

माँ : प्रसाद साहब से मैं हाथ जोड़कर माफी माँगती हूँ, मगर मेरी बेटी का ब्याह उनके बेटे के साथ नहीं हो सकता।

[तीनों का प्रस्थान। एक कलाकार का प्रवेश।]

कलाकार : हमारे नाटक की तीसरी और आखिरी कहानी एक मजदूर औरत की आवाज है जो अपने दूसरे मजदूर भाइयों के साथ कांधे से कांधा

मिलाकर फैक्ट्री में काम करती है और रोजमर्रा की जिंदगी के सवालों को बेबाकी से उठाना जानती है। आइए देखते हैं—वो बोल उठी।

[प्रस्थान। दो अन्य पात्रों का प्रवेश]

हरिमोहन : माँगें ऐसी होनी चाहिए जिसमें सब मजदूरों का फायदा हो। बेकार की माँगों में हमें अपनी ताकत नहीं खर्च करनी है।

रेशम : औरतों के लिए अलग बाथरूम की माँग बेकार की माँग नहीं है।

हरिमोहन : बेकार की माँग है।

रेशम : बेकार की माँग नहीं है।

हरिमोहन : है।

[बाकी कलाकार आते हैं।]

रेशम : नहीं है।

शामदत्त : इस तीखी टकराहट के साथ ही के.सी.सी. यानी कपूर कवर्स एंड कर्टेंस के मजदूर दो खेमों में बँट गए।

लछमन : बीस साल पुरानी के.सी.सी. की बुनाई, रंगाई की ये यूनिट ओखला इंडस्ट्रियल एरिया के प्लाट नंबर 42 में काम कर रही है।

बिंदिया : फैक्ट्री क्या है, दो बड़े-बड़े हॉल हैं। एक यहाँ, और एक वहाँ। ऊपर सीमेंट की चादरें।

शफी : एक हॉल में बुनाई का काम होता है और दूसरे में रंगाई का।

प्रभुराम : कुल मिलाकर 50 मजदूर हैं, जिनमें 20 औरतें भी शामिल हैं। बेड कवर्स, सोफा कवर्स, कुशन कवर्स, टेबल कवर्स और अब सीट कवर्स भी बनाए जाते हैं के.सी.सी. में।

शामदत्त : दोनों हॉलों के बीच एक बड़ा ऑफिस है। जिसमें सुपरवाइजर, कपूर साहब की सेक्रेटरी और फैक्ट्री के मालिक कपूर साहब का कमरा है। फैक्ट्री का ये हिस्सा लैंटर की छत वाला है।

शफी : कपूर साहब का कमरा ए.सी. है जिसमें वो कभी-कभार ही आते हैं। अक्सर वो सिलाई यूनिट में बैठते हैं।

हरिमोहन : हॉल नंबर एक, यानी हमारा ये बुनाई यूनिट। इसके बगल में यहाँ वर्क्स के लिए एक पानी की टोंटी और एक कच्चा बाथरूम है। इस बाथरूम

को फैक्ट्री के सभी मजदूर इस्तेमाल में लाते हैं।

रेशम : कपूर साहब को कुछ ज्यादा खर्च नहीं करना पड़ा था। बस, एक ईंट की दो दीवार बनवाईं, एक दरवाजा लगवाया जिसमें एक सिटकनी थी, और बन गया उनका बाथरूम।

शफी : कई साल पहले बना था ये बाथरूम। कपूर साहब ने बड़ी शान से कहा था—हम अपने वर्कर्स को सुविधाएँ देना जानते हैं।

प्रभुराम : सन् 88 में के.सी.सी. के मजदूरों ने सी.आई.टी.यू. के कहने पर सात दिन की हड़ताल की थी। उसी हड़ताल का नतीजा था कि मालिक सुविधाओं की बात करते थे। मगर अब वो हालात नहीं रहे।

शफी : पिछले कुछ सालों से कई नौजवान लड़के और लड़कियाँ इस फैक्ट्री में काम करने लगे थे। आसपास भी काफी आबादी हो गई थी। झाड़ियों में जाना कम हो गया था।

बिंदिया : बाथरूम पर जोर बढ़ रहा था। संडास बास मारता था। कई दफा कुछ औरतों ने सुपरवाइजर से शिकायत भी की मगर कुछ असर नहीं हुआ।

रेशम : इसलिए मैंने सबके सामने ये बात रखी थी कि औरतों के लिए अलग बाथरूम हो।

सब : औरतों के लिए अलग बाथरूम हो। *(सब एक साथ ताली बजाते हैं।)*

रेशम : मैं रेशम। इस फैक्ट्री की बुनाई यूनिट में पिछले तीन साल से काम कर रही हूँ।

प्रभुराम : तेज-तर्रार रेशम शहर में ही पली बढ़ी है। आठवीं में स्कूल छोड़ने के बाद घर पर माँ के साथ काम करने लगी। शादी के बाद कुछ दिन तक वो जांघिया बनाने का काम घर पे ही करती रही। उसका आदमी चंद्रकांत मल्होत्रा इंजीनियरिंग में मशीनमैन है।

लछमन : रेशम को काम पर मैंने ही लगवाया था। चंद्रकांत मेरे गांव का है।

शफी : मैं शफी। ये प्रभूराम और ये लछमन। हम तीन ऐसे थे जिन्होंने सन् 88 की हड़ताल में हिस्सा लिया था।

प्रभुराम : उस वक्त इलाके की और फैक्ट्रियों की देखा-देखी के.सी.सी. में भी हड़ताल हुई। *(बाकी पात्र नारे लगाकर संघर्ष की अलग-अलग मुद्राएं बनाते हैं।)* हड़ताल तो हुई लेकिन यूनियन नहीं बन पाई। समय-समय

पर न्यूनतम वेतन में आए बदलाव मालिक पूरी तरह लागू न करते। पिछले चार-पाँच साल से हमारी कोशिश थी कि किसी तरह एक यूनियन खड़ी की जा सके। पिछले साल सरकारी आर्डर के बावजूद मालिकों ने जब डी.ए. बढ़ाने से इंकार कर दिया तो उस संघर्ष में हमारे साथ कई नौजवान भी जुड़ गए—सुभाष, प्रदीप, विकास, गुरमीत और राघवन।

सब : हम लाल झंडा यूनियन के पास गए।

लछमन : वो हमारी मदद को तैयार थे। मगर चाहते थे कि पहलकदमी हम ही करें। उनकी सलाह थी कि हम मजदूरों की एक मीटिंग बुलाएँ और माँगों की एक लिस्ट तैयार करें। हमने आपस में विचार किया।

शफी : किसके नाम से मीटिंग बुलाई जाए?

जगदीश : क्या कोई कमेटी हो?

शामदत्त : उसमें कौन-कौन हो?

लछमन : प्रधान किसको बनाएँ?

शफी : नौजवानों की तरफ से सुभाष का नाम रखा गया।

शामदत्त : प्रभुराम भी कमेटी में थे।

प्रभुराम : तमाम चीजों को ध्यान में रखते हुए हमने प्रधानगी के लिए हरिमोहन से बात की।

हरिमोहन : मैं हरिमोहन। इस फैक्ट्री में पिछले 10 साल से काम कर रहा हूँ।

प्रभुराम : ऐसा मेहनती वर्कर कम ही देखने को मिलता है। हरिमोहन दूसरों के काम में मदद करने को हमेशा तैयार रहता था। बाकी वर्कर्स के बीच भी उसकी साख थी। वो अक्सर कहता था—

हरिमोहन : भई एक बात तय है, मालिक हैं तो कमाएँगे। मगर हम मजदूरों को भी उनका हिस्सा तो दें। [सभी हामी भरते हैं।]

बिंदिया : हरिमोहन बहुत गुस्सैल था। एक दिन कमला को जल्दी जाना था। सुपरवाइजर ने कह दिया—क्यूँ कमला, किसी यार के साथ घूमने जाना है क्या? *(हरिमोहन, सुपरवाइजर को धमकाता है। शोर, खींचातानी। हरिमोहन को प्रभुराम वापस लाता है।)*

हरिमोहन : अबे सुपरवाइजर के बच्चे! साले, काट के रख दूँगा।

शफी : अबे ओ कपूर के चमचे! फिर कभी ऐसी हरकत की तो, तेरी ऐसी-तैसी कर देंगे।

शामदत्त : ए कमला, तू क्यूँ चिंता करती है तेरी बेइज्जती का बदला लेने के लिए शामदत्त है न। *[सब मीटिंग के लिए बैठते हैं।]*

सुभाष : उस दिन के.सी.सी. के मजदूरों की मीटिंग में 45 वर्कर आए। 35 वर्कर इस यूनिट के थे और 10 वर्कर सिलाई यूनिट से भी आए थे। (सब तालियाँ बजाते हैं।)

शफी : *(भाषण का अंत)*... डी.ए. तो पूरा देना ही पड़ेगा मालिकों को। ये तो सरकारी आर्डर है। *(बाकी मजदूर हामी भरते हैं।)*

प्रभुराम : डी.ए. तो डी.ए. न्यूनतम वेतन भी पूरा देना होगा।

जगदीश : सिर्फ देना ही नहीं, न्यूनतम वेतन बढ़ाना भी होगा।

हरिमोहन : ये माँग तो सरकार से करनी होगी। लाल झंडा यूनियन वाले इलाके के सब मजदूरों को इकट्ठा कर रहे हैं। हम भी उनमें शामिल होंगे।

सुभाष : नई मशीनें तो ला सकता है मालिक।

हरिमोहन : इस माँग को भी उठाएँगे। अभी डी. ए. की लड़ाई तो जीत लें। *(बाकी मजदूर हामी भरते हैं।)*

शफी : ठेका मजदूरों को पक्का करना होगा। ये माँग तो रखनी चाहिए हरिमोहन।

शामदत्त : पहले अपना पेट तो भर लो, बाद में दूसरों की सुध ले लेना। जो साले मजदूर मीटिंग में ही नहीं आए उनकी माँग क्यों रखें अपने माँगपत्र में?

हरिमोहन : शामदत्त! हैं तो वो भी इस फैक्ट्री के वर्कर। अगर हमने उन्हें साथ न लिया तो हमारा ही नुकसान है। *(हामी भरते हैं। तालियाँ।)* अरे भाई यूनियन बनानी है तो सबको साथ लेना होगा। एक भी मजदूर अलग-थलग न रहने पाए। *(नारे लगते हैं—के.सी.सी. लाल झंडा यूनियन जिंदाबाद। तालियाँ।)* हाँ तो भाइयों इन माँगों का एक माँग-पत्र बनाकर मालिक को देंगे।

शामदत्त : बात-वात क्या करनी सीधे हड़ताल करते हैं।

जगदीश : हाँ-हाँ हड़ताल करेंगे। काहे की बातचीत?

शामदत्त : हड़ताल करो, दो दिन में कपूर को पता चल जाएगा।

शफी : हड़ताल भी कर लेंगे। *(डाँटकर)* बैठ जाओ। पहले हमें सारे मजदूरों का एका बनाना है। हमें मालिकों को अपनी ताकत दिखानी है। जब हड़ताल का वक्त आएगा तो ईंट से ईंट बजा देंगे। *(मजदूर जोश में शोर मचाते हैं।)*

रेशम : हरिमोहन भैया, हमारी भी एक माँग जोड़ लो।

हरिमोहन : हाँ-हाँ रेशम, बताओ।

रेशम : औरतों के लिए अलग बाथरूम हो।

हरिमोहन : क्या? क्या कहा?

रेशम : औरतों के लिए अलग बाथरूम हो।

हरिमोहन : बाथरूम? औरतों के लिए? अलग? न न। ये बेकार की माँग है।

रेशम : अलग बाथरूम की माँग बेकार की माँग नहीं है।

हरिमोहन : बेकार की माँग है।

रेशम : नहीं है।

हरिमोहन : है।

बिंदिया : *(संकोच से)* हरिमोहन भैया, ऐसे कैसे बेकार की माँग है? हम औरतों से भी तो पूछो?

शामदत्त : *(बदतमीजी से)* तो पूछ लो औरतों से। हमने मना की है क्या? वो बैठी पार्वती मौसी। ए मौसी बोलियो जरा। *(सुनता है।)* लो सुन लो। पिछले दस साल से काम कर रही है पार्वती मौसी यहाँ पर, इसे तो जरूरत न हुई अलग बाथरूम की।

रेशम : इस फैक्ट्री में बीस औरतें हैं। उनके लिए अलग बाथरूम तो होना ही चाहिए। इस माँग को मांगपत्र में शामिल करना होगा। सुभाष तू लिखता क्यों नहीं।

हरिमोहन : सुभाष हरगिज नहीं लिखना। *(शोर मचता है।)*

शफी : इस माँग को रख लेने में कोई हर्ज नहीं। मालिकों को जब हम अपना माँगपत्र देंगे तो वो सारी माँगे थोड़े ही मानेंगे। कुछ एक तो वो छोड़ भी देते हैं। *(हँसता है।)*

जगदीश : शफी भैया, मालिक ने अगर बाथरूम की बात मान ली और बाकी सब छोड़ दी तो... *(हँसता है।)*

प्रभुराम : शफी, कैसी बातें कर रहे हो। माँगें रखी जाती हैं मनवाने के लिए, छोड़ने के लिए नहीं और हम यहाँ यूनियन बनाने की बात कर रहे हैं, दुम दबाकर भागने की नहीं।

हरिमोहन : इसीलिए तो मैं कह रहा हूँ कि सिर्फ जरूरी माँगों को रखना चाहिए।

रेशम : अलग बाथरूम की माँग जरूरी माँग है।

हरिमोहन : गैरजरूरी है। उससे हमें ही नुकसान होगा।

रेशम : वो कैसे?

हरिमोहन : भई देखो अगर मालिक बाथरूम बनवाएगा तो वो उसका पैसा हम मजदूरों की जेब से ही काटेगा। आपकी जेब से काटेगा, आपकी जेब से, आपकी जेब से। वो हमारा डी.ए. नहीं बढ़ाएगा या पूरा वेतन नहीं देगा। ऐसे में हम वो माँग क्यों उठाएँ जिससे हमारा ही नुकसान हो। क्यों भाइयो? (शामदत्त और जगदीश हामी भरते हैं। बहस का शोर।)

प्रभुराम : वाह ये खूब रही, अब तुम कल को ये कहोगे कि वेतन बढ़ाना ही फिजूल है, क्योंकि वेज बढ़ेंगे तो फैक्ट्री में बनी चीजों के दाम भी बढ़ेंगे, जिससे रोजमर्रा का खर्च बढ़ जाएगा और बात वहीं की वहीं आन पहुँचेगी। लिहाजा वेतन बढ़ाने की माँग ही फिजूल है, यूनियन बनाने का ये सारा टंटा ही गैरजरूरी है।

हरिमोहन : वो सब मैं नहीं कह रहा मैं कह रहा हूँ कि बाथरूम की माँग गैरजरूरी है तो है।

रेशम : तुम कौन होते हो ये बात तय करने वाले।

हरिमोहन : मैं प्रधान हूँ।

शामदत्त : प्रधान है। ज्यादा टें-टें न करिओ।

रेशम : अगर तुम बाथरूम की माँग के हक में नहीं हो तो हम औरतें तुम्हें प्रधान नहीं मानेंगी।

हरिमोहन : औरतों की कोई जरूरत नहीं यूनियन में। तुम लोगों को बुलाया किसने है।

सुभाष : हरिमोहन, ये मजदूरों की मीटिंग है। औरतें मजदूर नहीं हैं क्या?

प्रभुराम : अभी थोड़ी देर पहले तुमने ही तो कहा था एक भी मजदूर को अलग-थलग नहीं रखना।

शामदत्त : क्या हरिमोहन भइया! मैं तो पहले ही कह रहा था क्या जरूरत है इन औरतों को मीटिंग में बुलाने की। यूनियन बनाना मर्दों का काम है। हम मर्द देखेंगे सारे काम।

प्रभुराम : नहीं, ऐसे नहीं होने का। बिना औरतों के यूनियन नहीं चलने की।

हरिमोहन : ठीक ही तो कह रहा है शामदत्त। हम हैं न सबकी माँगों को देखने के लिए। औरतों को तो चाहिए काम पर आएँ, काम करें और घर जाएँ। बच्चे पालें। यूनियन का काम हम मर्दों पर ही छोड़ दें तो अच्छा है।

रेशम : नहीं। तुम मर्द, औरतों की दिक्कतों को समझते ही नहीं हो। संडास की बास से उबकाई आती है। बिंदिया पेट से है। उसे थोड़ी-थोड़ी देर पर पेशाब लगता है। मगर बास के मारे जा नहीं पाती। बिना पानी के रोटी गटकती है। तुम लोगों को क्या मालूम हममें से कितनी औरतें हैं जो दिन भर एक कप चाय भी नहीं पीतीं। तुम लोगों के लिए ये बाथरूम जरूरी हो या न हो हमारे लिए तो ये बाथरूम बहुत जरूरी है।

प्रभुराम : रेशम ठीक कहती है। हमें ये माँग माँगपत्र में रखनी होगी।

हरिमोहन : अगर ये माँग माँगपत्र में रखी गई तो मैं प्रधान नहीं रहूँगा। *(दो खेमे बन जाते हैं।)*

सुभाष : हरिमोहन, तेरे भेजे में बात घुसती नहीं है? ठीक तो कह रही है वो। *(शामदत्त उसे मारता है। झगड़ा, भगदड़। शफी और प्रभुराम शांत कराते हैं और मीटिंग में वापिस बैठाते हैं।)*

शफी : चुप करो, बैठ जाओ। झगड़ा बंद करो। हमारी लड़ाई मालिकों से है, आपस में नहीं। अगर हम आपस में लड़ते रहे तो अपनी माँगें क्या खाक मनवा पाएँगे। किसी को कुछ नहीं मिलेगा। तुम्हीं बताओ क्या डी.ए. दिला पाएँगे? न्यूनतम वेतन बढ़वा पाएँगे या फिर बाथरूम की माँग मनवा पाएँगे? माँगपत्र में कौन सी माँग रखनी हैं - ये हमें मिलजुल के तय करना होगा।

रेशम : मैं भी तो वही कह रही हूँ। जब सारे मजदूर कह रहे हैं रखो इस माँग को माँगपत्र में, तो ये प्रधान अकेला कौन होता है हर चीज तय करने वाला? *(सब शोर करते हैं।)* सुनो मैं तो कहती हूँ इस बात पर सब

मजदूरों के बीच वोट कर लो। *(शोर)*

हरिमोहन : छोड़ो वोट-वोट क्या कराना। *(कुछ वोट की माँग करते हैं। कुछ उसके खिलाफ बोलते हैं।)*

शफी : *(चुप कराते हुए)* बाथरूम की माँग को लेकर वोट होगा। जो बाथरूम की माँग के पक्ष में हैं वो हाथ खड़ा करें। *(रेशम, बिंदिया, मंजू, सुभाष, प्रभू, शफी हाथ उठाते हैं।)* बस इतने ही हैं?।

रेशम : *(रेशम दर्शकों से बात करके उनसे भी हाथ खड़े करवाती है।)* हाँ भई हाथ खड़ा करो। आपको नहीं लगता कि औरतों की माँग जायज है? तुम भी बहनजी, तुम भी। देखो शफी भैया इतने सारे लोग बाथरूम के पक्ष में हैं।

शफी : ठीक है। हाथ नीचे कीजिए। अब वो लोग हाथ उठाएँ जो इस माँग का विरोध करते हैं।

रेशम : कोई नहीं होगा।

शामदत्त : हाथ क्या उठाना जी? ये वाला बाथरूम इन्हें ही दे दो। हमारा क्या है, हम तो मस्त मलंग हैं, खुल्ले में हो लेंगे। इन्हें ही आँखें बंद करके जीना होगा।

जगदीश : बाथरूम क्या बनवाना भैयाजी, बुनाई के पीछे वाला लॉन हमारा और रंगाई के पीछे वाला लॉन तुम्हारा। हो गया बाथरूम तैयार। (दोनों हँसते हैं।)

शामदत्त : घास की लंबाई से पता चल जाएगा किसमें कितना दम है। मालिक से बोलो झाड़ियाँ लगवा दे। जो मजा झाड़ियों में जाने में आता है वो बाथरूम में नही। क्यूँ रेशम? *(दोनों हँसते हैं।)*

रेशम : मुँह नोंच लूँगी तेरा। शर्म नहीं आती तुझे!

जगदीश : अरे उसे क्या कहती है। खुद अगर ऐसी बातें करेगी तो यही सुनने को मिलेगा। औरत है, औरत की तरह रह। लाज हया सब छोड़ दी है तैने।

रेशम : वाह जी वाह। बदतमीजी करो तुम और लाज हया आए हमें। जिन लोगों को झाड़ी में जाने में मजा आता है वो जाएँ झाड़ी में। औरतें तो बाथरूम में ही जाएँगी।

शामदत्त : बाथरूम में जाएगी? तू बड़ी मेमसाहब है न!

रेशम : हाँ हूँ मेमसाहब।

शामदत्त	:	मेमसाहब... *(हँसता है।)* तो रेशम ऐसा कर, तू जाकर कपूर साहब की सेक्रेटरी बन जा फिर उन्हीं के बाथरूम में हो लियो फिर उनके संग। *(रेशम घूरती है। शामदत्त को थप्पड़ मारती है। फ्रीज)*
बिंदिया	:	जब कौल पर ठनी, पहाड़ सी तनी फौलाद में ढली, गोली सी चली
सब	:	हर गाँव हर गली वो बोल उठी, वो बोल उठी।
रेशम	:	न लक्ष्मी रणचंडी हम, न दुर्गा का अवतार न अग्निपरीक्षा, न जौहर स्वीकार न पांचाली, न मैथिली, न हम करमजली
सब	:	वो बोल उठी, वो बोल उठी
मंजू	:	लड़ी तो बहुत खूब है, मगर नहीं मर्दानी औरत है हाड़मांस की, नहीं महज कहानी।
रेशम	:	जब चुप तो भली, जो बोली तो खली।
सब	:	वोल बोल उठी, वो बोल उठी।

◆◆◆◆◆

(पहला प्रदर्शन : 2000)

परिचय

निशांत नाट्य मंच

स्थापना	: 27 सितम्बर, 1977
सचिव	: नीलिमा शर्मा
निशांत नाट्य मंच द्वारा खेले गए नुक्कड़ नाटक	: गिरगिट, तमाशा, सरकारी सांड, अचूक दवा, सबसे सस्ता गोश्त, हवाई गोले, ब्रह्म का स्वांग, कफन, ठाकुर का कुआँ, ईदगाह, गड्ढ़ा, मियाँ की जूती मियाँ के सर, अब न सहेंगे जोर किसी का, इंकलाब जिंदाबाद, टुकड़ा नहीं पूरी रोटी लेंगे, अँग्रेजी की गुलामी हमें मंजूर नहीं, मौत के सौदागर, उठ जाग मेरी बहना, आवाज-ए-निसवां, हवाला के हवाले वतन साथियो, महँगाई की मार तथा तात्कालिक मुद्दों पर रचित प्रदर्शित अन्य नुक्कड़ नाटक। निशांत के पचास से अधिक नाटकों की तीन हजार प्रस्तुतियाँ हो चुकी हैं।
नुक्कड़ नाटक संग्रह	: अब न सहेंगे जोर किसी का (1992)
अन्य प्रकाशित सामग्री	: *कारवां चलता रहेगा* (जनपक्षीय गीतों का संग्रह), *भगत सिंह के दस्तावेज, आरक्षण क्यों जरूरी है, चार सांप्रदायिकता विरोधी नुक्कड़ नाटक, समाचार पत्र और सांप्रदायिकता।*
सम्पर्क	: स्टाफ क्वार्टस नं. - 1, सत्यवती कॉलेज, दिल्ली विश्वविद्यालय, दिल्ली-110052
दूरभाष	: 27248242

टुकड़ा नहीं, पूरी रोटी लेंगे

निशांत नाट्य मंच

पात्र :

उस्ताद

जमूरा

डॉ. कुंवर कर्णधार सिंह

5-6 अभिनेता

[ढम-ढम की आवाज के साथ मंच पर उद्घोषणा होती है : 'निशांत नाट्य मंच' प्रस्तुत करता है आरक्षण के समर्थन में नाटक 'टुकड़ा नहीं, पूरी रोटी लेंगे' सभी पात्र तीन बार दोहराते हैं। मंच पर उस्ताद व जमूरा डुग-डुगी बजाते हुए प्रवेश करते हैं।]

दोनों : अक्कड़ बक्कड़ बम्बे बौ, अस्सी नब्बे पूरे सौ,
सौ का लोटा, तीतर मोटा, चल मदारी, पैसा खोटा।

उस्ताद : जमूरे।

जमूरा : उस्ताद।

उस्ताद : पब्लिक जुट गई।

जमूरा : जुट गई उस्ताद।

उस्ताद : खेल दिखाएगा।

जमूरा : दिखाएगा उस्ताद।

उस्ताद : जो पूछूँ बताएगा।

जमूरा : बताएगा उस्ताद!

उस्ताद : तो बता मेरी मुट्ठी में क्या है?

जमूरा : चवन्नी उस्ताद।

उस्ताद : खरी के खोटी!

जमूरा : खोटी उस्ताद। भला तुम्हें खरी कौन देगा?

उस्ताद : अबे चुप, नहीं तो सब खोटी ही देने लग जाएँगे। हाँ तो साहेबान, मेरा जमूरा सब कुछ सही-सही बताएगा। एक-से-एक खेल दिखाएगा, मेहरबान, कद्रदान आपका दिल बहलाएगा। जमूरे, जरा एक साहब से

अपनी आँख पर पट्टी तो बँधवा ले।

[जमूरा पट्टी बंधवाता है।]

उस्ताद : हाँ, तो इन साहब की कमीज का रंग कौन-सा है।

जमूरा : हाँ गिली-गिली छू, सफेद उस्ताद।

उस्ताद : और इन साहब की पैंट का रंग?

जमूरा : काला उस्ताद!

[रंगों के बारे में नाटक करने वालों को पहले ही विचार करके तै कर लेना चाहिए।]

उस्ताद : शाबास बेटा, पट्टी खोल ले। जमूरे, यह बता मैं उस्ताद किस वास्ते?

जमूरा : पापी पेट के वास्ते।

उस्ताद : और तू जमूरा किस वास्ते?

जमूरा : इसी पापी पेट के वास्ते उस्ताद।

उस्ताद : अबे ज्यादा पेट-पेट, भूख-भूख मत चिल्ला, नहीं तो कोई पुलिस वाला नेता कहकर अंदर कर देगा।

जमूरा : पर उस्ताद, तुम्हीं ने तो बताया था।

उस्ताद : अरे यह बात पब्लिक में बोलने की थोड़े ही है। अच्छा अब खेल शुरू कर।

उस्ताद : *(जनता से)* साहेबान, हमारा जमूरा थोड़ा नखरे वाला है। थोड़ा ताली-वाली बजाइए न।

[ताली]

उस्ताद : आप लोग तो बिलकुल ऐसे ताली बजा रहे हैं जैसे प्रधानमंत्री के भाषण के बाद जनता ताली बजाती है, बिल्कुल बेमन से, जरा हल्ला करके ताली बजाइए। *(जोर से ताली)*

जमूरा : अरे उस्ताद, तुम चाहे ढोल बजवाओ या ताली पिटवाओ या नगाड़ा बजवाओ। अपना आज खेल दिखाने का मूड नहीं है।

उस्ताद : मूड नहीं है क्यों भई क्यों?

जमूरा : अरे! उस्ताद तुम्हें नहीं पता इस सरकार ने आरक्षण बढ़ाकर इस देश

के साथ कितना अन्याय किया है, नौजवान लोग आत्मदाह करने पर मजबूर हो गए हैं। बड़ी बेइंसाफी हो रही है उस्ताद, मैं खेल-वेल नहीं दिखाऊँगा।

[दो-तीन पात्र गुस्से में जमूरे को खेल दिखाने से मना करने पर धमकाते हैं।]

उस्ताद : अबे! खेल तो दिखाना ही होगा नहीं तो पब्लिक जूते मारेगी।

जमूरा : अरे उस्ताद आज हम इनको अपना बनावटी खेल न दिखाकर वही सब दिखाएँ जो आरक्षण के कारण देश में हो रहा है।

उस्ताद : हाँ-हाँ! यह सही रहेगा। हम इनको वही खेल दिखा देते हैं। आइये साहेबान आपको असली खेल दिखाएँ।

[डुगडुगी बजाते हुए दोनों बाहर जाते हैं।]

[मंच पर एक जुलूस आता है, जिसमें लोग तलवारें और डंडे लिए हुए हैं, और भड़काऊ नारे लगा रहे हैं।]

अभि. एक : आरक्षण लागू हुआ हो तो खून बहेगा सड़कों पर।

सब : खून बहेगा सड़कों पर, खून बहेगा सड़कों पर।

अभि. दो : आरक्षण वापस लो।

सब : वापस लो, वापस लो।

अभि. तीन : नाली की ईंट चौबारे पर नहीं सजेगी।

सब : नहीं सजेगी, नहीं सजेगी।

अभि. एक : भाइयो, बैठिए। अभी हमारे बीच महान आरक्षण विरोधी नेता डॉ. कुँवर कर्णधार सिंह पधार रहे हैं। *(एक ओर देखते हुए)* वो देखिए वो आ गए।

[मंच पर डॉ. कर्णधार सिंह के रूप में एक अभिनेता आता है। सभी बैठते हैं कुंवरजी के स्वागत में तालियाँ बजाते हैं।]

भीड़ में से एक आवाज : कुँवर जी संघर्ष करो, हम तुम्हारे साथ हैं।

सब : हम तुम्हारे साथ हैं हम तुम्हारे साथ हैं।

[कुँवर जी जनता से संबोधित होते हैं]

कुंवर : जैसा कि आप सब जानते हैं मैंने आज से 14 साल पहले राजनीति से संन्यास ले लिया था और मैं अमेरिका चला गया था। जब मुझे पता चला कि भारत में मेरे नौजवान बच्चों पर जुल्म किया जा रहा है, आरक्षण के नाम पर उनके साथ नाइंसाफी की जा रही है तो सब कुछ छोड़कर पहली फ्लाइट से अमेरिका से यहाँ वापस आ गया। इससे पहले कि मैं और कुछ हूँ मैं एक प्रस्ताव रखना चाहूँगा। हमारे जो नौजवान आरक्षण के विरोध में आत्मदाह कर रहे हैं, अपनी जानों की आहुति दे रहे हैं उनकी स्मृति में हम दो मिनट का मौन रखें।

[सभी लोग एक सैकण्ड के लिए मौन की मुद्रा में खड़े होते हैं और फिर बैठ जाते हैं। उस्ताद-जमूरा भी इस बीच सभा में आ गए हैं उस्ताद खड़े होते हुए]

उस्ताद : वाह नेता जी वाह! मौन रखे जा रहे हैं, शोक किया जा रहा है। जरा एक बात बताइये—नवबर 1984 के दंगों में जब इसी दिल्ली शहर में 5,000 लोगों का बेरहमी से कत्ल कर दिया गया था तो उस समय आपकी आँखों में आँसू नहीं आए। कोई मौन नहीं रखा गया।

कुँवर : *(बौखलाकर)* उस समय हम अमेरिका में थे।

उस्ताद : हूँ उस समय आप अमेरिका में थे। बिहार के एक अरवल गाँव में सैकड़ों भूमिहीन किसानों को बेरहमी से मार दिया गया। जानते हैं वो क्या था—आजाद भारत का जलियाँवाला बाग काँड। उस समय कोई आँसू नहीं बहा, जब यूनियन कार्बाइड 30,000 लोगों को मौत के घाट उतार देती है तब कोई शोक सभा नहीं और सांप्रदायिक दंगों में रोज निर्दोष, मासूम लोग मारे जाते हैं तब कोई दुःख नहीं, कोई गौन नहीं...।

कुँवर : *(सभा से)* — यहाँ जरूर कुछ समाज विरोधी तत्त्व आ गये।

[भीड़ में से कुछ गुण्डे उस्ताद को मारकर बिठा देते हैं। एक जोरदार नारा लगता है—"नाली की ईंट चौबारे पर नहीं लगेगी—नहीं लगेगी"]

कुँवर : यहाँ कुछ लोग सभा को खराब करने की कोशिश कर रहे हैं लेकिन आप चिंता मत कीजिए। हाँ तो मैं कह रहा था कि यह बुद्धा, गाँधी, पंचशील सिद्धांतों का देश है। सब लोग भाई-भाई की तरह रहते थे लेकिन इस सरकार ने आरक्षण देकर जातीयता भड़काई है। गृहयुद्ध

छिड़वा दिया है।

[उस्ताद फिर खड़ा हो जाता है]

उस्ताद : वाह नेताजी वाह! जातीयता भड़क गई! जरा एक बात बताइये, जब 90 फीसदी लोगों पर 10 फीसदी लोग राज करते हैं, उनका शारीरिक और मानसिक रूप से शोषण करते हैं तो जातीयता नहीं भड़कती? लेकिन जब 90 फीसदी अपने अधिकारों के लिए आगे आते हैं तो वह जातीयता है, गृहयुद्ध है। यह तो बिलकुल उसी तरह की बात है जैसे अँग्रेज भारत की जनता के स्वतंत्रता संग्राम को समाज विरोधी आन्दोलन कहकर दबा दिया करते थे।

[इसी बीच कुंवर बाकी सभा से कहते हैं कि यदि यहाँ इण्टर-नेशनल प्रेस मौजूद न होता तो सुसरे का यहीं आत्मदाह करा देते, गुण्डे नेताजी का इशारा समझ जाते हैं और उस्ताद को फिर मारकर बिठा देते हैं।]

अभि. एक : प्लीज कॉन्टीन्यू सर।

अभि. दो : सर कृपया अपना भाषण जारी रखिए।

कुंवर : अब देखिए इस आरक्षण की वजह से कितने अयोग्य लोग आ जाएँगे। देश में योग्यता का हनन हो जाएगा। अभी कल ही की बात है, मेरे दोस्त का बेटा बीमार था, वह उनका इकलौता बेटा था, उसे सरकारी अस्पताल में ले जाया गया जहाँ दो घण्टे में ही उसकी मृत्यु हो गई। पूछताछ करने पर पता चला कि जिस डॉक्क्टर ने उसका इलाज किया था, वह आरक्षण से आया था, कोटे से बहाल हुआ था।

[सभा में से एक जोरदार नारा—नाली की ईंट चौबारे पर नहीं सजेगी।]

[उस्ताद ने पिटने के बावजूद हिम्मत नहीं हारी है, एक बार फिर खड़ा हो जाता है।]

उस्ताद : *(ताली बजाते हुए)* योग्यता का हनन! अयोग्य लोगों का राज बहुत खूब! नेताजी एक बता बताइए—इस देश का बेड़ा गर्क किसने किया है?

कुँवर : चुनाववादी राजनीति ने।

उस्ताद : बिल्कुल ठीक! एक बात और बताइए नेताजी, हिन्दुस्तान में राजनीति का मुखिया कौन होता है?

कुँवर : प्रधानमंत्री। और कौन!

उस्ताद : जी हाँ प्रधानमंत्री! इसका मतलब भारत के अब तक के जितने भी प्रधानमंत्री हुए हैं, सब कोटे से आए होंगे, आरक्षण से आए होंगे? जिस समय पर पूंजीपतियों की औलादें 8-8 लाख रुपए देकर इंजीनियरिंग और मेडिकल कॉलेज में दाखिला लेती हैं, उस समय पर कोई योग्यता का हनन नहीं होता?

भीड़ में से एक अभिनेता : *(उस्ताद से)* मैं तुम्हारी बात समझ रहा हूँ।

कुँवर : *(आश्चर्य से)* इसकी बात समझ रहे हो!

अभिनेता : कुँवरजी, जरा बताइये तो रावण जिसने राम की सीता का अपहरण किया था, क्या वह पिछड़ी जाति का था? क्या वह भी आरक्षण से आया था? अरे वह ब्राह्मण महापण्डित था और मीर जाफर कौन था जिसने बंगाल पर अँग्रेजों का कब्जा करवाया, क्या वह भी कोटे से आया था। जी नहीं, ऊँची जाति का मुसलमान था वह। और जयचंद जिसने देश के साथ गद्दारी की उसे भी मण्डल आयोग ने भेजा होगा, कोटे से आया होगा वह भी?

भीड़ में से दूसरा अभिनेता : कुँवरजी एक बात और बताइये—कौरव जिन्होंने 18 दिन तक भयानक महाभारत कराया, कत्लेआम कराया और जिन्होंने अपनी भाभी को सरे दरबार नंगा किया, क्या वह नीची जाति के थे? अरे मैं तो कहता हूँ कि इस देश का बेड़ा गर्क ही इन पैसे वालों और अभिजात्य लोगों ने किया है।

[सारी भीड़ और कुंवर उस्ताद-जमूरे को पीटते हुए बाहर निकाल देते हैं और साथ ही आरक्षण विरोधी नारे लगाते हुए बाहर चले जाते हैं। तभी मंच पर उस्ताद व जमूरे का डुगमुगी बजाते हुए प्रवेश]

जमूरा : अरे उस्ताद तुम होंगे आरक्षण समर्थक, मैं तो आरक्षण विरोधी हूँ। करवा दी न मेरी भी पिटाई।

उस्ताद : तूने सुना नहीं वह नेता कैसी बकवास कर रहा था।

जमूरा : तुम तो एक नेता को लेकर बैठ गए हो। अरे उस्ताद छात्रों के साथ कितना अन्याय हो रहा है, छात्र जुलूस निकाल रहे हैं...

उस्ताद : आ जा बेटा, वो भी देख लेते हैं।

[मंच पर एक जुलूस जिसमें लोगों ने हाथ में डिग्रियाँ ली हुई हैं]

एक : आरक्षण पंथियों की अंतिम इच्छा।

सब : पढ़े-लिखे चलाएँ रिक्शा।

अभिनेता : फ्रैंड्स! हमारे विश्वविद्यालयों ने जो हमें ये डिग्रियाँ दी हैं, ये हमें नौकरियाँ नहीं दिला सकतीं, इसलिए आज आरक्षण के विरोध में हम अपनी डिग्रियों की फोटोस्टेट जलाएँगे।

[सभी अभिनेता फोटोस्टेट जलाने का अभिनय करते हैं। बीच में एक अभिनेता नारा उठाता है—आरक्षण पंथियों की...नारा लगाते हुए सभी लोग चारों ओर कपड़े धोने, बूट पॉलिश करने और रिक्शा चलाने की मुद्रा में फ्रीज हो जाते हैं। मंच पर उस्ताद व जमूरे का प्रवेश]

जमूरे : देखो उस्ताद, पढ़े-लिखे लोग बूट पॉलिश कर रहे हैं, कपड़े धो रहे हैं, रिक्शा चला रहे हैं।

उस्ताद : वाह-वाह! क्या बात है! अरे जमूरे क्या पढ़े-लिखे लोग रिक्शा नहीं चला सकते, कपड़े नहीं धो सकते, बूट पॉलिश नहीं कर सकते?

जमूरे : क्या बात करते हो उस्ताद! अगर पढ़-लिखकर इन्हें यही काम करने थे तो इनकी पढ़ाई का क्या हुआ, उस पर लगा पैसा, वक्त बर्बाद गया।

उस्ताद : बेटा। सच्ची बात तो यह है कि यह सब हमारी शिक्षा नीति का ही दोष है?

जमूरा : वो कैसे उस्ताद!

उस्ताद : हमारी शिक्षा नीति ने इन्हें साहब बनने के सपने दिखाए हैं। इन्हें मेहनत से काट दिया है। इनके मन में मेहनत के प्रति घृणा भर दी है। ये लोग आम जनता, मेहनतकशों से कटकर रह गए हैं। ये सब भारत के खिलाफ इण्डिया की साजिश है। लेकिन बेटा अब ये फिल्मी ड्रामा ज्यादा दिन नहीं चलेगा। लोग अब अपने अधिकारों के लिए लड़ने लगे हैं। ये सनसनीखेज ड्रामे नहीं चलेंगे बच्चू।

[उस्ताद-जमूरा बाहर चले जाते हैं और फ्रीज हुए सभी पात्र "आरक्षण पंथियों की अंतिम इच्छा, पढ़े-लिखे चलाएँ रिक्शा" नारा लगाते हुए बाहर आ जाते हैं।]

[उस्ताद-जमूरे का डुगडुगी बजाते हुए फिर प्रवेश।]

जमूरा : तुम कुछ भी कहो उस्ताद पर नाइंसाफी तो हो ही रही है न। अब तुम्हीं बताओ एक के नम्बर आए 40 प्रतिशत और एक के 60 प्रतिशत और दोनों के साथ एक जैसा व्यवहार किया जाए यह समानता का हनन नहीं किया है?

उस्ताद : बेटा समानता को समझाने के लिए सामाजिक परिस्थितियों को समझना बहुत जरूरी है।

जमूरा : मुझे तो तुम्हारी ये सब बातें समझ नहीं आ रहीं।

उस्ताद : अच्छा तो सुन बेटा, अब तक तूने मेरे कहने पर खेल दिखाया है न, आज तू मेरे कहने पर दर्शकों में बैठ जा और मैं जो खेल दिखाने जा रहा हूँ उसे देख और समझ।

[जमूरा बैठ जाता है। उस्ताद एक सीटी और इनाम लिए भीड़ से]

उस्ताद : हाँ तो साहेबान, मेहरबान, कद्रदान! अब आपके सामने एक दौड़ होगी, यहाँ से वहाँ तक। *(वह दौड़ वाली जगह की ओर इशारा करता है)* जो दौड़ में जीतेगा उसे यह इनाम दिया जाएगा। हाँ, तो कौन-कौन इस दौड़ में भाग लेगा?

[एक अंधा, एक पोलियोग्रस्त आदमी, एक सही आदमी जो दलित लगता है दौड़ में भाग लेने के लिए सामने आते हैं तभी एक अभिजात्य व्यक्ति भी दौड़ के लिए आता हैं]

आदमी : अरे इनाम-विनाम तो क्या, हम तो जरा मूड बदलने के लिए इस दौड़ में भाग लेंगे।

[उस्ताद सबको एक पंक्ति में खड़ा करता है।]

उस्ताद : *(अंधे आदमी से)* आपका क्या नाम है?

अंधा : राजू।

उस्ताद : आप क्या करते हैं?

अंधा : वजीरपुर की झुग्गी बस्ती में रहकर टॉफी-बिस्कुट की दुकान चला रहा हूँ।

उस्ताद : *(पोलियोग्रस्त आदमी से)* आपका नाम क्या है?

आदमी : सुनील।

उस्ताद : आपके पाँव का क्या हुआ?

आदमी : बचपन में, माँ-बाप के पास पैसा नहीं था, मुझे पोलियो का टीका नहीं लगा, इसी से ये हाल हुआ।

उस्ताद : आप करते क्या हैं?

आदमी : बूट-पॉलिश करता हूँ।

उस्ताद : *(अभिजात्य आदमी से)* भाई साहब आपका नाम?

आदमी : राजेन्द्र।

उस्ताद : आप कहाँ रहते हैं?

आदमी : वसन्त विहार।

उस्ताद : आपका काम क्या है?

आदमी : हमारे डैड का एक्सपोर्ट-इंपोर्ट का धंधा है।

उस्ताद : *(दूसरे ठीक आदमी से)* भाई साहब आपका नाम?

आदमी : अनिल जाटव।

उस्ताद : आप क्या करते हैं?

आदमी : मैं जूते बनाता हूँ।

उस्ताद : हाँ तो साहेबान, अब शुरू होती है ये दौड़। *(उस्ताद 1, 2, 3, कहते हुए सीटी बजाता है। अंधा और पोलियोग्रस्त व्यक्ति तो दौड़ ही नहीं पाते हैं, जबकि अनिल जाटव दौड़ में अभिजात्य व्यक्ति के बराबर दौड़ता है, यह देखकर अभिजात्य व्यक्ति उसे गालियाँ देता है और मारकर दौड़ स्थल से भगा देता है)*

आदमी : हम जीत गए कहाँ है हमारा इनाम।

उस्ताद : हाँ आपको तो जीतना ही था, सारी सुविधाएँ जो मिलती हैं आपको।

आभिजात्य : अरे हजारों साल से हम जीतते रहे हैं, किस की हिम्मत है।

आदमी जो हमको हरा सके।

[इनाम लेकर चला जाता है। उस्ताद और जमूरा फिर दर्शकों के बीच में आ जाते हैं]

उस्ताद : देखा जमूरे, असमान परिस्थितियों में समानता की बात करना गलत है,

बकवास है, झूठ है।

जमूरा : उस्ताद, तुम्हारी बात मेरी समझ में अच्छी तरह आ गई। पर मेरी उस्ताद, एक बात और बताओ।

उस्ताद : पूछ बेटा।

जमूरा : ये जितने भी लोग आरक्षण के नाम पर बसें जला रहे हैं, रेलें फूँक रहे हैं, लूटपाट कर रहे हैं, ये तो समाज विरोधी तत्त्व हैं, लेकिन इनके अलावा कुछ लोग ऐसे भी होंगे जिन्हें ईमानदारी से लगता होगा कि आरक्षण देने से उनके साथ नाइंसाफी हो रही है, बेईमानी हो रही है।

उस्ताद : हो सकता है, ईमानदार लोग भी हों। पर उनकी लड़ाई क्या होगी? क्या उनकी लड़ाई ये होगी कि हजारों साल से दबे-कुचले लोगों को उत्थान के लिए जो थोड़ा-सा मिला है उसे छीन लिया जाए? बल्कि उनकी लड़ाई ये होनी चाहिए कि दबे-कुचलों को उनके पूरे अधिकार मिलें, जिनके पास सम्पत्ति का एकाधिकार है वह टूटे और देश में सबको काम का अधिकार मिले।

जमूरा : यानी टुकड़े पर न लड़कर पूरी रोटी के लिए लड़ा जाए तो फिर उस्ताद हम अकले ही क्यों? सब साथ मिलकर लड़ेंगे।

[मंच पर एक जुलूस]

एक : रोजी दो, रोटी दो।

सब : रोजी दो, रोटी दो।

एक : सबको काम का अधिकार दो।

सब : अधिकार दो-दो?

[मंच पर रोटियाँ लिए नेता जी आते हैं। सभी तेज-तेज नारे लगाते हैं—"रोजी दो, रोटी दो"]

नेता : रोटी चाहिए *(कहकर दूर एक टुकड़ा फेंकता है।)*

[सब उस टुकड़े की तरफ जाते हैं।]

एक : एक टुकड़ा हम सबके लिए।

दो : पूरी रोटी इस लुटेरी व्यवस्था के लिए।

तीन : ये हमें इस टुकड़े पर लड़वाना चाहते हैं।

चार : पर हम इस टुकड़े पर नहीं लड़ेंगे।

सब : नहीं लड़ेंगे, नहीं लड़ेंगे।

[दो साथी आगे बढ़कर नारा लगाते हैं "पूरी रोटी पर अपना हक ले के रहेंगे।" सब नेता को घेर लेते हैं और उसके हाथ से सारी रोटियाँ छीन लेते हैं फिर सबको रोटी बाँटी जाती है]

सब मिलकर : 'हम मेहनतकश जगवालों से जब अपना हिस्सा माँगेंगे।'

गाते हैं : एक खेत नहीं, एक देश नहीं, हम सारी दुनिया माँगेंगे।
हम सारी दुनिया माँगेंगे।
हम सारी दुनिया माँगेंगे।

[अभिनेता फैज का यह गीत गाते हुए दर्शकों में मिल जाते हैं।]

◆◆◆◆◆

अंग्रेजी की गुलामी हमें मंजूर नहीं

निशांत नाट्य मंच

[नाटक के प्रारंभ में मंच खाली है मगर एक तरफ के सभी पात्र गाना गाते हैं और गाने की अंतिम पंक्ति के शुरू होने पर एक औरत जंजीरों में जकड़ी मंच पर प्रवेश करती है।]

गीत : सूरज की लाली को कैद कोई कर सका 3
खेतों की हरियाली कैद कोई कर सका 3
पर हम गुलाम हैं हम गुलाम हैं ...
हाँ हम गुलाम हैं हम गुलाम हैं

पात्र 1 : गुलाम! तुम गुलाम कहाँ हो हिंदुस्तान? तुम्हें तो आजाद हुए साठ साल हो रहे हैं।

औरत : ठीक कहते हो। मुझे आजाद हुए साठ साल होने को है लेकिन पहले एक ईस्ट इण्डिया कम्पनी ने गुलाम बनाया था पर आज मैं सैकड़ों विदेशी कम्पनियों की गुलाम हूँ। अँग्रेज तो चले गए पर अँग्रेजियत लदी रही और गुलामी बरकरार रही।

एक : इसका मतलब है सन् 47 की आजादी की लड़ाई में कोई गड़बड़ थी। आजादी की लड़ाई में कोई खोट था– कमजोरी थी?

औरत : नहीं मेरी आजादी की लड़ाई लड़ने वाले तो बहादुरी से लड़े। मेरी आजादी के सिपाही सिर्फ मेरी राजनैतिक आजादी की लड़ाई ही नहीं लड़ना चाहते थे बल्कि वो तो मेरी संस्कृति, मेरी भाषाओं और मेरे अस्तित्व की भी रक्षा करना चाहते थे इसीलिए उन्होंने नारा दिया "अँग्रेजों भारत छोड़ो।"

[औरत का प्रस्थान, जुलूस का आना]

एक : अँग्रेजों भारत छोड़ो।

सभी : भारत छोड़ो भारत छोड़ो *[नारे लगाते हुए बैठते हैं, जुलूस में से एक व्यक्ति आगे बढ़कर अपनी बात रखता है।]*

व्यक्ति-1 : बैठो भाइयो, अगस्त 1942 आ पहुँचा है। हमें एकजुट होकर अँग्रेजों को भगाना है। यह हमारी आजादी ही नहीं हमारे अस्तित्व को भी जिंदा रखने का सवाल है। इसलिए मैं कहता हूँ इस लड़ाई को तेज करो और

आज से प्रण लो कि हर अँग्रेजी चीज का बहिष्कार करोगे।

व्यक्ति-2 : साथियो हम भी कसम खाते हैं आज से अँग्रेजी और अँग्रेजी चीजों का उपयोग नहीं करेंगें। अँग्रेजी कपड़ा विदेशी कपड़ा नहीं पहनेंगे।...

[गाना गाते हैं]

गीत : बड़ा ही गहरा दाग है यारो जिसका गुलामी नाम है
उसका जीना भी क्या जीना जिसका देश गुलाम है
सीने में जो दिल था यारो आज बना वो शोला
मेरा रंग दे बसंती चोला

[इसी बीच अँग्रेज पुलिस अफसर अँगरेजी में गालियाँ देता आता है और लाठी चार्ज, फायर कहता हुए फ्रीज हो जाता है। जुलूस के लोग भी इंकलाब-जिंदाबाद का नारा बुलंद करते हुए लाठियाँ खाते हुए फ्रीज होते हैं, औरत का मंच पर आना, बाकी सभी का प्रस्थान।]

औरत : लाठियाँ चलीं, गोलियाँ चलीं और मेरे सैकड़ों बहादुर शहीद हुए मगर उन्होंने हार नहीं मानी और ये बहादुरी से अपनी लड़ाई लड़ते रहे। 15 अगस्त 1947 के दिन मुझसे कहा गया कि मैं आजाद हूँ। मगर ये आजादी कहाँ थी ये तो एक साजिश थी गोरे लोगों के बजाय काले लोगों की साजिश। और इस साजिश का पता मुझे 15 अगस्त की रात को ही चल गया था। मेरे लिए सबसे ज्यादा दुख और शर्म की बात ये थी कि 15 अगस्त 1947 को मेरे इस देश के पहले प्रधानमंत्री ने अपना भाषण मेरी किसी भी मातृभाषा में न देकर अँग्रेजी में दिया।

[औरत का प्रस्थान, लार्ड माउंटबेटन का प्रवेश, भीड़ में कोरस "लांग लिव दा क्वीन, लाँग लिव दा किंगडम..."]

माउंटबेटन : By the grace of the Queen of United Kingdom, India is granted freedom but it shall remain the part of the British Commonwealth.

Now I request Mr. Nehru to address the Indian Nation.

[नेहरू का गुलाब के फूल के साथ प्रवेश, नेहरू माउंटबेटन को फूल पेश करता है। 15 अगस्त जैसे भव्य समारोह का मंचन। तिरंगा झण्डा बीच में रखा है। एक लड़की नेहरू को ट्रे में अच्छे तरीके से रखा भाषण का पर्चा थमाती है।]

नेहरू : Long years ago, we made a tryst with destiny, and now the time comes when we shall redeem our pledge,not wholly or in full measure, but very substantially. At the stroke of the midnight hour when the world sleeps, India will awake...

औरत : (दर्शकों से) तुम लोग समझ रहे हो ये भाषा? नहीं न? अगर तुम्हारे ये आका तुम्हारी भाषा में बात नहीं कर सकते तो तुम्हारी समस्याओं को क्या समझेंगे। 15 अगस्त 1947 को शुरू हुई इस अँग्रेजी की गुलामी भरी जहनियत ने आज तक अपने को जिंदा रखा है। ये देखिए सरकारी नौकरियों में आप लोगों के साथ क्या होता है –

[औरत का प्रस्थान, इंटरव्यू का सीन]

अफसर : रामअवतार।

चपरासी : जी मेरी सरकार।

अफसर : कितने आए हैं उम्मीदवार

चपरासी : जी लंबी लगी है कतार

अफसर : बुलाओ पहला उम्मीदवार

चपरासी : आ जाए पहला उम्मीदवार...

उम्मीदवार : नमस्ते सर

अफसर : गुडमार्निंग सर कहो। क्यों पहले कभी दी है इंटरव्यू?

उम्मीदवार : भाड़ा खर्च करके 20वां है इंटरव्यू, इसीलिए समझता हूँ सब चक्रव्यूह।

अफसर : नाम क्या है तेरा बरखुदार।

उम्मीदवार : जी कहते हैं मुझे मजूमदार।

अफसर : क्या है तुम्हारी क्वालीफिकेशन?

उम्मीदवार : पास किया है मैंने एम.ए. एग्जामीनेशन।

अफसर : सिफारिश है कुछ खास?

उम्मीदवार : ऐसी कोई चीज नहीं है मेरे पास।

अफसर : किस विषय में पास किया है एम.ए. का इम्तहान?

उम्मीदवार : ये सब सर्टीफिकेट पर दर्ज है श्रीमान।

अफसर : मुँह से बोलोगे तो घिस नहीं जाएगी जुबान।

उम्मीदवार : पास किया है मैंने हिंदी का इम्तहान।

अफसर : फिर तो नहीं बनेगा तेरा काम।

उम्मीदवार : ऐसा क्यों श्रीमान?

अफसर : हमें तो चाहिए ऐसा उम्मीदवार जो हो इस योग्य कि कर सके अँग्रेजी का फर्राटे से प्रयोग।

उम्मीदवार : मंडी बोर्ड की है ये नौकरी श्रीमान, बात जिससे करनी वो होगा सांधारण किसान, जो ग्राहक आएगा वो भी होगा इस देश की संतान, फिर क्यों जरूरी है अँग्रेजी ज्ञान?

अफसर : बुलाया नही है तुझे बहस के लिए।

उम्मीदवार : जानता हूँ।

अफसर : रखना नहीं है तुझे।

उम्मीदवार : जानता हूँ।

अफसर : और क्या जानते हो?

उम्मीदवार : तुम हो ब्लडी बास्टर्ड

अफसर : एम.ए. हिन्दी में! गाली अँगरेजी में! ये कैसा है मजाक?

उम्मीदवार : जरूरत हिन्दी की, चाहिए अँगरेजी ये वैसा ही है मजाक। चलता हूँ आपका धन्यवाद। *(उम्मीदवार चला जाता है)*

औरत : दिमागी गुलामी का एक और नमूना, ये देखिए विश्वविद्यालय में दाखिले के वक्त आप लोगों के साथ क्या होता है।

[औरत का प्रस्थान, कॉलेज में इंटरव्यू का सीन]

पात्र-1 : सैंड द नैक्सट कैंडिडेट इन

छात्रा : नमस्ते सर

पात्र-2 : कांट यू से गुडमार्निंग सर?

पात्र-3 : वेअर आर योर पेपर्स (छात्रा कागजात पकड़ाती है)

पात्र-1 : पॉलीटीकल साइंस 75 प्रतिशत, गुड।

पात्र-2 : हिस्ट्री 80 प्रतिशत, वैरी गुड

पात्र-3 : म्यूजिक! वैरी गुड। शी जा गर्ल कैंडीडेट।

पात्र-4 : हिंदी?

छात्रा : सर हिंदी मेरी मातृभाषा है।

पात्र-1 : ठीक है, ठीक है। वाट इज योर पर्सनटेज इन इंग्लिश?

छात्रा : 60 प्रतिशत सर!

पात्र-1 : ओनली 60 प्रतिशत! यू कांट बी टेकन।

छात्रा : आप को गलतफहमी हुई है सर। मुझे इंग्लिश आनर्स में नहीं पालिटीकल सांइस में दाखिला चाहिए।

पात्र-2 : ओफ्फो! देखिए मिस आपने राजनीति शास्त्र में स्कूल टॉप किया हो, जिला टॉप किया हो, नेशन टॉप किया हो या यूनाइटेड नेशन टॉप किया हो हमें इससे कोई मतलब नहीं अगर आपके अँग्रेजी में अच्छे नम्बर नहीं तो आप जा सकती हैं।

सभी पात्र : आप जा सकती हैं, आप जा सकती हैं। *(सभी पात्र और छात्रा बाहर निकल जाते हैं)*।

औरत : आप जा सकती हैं। अगर आपके अँग्रेजी में अच्छे नम्बर नहीं तो आप सभी जा सकते हैं। हमारी सरकार और व्यवस्था ही ये सब कर रही है, ऐसा नहीं। आप लोग भी अपने घर में अपने बच्चों के साथ, छोटे भाई-बहनों के साथ क्या करते हैं उसकी एक झलकी देखिए।

[पति-पत्नी अपनी बच्ची के साथ आते हैं]

पति : (बच्ची को पढ़ाते हुए एक पेड़ की तरफ इशारा करते हुए) वॉट इज दिस?

बच्ची : पेड़

पति : (मारते हुए) अँगरेजी में बोल

पत्नी : मारो मत जी ठीक तो बोल रही है।

पति : तुम चुप रहो ईडियट। (बेटी से) जल्दी बोल। वाटॅ इज दिस? *(बच्ची चुप रहती है, और झापड़ खाती है)* पांच बार बोल 'ट्री'।

बच्ची : ट्री, ट्री, ट्री, ट्री, ट्री।

पति : शाबाश, गुड। *(नाक की तरफ इशारा करके)* अब बता वॉट इज दिस?

बच्ची : "आई"।

पति : "आई"? चलो गलत ही सही अँगरेजी में बोली। "आई" नहीं बेटी "नोज"—नोज। सुनती हो *(पत्नी से)* मिल्क लाओ मिल्क। *(पत्नी बच्ची के लिए दूध लाती है)*।

पति : *(बेटी से)* ड्रिंक ड्रिंक। बार्नवीटा इन। *(पत्नी से)* तुम 'होम में वर्क' करो मैं इसे स्कूल बस में राइड कराता हूँ।

बच्ची : नमस्ते माँ।

पति : *(बच्ची को मारते हुए)* नमस्ते की बच्ची 'बाए-बाए' बोल। *(बच्ची रोती है बाप उसे घसीटते हुए स्कूल की तरफ (बाहर) ले जाता है। पत्नी भी चली जाती है)*।

औरत : और देखिए मेरा पंजाबी परिवार। जो आज पंजाब की, भगतसिंह की शानदार विरासत को भुला कर अँग्रेजी की गुलामी में लगा है।

[पंजाबी बोलने वाला परिवार पति-पत्नी और बेटे का प्रवेश]

सरदार सतवंत सिंह : हाँ ते पुत्तर नां दस, वॉट इज योर नेम?

बेटा : माई नेम इज खुशवंत।

सरदार जी : इन विच स्कूल डू यू रीड?

बेटा : आई रीड इन माता जयकौर पब्लिक स्कूल।

हरनामकौर (माँ) : ओए शाबाश पुत्तर किन्नी सोंणी अँगरेजी बोलदा है। पर इंग्लिश मीडियम बोलना भूल गया।

सरदार जी : हुंण इक पोयम ते सुना पुत्तर।

बेटा : जॉनी जॉनी, यैस पापा इटिंग शुगर, नो पापा

टैलिंग अ लाई, नो पापा, ओपन योअर माउथ, हा-हा-हा।

सरदार जी : वैरी गुड। लै इक रुपया, टाफियाँ खाईं।

हरनामौर : अजी तुहाडे दोस्तनू वी ते आना है। उन्हां दे सामने भी सब कुछ ठीक-ठीक सुना देईं पुत्तर। फैर होर पैसे मिलंणगे।

[इस सीन से पहले जो परिवार था वही आता है]

गुप्ता : अरे भाई सतवंत सिंह कहाँ छुपे बैठे हो?

सतवंत सिंह : आ भई गुप्ते, तेरा ही इंतजार कर रहा था। (श्रीमती गुप्ता से) सतश्रीकाल भाभी जी। हरनाम कौर ऽऽऽ। देख भाभीजी भी आई हैं।

गुप्ता : और ये हमारी बेटी है। गुड ईवनिंग करो बेटी।

[हरनाम कौर आती है। श्रीमती गुप्ता से मिलती है। दोनों बच्चे भी आपस में मिलते हैं और फिर बैठते हैं।]

सरदार जी : गुप्ते साडा भी इक ही सन है और अँग्रेजी इन्नी फर्राटेदार बौलदा है कि बतावां। पुत्तर दस वाट इज योर नेम?

बेटा : माई नेम इज खुशवंत।

[वही बातें पूछता है जो पहले पूछा चुका है। बच्चा सब रटा-रटाया पाठ दोहरा देता है]

सरदार जी : वैरी गुड। देखा गुप्ते।

गुप्ता : हमारी बेटी भी अँग्रेजी स्कूल में पढ़ती है। बेटी अंकल आंटी को बता तो सही "वाट इज योर नेम"?

बेटी : रानी।

गुप्ता : पूरा बोल 'माई नेम इज रानी'।

[कुछ और बातें भी पूछता है पर बच्ची घबराहट में सब गलत बताती है और कविता भी हिंदी में सुनाती है। दोनों पति-पत्नी बच्ची को बुरी तरह पीटते हैं।]

सरदार जी : अजी बच्ची को क्यों पीटते हो। अँगरेजी सिखानी है तो ट्यूशन भी जरूरी है।

गुप्ता : *(बच्ची से)* हमारी नाक कटवा दी सबके सामने। सुन रानी की माँ इसे आज खाना मत देना। *(तीनों का प्रस्थान)*

सरदार जी : लै पुत्तर इक रुपया होर लै। हरनाम कौर साडा बेटा बड़ा होके अफसर बनेगा।

[दोनों पति-पत्नी बच्चे को निहारते हैं। तीनों का प्रस्थान]

औरत : इस सबसे भी शर्मनाक है जो लोग भारतीय भाषाओं की संरक्षण समिति में बैठे हैं उनके बच्चे भारतीय भाषाओं को न पढ़कर अँग्रेजी माध्यम

से पढ़ाई करते हैं। ये देखिए :

[पाँच-छः अभिनेता कंधे पर भारी-भारी बस्ते लिए और माथे पर अँग्रेजी माध्यम स्कूलों के नाम की चौड़ी-चौड़ी पट्टियाँ चिपकाए "ट्विंकल ट्विंकल लिटिल स्टार हाओ आई वंडर व्हट यू आर..." धीरे -धीरे गाते हुए एक गोल घेरे में चलते हैं]

औरत : *(एक बच्चे से)* बेटा क्या नाम है तुम्हारा?

बच्चा (1) : माई नेम इज नरेश।

औरत : तुम्हारे पिता कौन हैं? क्या करते हैं?

बच्चा : यू डोंट नो अबाउट माई फादर? वो हिंदी भाषा अकेडेमी के अध्यक्ष हैं।

औरत : तुम पढ़ते कहाँ हो?

बच्चा : विवेकानंद पब्लिक स्कूल इंगलिश मीडियम ओनली।

[इसी तरह से बंगाली, उर्दू, पंजाबी, मराठी आदि भारतीय भाषाओं की संरक्षक समितियों में ऊँचे ओहदों पर बैठे अफसरों के बच्चों का बारी-बारी से परिचय होता है जो सभी अपनी भाषा छोड़कर अँग्रेजी माध्यम के स्कूलों में पढ़ते हैं। अंत में सभी बच्चे "ट्विंकल ट्विंकल लिटिल स्टार" गाते हुए बाहर निकल जाते हैं।]

औरत : ट्विंकल ट्विंकल लिटिल स्टार, जी हाँ कल यही नन्हें-मुन्हें तारे भारत के आकाश पर अँग्रेजी की गुलामी भरी चमक के साथ चमकेंगे और जो नन्हें मुन्ने भारतीय भाषाओं में पढ़ते हैं उनका भविष्य इस गुलामी भरे समाज में क्या होगा ये किसी से छुपा नहीं। मैं आप सब से पूछती हूँ आप में से कितने होंगे जो एक साँस में हिंदी या किसी भी भारतीय भाषा की वर्णमाला पूरी की पूरी बगैर किसी गलती के सुना सकेंगे। लेकिन ए (A) से जैड (Z) तक अँग्रेजी का अक्षर ज्ञान सब को जरूर ही होगा। दोस्तो, अपनी भाषा, अपनी सभ्यता और संस्कृति से ये नफरत क्यों? किसी भी भाषा की तरह अँग्रेजी से भी प्यार करो मगर अपनी भाषाओं से बेरुखी मत करो। क्या अंग्रेजी भाषा और अंग्रेजी संस्कृति की गुलामी आपको मंजूर है?

सभी पात्र : नहीं, नहीं, बिल्कुल नहीं।

(सभी गाते हैं)

हमें मंजूर नहीं, हमें मंजूर नहीं
नज्में गुलिस्तां बदलो
दम घुटा जाता है।
कानूने शबिस्तां बदलो
ये गलत बात है जंजीरे कोहन टूट गईं
अंग्रेजी राज का तो जोर है अब भी कायम
ये नया दौर नया दौर नहीं साजिश है
जुल्म के जोर का अंग्रेजी शोर का
जुल्म के जोर का तो शोर है अब भी कायम
यहाँ शोर है अब भी कायम
हमें मंजूर नहीं।

औरत : अंग्रेजी की गुलामी

सभी पात्र : हमें मंजूर नहीं।

[सभी पात्र अलग-अलग भारतीय भाषाओं को पढ़ने पर जोर देने की लिखी हुई तख्तियों को लेकर आते हैं और औरत के हाथ पैरों की जंजीरें तोड़ते हैं।]

◆◆◆◆◆

परिचय

रमेश उपाध्याय

जन्म	:	1 मार्च, 1942, बढ़ारी बैस, जिला एटा, उत्तर प्रदेश।
मंचीय नाटक	:	पेपरवेट (1981), बच्चों की अदालत (1981), भारत-भाग्य-विधाता (1990)
नुक्कड़ नाटक	:	गिरगिट (1977), हरिजन-दहन (1979), ब्रह्म का स्वाँग (1980), राजा की रसोई (1982), हिंसा परमो धर्मः (1985), समर-यात्रा (1986), मधुआ (1988)
सम्पर्क	:	107, साक्षरा अपार्टमेंट्स ए-3 पश्चिम विहार, नई दिल्ली-110063
दूरभाष	:	25268341

राजा की रसोई

रमेश उपाध्याय

पात्र :

सूत्रधार
राजा का हिंदू रसोइया, बाद में वही नेकरदास
राजा का मुसलमान रसोइया, बाद में वही गुलामअली
राजा का सिख रसोइया, बाद में वही किरपानसिंह
राजा का ईसाई रसोइया, बाद में वही फॉरेन वैस्टर्न
राजा
राजा के दो अंगरक्षक जो रसोई के पहरेदार भी हैं
भारत माई
गान-मंडली के लोग

(नाटक-मंडली का समूह-गायन। बीच-बीच में राजा के रसोइए, जो धर्मानुसार विभिन्न वेश-भूषाओं में हैं, लेकिन ऊपर से मैले और काले एप्रन बाँधे हुए हैं, स्वयं से संबंधित शब्द हिंदू, मुसलमान, ईसाई और सिख के क्रम से बोलते हैं। उनके बाद की एक पंक्ति अकेला सूत्रधार और शेष पंक्तियाँ सारी मंडली गाती है।)

मंडली : देखो-देखो रे भाई, धरम-करम की माया
इसने भाई का भाई से कैसे गला कटवाया
मैं हूँ पंडित, मैं हूँ मुल्ला
हम अँगरेजों का दुमछल्ला
मैं सबका सरदार इकल्ला
अपनी डफली पर तुम सबने अपना राग बजाया
देखो-देखो रे भाई, धरम-करम की माया
तू मलेच्छ है, तू काफिर है
तुम दोनों से हम बेहतर है
तुम तीनों का बाप इधर है
कौन है जिसने इन लोगों को आपस में लड़वाया

देखो-देखो रे भाई, धरम-करम की माया
हिंदू हो जा, मुसलमान बन
मौज करेगा ईसाई बन
राज करेगा खालसा इकदिन
भेद-भाव फैलाने में है एक से एक सवाया
देखो-देखो रे भाई करम-धरम की माया

(समूह-गायन के बाद गान-मंडली के लोग एक तरफ बैठ जाते हैं। चारों रसोइए चार कोनों में जाकर भोजन बनाने का मूक अभिनय करने लगते हैं। हिंदू चूल्हा फूँकता है, मुसलमान देग में चमचा चलाता है, सिख तंदूर में रोटी लगाता है और ईसाई आमलेट बनाता है। राजा और भारतमाई दोनों बाहर निकल जाते हैं। राजा के अंगरक्षक रसोई के पहरेदार बनकर खड़े हो जाते हैं। सूत्रधार सामने आकर नाटक का परिचय देता है।)

सूत्रधार : आज हम जो नाटक आपको दिखाने आए हैं, उसका नाम है 'राजा की रसोई, और उसके लेखक हैं रमेश उपाध्याय। ये है राजा की रसोई और ये हैं राजा के रसोइए। इनका राजा बड़ा सेक्यूलर है। माने धर्मनिरपेक्ष। उसे खाने से मतलब है, खाना बनाने वालों से नहीं। खुद खाता है, अपने यारों-दोस्तों को खिलाता है, अपने नौकर-चाकरों को खिलाता है, अपने फौज-फर्रे को खिलाता है। उसके यार-दोस्त हैं देसी और विलायती सेठ-साहूकार, जमींदार और सरमाएदार। उसके नौकर-चाकर हैं मंत्री और अफसर, जज और पत्रकार, लेखक और कलाकार, पुलिस और फौज, गार्ड और गुंडे, पहलवान और मुस्टंडे, मौलवी और पंडे। यानी कि दुनिया के सभी धर्मों के बंदे। इसलिए राजा की रसोई में हर तरह का खाना बनता है। ये पंडित जी यहाँ शुद्ध वैष्णव भोजन बनाते हैं। ये मुल्लाजी यहाँ शाही मुगलाई खाना पकाते हैं। ये सरदार जी यहाँ सरसों का साग, मक्के की रोटी और तंदूरी पराँठे बनाते हैं। और ये मिस्टर क्रिश्चियन, जिनका नाम जॉन साहब है, यहाँ यूरोपियन, अमरीकी, चीनी, जापानी, यानी कि हर तरह के विलायती खाने तैयार करते हैं। इनके हाथ में हुनर है और बरसों का अनुभव। बढ़िया से बढ़िया खाने ये लोग पकाते हैं। मगर इनको खुद खाने के लिए चार सूखी रोटियाँ और पतली दाल ही मिलती है। उसमें से भी ये कुछ हिस्सा अपने जैसे गरीबों को दे डालते हैं। ये गरीब लोग हैं, पर दिल इनका बहुत बड़ा है। कई दिनों से इनके पास एक औरत आया करती है, जिसको ये लोग भारतमाई कहते हैं। लीजिए वो आ ही रही है। (आती

हुई भारतमाई की ओर इशारा करके हट जाता है।)

(भारतमाई फटे-पुराने कपड़े पहने एक भूखी प्यासी, कमजोर और दुखियारी-सी औरत है। वह दोनों हाथों में पकड़ी हुई एक थाली छाती से लगाए सहमती हुई-सी आती है। दोनों पहरेदार उसका रास्ता रोकते हैं।)

पहरेदार 1 : ए भारतमाई, तू फिर आ गई?

पहरेदार 2 : भाग जा यहाँ से। आज राजा साहब अपनी रसोई का कामकाज देखने आ रहे हैं।

भारतमाई : कल भी कहीं काम नहीं मिला, बेटा। एक पैसे की मजूरी नहीं मिली। बच्चा घर में भूखा है, कुछ खाने को मिल जाता...

(चारों रसोइए आवाज सुनकर चौंकते हैं। मुल्लाजी आगे बढ़ आते हैं।)

मुल्लाजी : आओ, भारतमाई, आओ! *(पहरेदारों से)* माई को अंदर आने दो, भाइयो! शौक से देखते रहना, अपने हिस्से की रोटियों के सिवा हम इसे और कुछ नहीं दे रहे हैं।

(पहरेदार एक-दूसरे की तरफ देखकर रास्ता छोड़ देते हैं। भारतमाई आगे बढ़ जाती है।)

सरदारजी : आ गयी, माई? आ जा। कहीं कुछ काम लगा तेरा?

पंडितजी : और तेरा बच्चा कैसा है? बुखार उतरा उसका?

जॉन साहब : हम जो दवाई उसके वास्ते दिया, कुछ फायदा किया उसको?

(भारतमाई बीच में सिकुड़कर बैठ जाती है।)

मुल्लाजी : लाओ अपनी थाली दो। पहले कुछ खा लो, फिर बताना!

भारतमाई : नहीं, बेटा, खाऊँगी नहीं, ले जाऊँगी। *(मुल्लाजी को थाली देकर पंडितजी से)* बचुआ का बुखार तो उतर गया, बेटा। *(जॉन साहब से)* भगवान तेरा भला करे, बेटा, तूने बड़ी अच्छी दवाई दी। *(सरदार जी से)* लेकिन अभी कमजोर है। रोटी माँग रहा है। कल सारे दिन भटकी, पर कहीं कोई काम नहीं मिला। मरी ऐसी बेकारी फैल रही है कि रोटी पर भी कोई काम कराने को तैयार नहीं।

मुल्लाजी : *(थाली थमाते हुए)* हमें पता था, माई! इसीलिए हमने अपने हिस्से की एक-एक रोटी तेरे लिए बचाकर रख दी थी।

भारतमाई : भगवान तुम सबका भला करे, मेरे बच्चो! तुम जुग-जुग जियो।

पंडितजी : *(हँसकर)* लेकिन भगवान तो, माई, ऐसा लगता है कि लंबी तानकर सो गए हैं। देख, जरा हमारी हालत देख। हम दुनिया भर को अच्छे से अच्छा खिलाते हैं और हमें ये सूखी रोटियाँ खाने को मिलती हैं।

सरदारजी : वाहे गुरु की सौं माई, तनखा भी इतनी कम है कि घर में बच्चों का पेट नहीं भर पाते हम।

मुल्लाजी : और खुदा के वास्ते, इस वावर्चीखाने की हालत देखो। यहाँ दिन-रात चूल्हे जलते हैं। हर घड़ी भट्ठियाँ दहकती हैं। यहाँ के धुएँ में हमारा दम घुटता है...

जॉन साहब : कोई खिड़की नहीं, कोई रोशनदान नहीं। गरमी के दिन में भी हवा का कोई इंतजाम नहीं।

पंडितजी : माई, हम अपने पसीने में आलू की तरह उबलते हैं यहाँ।

मुल्लाजी : अजी पंडज्जी, यों कहो कि हड्डियाँ गल गयी हैं यहाँ काम करते-करते।

जॉन साहब : और हम पे बढ़ाने का वास्ते बोलता है, तो राजा सुनता नहीं।

सरदारजी : अब तू ही बता, माई, क्या करें? कहाँ जाएँ?

भारतमाई : जाना कहाँ है, बेटा! जीना यहाँ मरना यहाँ, इसके सिवा जाना कहाँ! मिल-जुल के अपने राजा से कहो। न माने तो अपने हक की लड़ाई लड़ो। (सरदारजी से) और बेटा, तेरे मुँह से तो ये थकी-हारी बातें मुझे बिलकुल अच्छी नहीं लगती। तू तो पंजाब का है, जहाँ का मेरा बेटा भगतसिंह हँसते-हँसते आजादी की लड़ाई में फाँसी पर चढ़ गया। (थाली लिए उठ खड़ी होती है) मुझे देखो, मैं क्यों आज भीख माँगने पर मजबूर हूँ? मेरे बहादुर बेटे आजादी और इंसाफ की लड़ाई लड़ते-लड़ते मारे गए और तुम लोगों ने उनका साथ नहीं दिया। मेरे बेटों ने जो राह पकड़ी थी, उस पर तुम नहीं चले।

पंडितजी : अब क्या कहें, माई, हम धोखा खा गये। तुझे याद है, जब इस रसोई को लेकर उस अँगरेज से हमारे राजा साहब का झगड़ा चल रहा था?

मुल्लाजी : अकेले राजा साहब का क्यों? उन दिनों तो ये रसाई अपने राजा साहब और पड़ोस के नवाब साहब की शामिल जायदाद थी। क्यों सरदार जी?

सरदारजी : अरे, नवाब साहब को हम भूल सकते हैं भला? अँगरेज के कब्जे से इस रसोई को निकालने के लिए हम लोगों ने अपने सिर तुड़वाए और...

जॉन साहब : तोड़े भी तो थे। *(हँसकर)* मैं जब यहाँ नौकरी करने आया, तो तुमने मुझे भी अँगरेज समझा था और मेरा भी सिर तोड़ने का वास्ते दौड़ा था!

सरदारजी : *(हँसकर)* तोड़ ही देता, पर ये माई बीच में आ गयी थी।

पंडितजी : तो, माई, जब अँगरेज से झगड़ा चल रहा था, अपने ये राजा साहब और वो नवाब साहब दोनों हमसे कहते थे कि अँगरेज के कब्जे से रसोई छूट गयी, तो तुम लोगों को इसका मालिक बना देंगे।

मुल्लाजी : और हुआ क्या? वो दोनों इस पर अपना-अपना हक जताने के लिए आपस में तो लड़े ही, हम लोगों को भी लड़वा दिया।

जॉन साहब : रिजल्ट? किचेन का पार्टीशन!

पंडितजी : रसोई उन लोगों ने आपस में बाँट ली। हमको मालिक बनाने की कहते थे, पर खुद मालिक बन बैठे। हम लोग रसोइया के रसोइया ही बने रहे।

सरदारजी : ये कहो कि हमारी हालत पहले से भी बदतर हो गयी। पहले ये रसोई कितनी बड़ी थी। इसमें खिड़कियाँ थीं, दरवाजे थे। बँटवारा हुआ, तो एक दीवार इधर से उठी, दूसरी उधर से। ये एक दरवाजा छोड़ बाकी सारे खिड़की-दरवाजे बंद।

जॉन साहब : हमारा दम घुटता है तो घुटे।

मुल्लाजी : ऊपर से हम लोगों को आपस में लड़ाने की कोशिश! नवाब साहब मुझसे कहने लगे, मियाँ तुम वहाँ हिंदुओं के साथ क्यों पड़े हो, इस तरफ आ जाओ। मगर मैंने साफ-साफ कह दिया, माफ कीजिए, मैं अपने यारों और प्यारों को छोड़कर नहीं आ सकता।

पंडितजी : ज्यादा बनो मत मुल्लाजी! तुम भी हमारी तरह राजा साहब की बातों के झाँसे में आ गये थे। सोचते थे, यहाँ रहे तो रसोई के राजा बन जाओगे!

सरदारजी : अब देखो, कैसे राजा बने हुए हैं। *(हँसते हैं।)*

मुल्लाजी : अल्ला कसम, सरदार जी, वो बातें ही ऐसी थीं कि कोई भी झाँसे में आ सकता था। वो तो जब हमने देखा कि राजा साहब हमारी बात ही नहीं सुनते, तब हमारी आँखें खुलीं।

भारतमाई : आँखें कहाँ खुली, बेटे! आँखें खुल जातीं, तो क्या ये अन्याय तुम यों ही सहते रहते? जैसे उस अँगरेज से लड़े, वैसे ही अपने राजा से नहीं लड़ सकते थे? कह नहीं सकते थे कि ये रसोई हमने लड़कर ली है, ये हमारी है?

पंडितजी : अब लड़ेंगे, माई, तू चिंता मत कर, अब और नहीं सहेंगे हम।

मुल्लाजी : हाँ, माई, अब तो लड़ना ही पड़ेगा।

जॉन साहब : येस, नो एस्केप।

सरदारजी : हमने फैसला कर लिया है, माई! आज राजा आने वाला है रसोई का मुआयना करने। हम उसके सामने अपनी माँगें रखेंगे। नहीं मानेगा, तो हड़ताल करेंगे।

पहरेदार 1 : *(चौंककर दूसरे से)* रसोइए हड़ताल की बातें कर रहे हैं!

पहरेदार 2 : चल के राजा साब को बताना चाहिए।

पहरेदार 1 : उनके आने का टाइम भी हो गया है।

पहरेदार 2 : इस बुढ़िया को तो यहाँ से भगाओ।

पहरेदार 1 : *(भारतमाई से)* ए बुढ़िया, जल्दी बाहर निकल। महाराज के आने का टाइम हो गया है। भाग जा जल्दी से।

भारतमाई : अच्छा, बेटे, जाती हूँ।

(भारतमाई थाली को आँचल से ढँककर निकल जाती है। दोनों पहरेदार उसके पीछे जाते हैं। चारों रसोइए अपने-अपने काम में व्यस्त हो जाते हैं। थोड़ी देर बाद दोनों पहरेदार राजा के अंगरक्षक बनकर राजा के साथ आते हैं। राजा अपने दोनों कानों में उँगलियाँ डाले हुए आता है। रसोइए राजा को देखकर एक लाइन में थोड़ी-थोड़ी दूरी पर अदब से झुककर खड़े हो जाते हैं। राजा पास आता है, तो पंडितजी हाथ जोड़कर उसे प्रणाम करते हैं और अपनी शिकायत बताते हैं।)

पंडितजी : दुहाई, राजाजी, बड़े कष्ट में हैं हम लोग। बरसों से हम इस दमघोंटू रसोई में खट रहे हैं और हमारी हालत जरा भी नहीं सुधरी। हवा के लिए कोई खिड़की नहीं खुली। धुएँ को बाहर निकालने के लिए कोई चिमनी नहीं बनी। हमारी आँखें फूटी जा रही हैं। साँस लेना भी दूभर हो गया है। फिर भी देखिए, हम देशभक्त हैं, सब कुछ सहते हैं। आपको बढ़िया से बढ़िया स्वादिष्ट और पौष्टिक भोजन बनाकर खिलाते हैं, खुद पतली दाल के साथ चार सूखी रोटियाँ खाकर संतोष

करते हैं। लेकिन महँगाई इतनी बढ़ गयी है, महाराज, कि इतनी कम तनखा में अब घर का गुजारा नहीं चलता। हमारे परिवार भूखों मर रहे हैं। छोटे-छोटे बच्चों का रोटी के लिए तड़पना हमसे देखा नहीं जाता, सरकार! अब तो हमारा वेतन बढ़ ही जाना चाहिए।

(राजा अंगरक्षकों की ओर देखता है और आगे बढ़ जाता है।)

मुल्लाजी : *(आगे आकर फर्शी सलाम बजाते हुए)* रहम कीजिए, गरीबपरवर! हमारी हालत पर गौर फरमाइए! कहने को हम शाही बावर्ची हैं, मगर हमारी हालत देखिए। भिखारी भी हम से बेहतर होंगे। यहाँ की जानमारू मेहनत हमारा कीमा बना देती है, लेकिन हम उफ नहीं करते। मालिक, हम इस तंग जगह में साफ हवा तक से महरूम हैं। सरकार, फिर भी हम कौम के लिए, मुल्क की बेहतरी और तरक्की के लिए, आपकी सेहत और खुशहाली के लिए आपकी खिदमत में रहते हैं और सब कुछ बरदाश्त करते हैं। हम दिन-रात लजीज खाने पकाते हैं, मगर हमारे पेट खाली हैं, सरकार! हमारे बच्चों के पेट नहीं भरते। *(राजा अंगरक्षकों की ओर देखता है और आगे बढ़ जाता है।)* सुनिए, हुजूर, बंदापरवर, सुनिए! रहम कीजिए...

सरदारजी : *(आगे बढ़कर नारा लगाते हैं)* राजा साहब बहादुदर जिंदाबाद! सरकार गल्ल ऐस तरां है के... *(राजा उनके पास बिना रुके आगे बढ़ जाता है।)* ओ राजा साब, ओ बाश्शाओ, बात तो सुनते जाओ!

(राजा आगे बढ़ता जाता है। जॉन साहब के पास से गुजरता है, तो वे भी कुछ कहने के लिए आगे बढ़ते हैं, लेकिन राजा उनकी तरफ से मुँह फेरकर आगे बढ़ जाता है। अंगरक्षक एक स्टूल लाकर रख देते हैं। राजा उस पर खड़ा हो जाता है और कानों में उँगलियाँ दिए-दिए ही भाषण देता है।)

राजा : हमारे प्यारे रसोइयो! हमने अपनी रसोई देखी और आप लोगों का काम देखा। हम आप लोगों से बहुत खुश हैं। हमें आप जैसे ही देशभक्त रसोइयों की जरूरत है। जाहिर है कि आपकी भी समस्याएँ हैं और हमें मालूम है कि समस्याएँ हैं। हमने आपकी शिकायतें सुनीं। आपकी शिकायतें सही हैं। आपकी ये माँग बिल्कुल सही है कि आपको अपने धरम-करम के मुताबिक चलने की पूरी आजादी होनी चाहिए...

जॉन साहब : *(आगे आकर)* नो, नो सर! वी वर टॉकिंग एबाउट अवर पे स्केल्स

एंड वर्किंग कंडीशंस...

(राजा के अंगरक्षक आगे बढ़कर मिस्टर जॉन का मुँह बंद करके उन्हें उनकी जगह खड़ा कर देते हैं।)

राजा : हम समझते हैं। हम अपनी जनता की हर तकलीफ समझते हैं। क्या एक पिता अपने बच्चों की तकलीफें नहीं समझेगा? इसीलिए हमने कहा कि आपको अपने-अपने धरम-करम के मुताबिक चलने की पूरी आजादी होनी चाहिए। हम जानते हैं कि आप लोग सुबह चार बजे से रात के तीन बजे तक रसोई में व्यस्त रहते हैं। जाहिर है कि आपको मंदिर में, मस्जिद में, चर्च में और गुरुद्वारे में जाकर अपनी उपासना करने का समय नहीं मिलता...

सरदारजी : *(आगे आकर)* ओ बाश्शाओ, असीं धरम-करम दी नईं, तनखा बघाउनदी गल्ल कर रए सी। भूखे रहके भजन नहीं होता सरकार...

(राजा के अंगरक्षक आगे बढ़कर सरदारजी का मुँह बंद करके उन्हें उनकी जगह खड़ा कर देते हैं।)

राजा : हाँ, यही तो हम कह रहे हैं। जीवन में सबसे बड़ी और सबसे प्यारी चीज है आदमी का धर्म। धर्म के लिए आदमी जान दे सकता है, दूसरे की जान ले सकता है। हमने अपने कानून बनाने वालों से कह दिया है कि धर्म के लिए जो जान दी जाए, उसे आत्महत्या न माना जाए। धर्म के लिए जो जान ली जाए, उसे हत्या न माना जाए। तालियाँ। *(दोनों अंगरक्षक तालियाँ बजाते हैं।)* हम सोचते हैं कि सांप्रदायिक दंगों को राष्ट्रीय पर्व घोषित कर दें और उन दंगों में जो लोग सबसे ज्यादा जानें लेकर दिखायें, उन्हें धरमवीर चक्र प्रदान करें।

मुल्लाजी : *(आगे आकर)* लेकिन, सरकार, हम लोग अपनी और इस बावर्चीखाने की हालत सुधारने की बाबत आपसे अर्ज कर रहे थे कि...

(राजा के अंगरक्षक आगे बढ़कर मुल्लाजी का मुँह बंद करके उन्हें उनकी जगह खड़ा कर देते हैं।)

राजा : आपने बिल्कुल सही कहा। हमारी इस रसोई में क्या कमी है, ये आज हमने देख लिया। इसमें आप लोग दिन-रात काम करते हैं और यहाँ आपको अपनी पूजा-उपासना करने तक सुविधा नहीं। कितना अन्याय होता रहा है आपके साथ। लेकिन अब ये अन्याय नहीं चलने दिया

जाएगा। आप लोगों को उपासना जरूर करनी चाहिए। इससे आत्मा शुद्ध रहती है। दिल में विद्रोह और क्रांति जैसे बुरे विचार नहीं आते। उपासना करने से ही आपके दिलों में ये बात आती है कि राजा भी ईश्वर का ही रूप होता है। ईश्वर की ही तरह राजा सबको देखता है और सबकी सुनता है। राजा बड़ा न्यायी है और सच्चा इंसाफ करता है। ये दुनिया उसकी मर्जी से चलती है और उसकी मर्जी के बिना यहाँ पत्ता भी नहीं हिल सकता...

पंडितजी : ये बातें हम जानते हैं, महाराज, और इन लोगों को बताते भी रहते हैं। लेकिन ईश्वर पर से अब हमारा विश्वास उठने लगा है। हम लोग दिन-रात अपने-अपने भगवान का ध्यान करते हैं, फिर भी न तो इस रसोई की दशा बदलती है, न हमारी हालत में कोई सुधार होता है। हमने बहुत सहा है, महाराज, लेकिन अब और नहीं सहा जाता... *(राजा के अंगरक्षक पंडितजी का मुँह बंद करके उन्हें उनकी जगह खड़ा कर देते हैं। लेकिन अंगरक्षकों के मुड़ते ही पंडितजी फिर आगे निकल जाते हैं और चिल्लाते हैं)* आप अब और ज्यादा दिन तक हमारा मुँह बंद नहीं रख सकते। बहुत हो चुका... *(अंगरक्षक पलटकर फिर पंडितजी का मुँह बंद करते हैं। लेकिन तभी मुल्लाजी बोल पड़ते हैं।)*

मुल्लाजी : जी हाँ, हुजूर, बहुत हो चुका। अब हमारे सब्र का प्याला भर चुका है। आखिर कब तक बरदाश्त करें? कब तक... *(एक अंगरक्षक पंडितजी का मुँह बंद किए रहता है, दूसरा झपटकर मुल्लाजी का मुँह बंद करता है। लेकिन तभी सरदारजी बोल पड़ते हैं।)*

सरदारजी : हाँ जी, राजा साहब, ये लोग ठीक कह रहे हैं। कानों से उँगलियाँ निकालिए और ध्यान से हम लोगों की बात सुनिए। अब हम इन हालात में काम नहीं करेंगे... *(एक अंगरक्षक अपने एक-एक हाथ से पंडितजी और मुल्लाजी का मुँह बंद करता है, दूसरा झपटकर सरदारजी का मुँह बंद करता है। लेकिन तभी जॉन साहब बोल पड़ते हैं।)*

जॉन साहब : अगर हमारा माँगा नहीं मिलेगा, तो हम लोग स्ट्राइक कर देगा। कल से आप लोग का खाना बंद और... *(दूसरा अंगरक्षक एक हाथ से सरदारजी का मुँह बंद रखता है और दूसरे से जॉन साहब का मुँह बंद कर देता है।)*

राजा : हाँ, अब ठीक है। जब हम बोल रहे हों, तो किसी और को नहीं बोलना

चाहिए...तो हम क्या कह रहे थे? हम कह रहे थे कि आपका धर्म! हमें आपके धर्म की बहुत चिंता है। हम चाहते हैं कि आप लोग शांतिपूर्वक यहीं, इसी रसोई में, अपने-अपने धर्म के अनुसार उपासना करें। इसलिए हमने फैसला किया है कि हम रसोई के इस कोने में छोटा-सा मंदिर, इस कोने में छोटी-सी मस्जिद, उस कोने में छोटा-सा चर्च और उस कोने में छोटा-सा गुरुद्वारा बनवाएँगें। तालियाँ! *(अंगरक्षक मुँहबंदी में व्यस्त होने के कारण विवशतापूर्वक राजा की ओर देखते हैं)* कोई बात नहीं। हम अपने लिए खुद ही तालियाँ बजा लेंगे। *(कानों से उँगलियाँ निकालता है और तालियाँ बजाता है)* तो हमारे प्यारे रसोइयो, हमने आज अपनी रसोई का निरीक्षण किया, आप लोगों की शिकायतें सुनीं, आपकी माँगें मान लीं, अब हम चलते हैं।

(राजा स्टूल से उतरकर जाने लगता है। अंगरक्षक उसके पीछे दौड़ते हैं।)

जॉन साहब : राजा साहब, लिसिन! हम लोग का डिमांड नहीं मिला, तो हम हड़ताल करेगा! *(चिल्लाकर)* स्ट्राइक!

राजा : *(अंगरक्षकों से)* इसे गिरफ्तार कर लो।

(अंगरक्षक जॉन साहब को पकड़ लेते हैं और उनका मुँह बंद करके अपने साथ घसीट ले जाते हैं। बाकी तीनों रसोइए हक्के-बक्के देखते रह जाते हैं। फिर तीनों दुखी होकर सिर पर हाथ रखकर नीचे बैठ जाते हैं। गान-मंडली गीत गाती है।)

गान-मंडली : सहे जाओ, सहे जाओ, सहे जाओ भैया
मिलेगी अठन्नी न मिलेगा रुपैया
राजा बड़ा जुल्मी है एक न सुनेगा
हँसके चाहे रोके माँगो कुछ भी न देगा
ज्यादा बोलोगे तो जेल भेज देगा भैया
मिलेगी अठन्नी न मिलेगा रुपैया
हक लेना है तो लड़ो सब मिल-जुलके
आजादी मिलेगी इस राज को बदलके
नहीं तो सहे जाओ, सहे जाओ भैया
मिलेगी अठन्नी न मिलेगा रुपैया

(जॉन साहब की शक्ल-सूरत का एक नया रसोइया मिस्टर फॉरेन वैस्टर्न आता है। एप्रन के सिवा बाकी वेशभूषा वही है। हाथ की छड़ी को घुमाता और मुँह से सीटी बजाता हुआ

आता है।)

मि. वैस्टर्न : हैलो, गुडमार्निंग, एवरीबॉडी!

सरदारजी : ओए, साडे जॉन साब।

मुल्लाजी : आ गए आप? कैसे छूटे?

पंडितजी : उन्होंने आपको मारा-पीटा तो नहीं?

मि. वैस्टर्न : व्हाट नॉनसेंस! ये क्या बकता है तुम लोग?

पंडितजी : *(आश्चर्य से ठिठककर)* क्या बात है, जॉन साहब, हम लोगों को पहचान नहीं रहे हैं?

सरदारजी : *(बाँहें फैलाकर आगे बढ़ते हुए)* ओए, जफ्फी पाओ यार जॉन साब! जेल से नहीं, आप तो पिकनिक मनाके आ रहे लगते हो। राजा साहब ने कुछ इनाम दे दिया क्या?

मि. वैस्टर्न : स्टॉप दिस नानसेंस! ये तुम किस जॉन साहब का बात करता? हम जॉन साहब नहीं है। माइ नेम इज मिस्टर फॉरेन वैस्टर्न। हमारा नाम फॉरेन वैस्टर्न है। हम इदर का हैड कुक होता, आइ मीन सबसे बड़ा रसोइया।

(बाकी तीनों रसोइए चौंकते हैं। मि. वैस्टर्न के चारों तरफ घूमकर निरीक्षण करते हैं। फिर तीनों एक-दूसरे की तरफ देखते हैं। वैस्टर्न उनकी इस हरकत से नाराज हो जाता है।)

मि. वैस्टर्न : मैनर्स, जेंटलमैन, मैनर्स! कुछ अदब-कायदा सीखो। कोई नया आदमी आता, तो उसका वैल्कम होना माँगता। हाथ मिलाकर इंट्रोडक्शन करना माँगता। *(इधर-उधर देखकर)* माई गॉड! कितनी गंदगी और बदबू होता इदर! *(रसोई का चक्कर लगाते हुए)* ये साला हिंदुस्तानी लोग! हम क्रिश्चियन लोग तुमको सिविलाइज बनाने का कितना कोशिश किया, पर तुम साला अभी तक जंगली का जंगली है। वैल, हम आ गया है, अब हम तुमको सिविलाइज बनाएगा।

बाकी तीनों : क्या बनाएगा?

मि. वैस्टर्न : क्रिश्चियन बन जाओ, इंसान बन जाओगे।

तीनों : तू हमको क्रिश्चियन बनाएगा?

मि. वैस्टर्न : बनाएगा! हम इसी वास्ते इदर आया है क्रिश्चियन लोग बहुत अच्छा होता। फॉरेन कंट्रीज में देखो, क्रिश्चियन कितना तरक्की किया। बाकी रिलीजन वाला अभी बैलगाड़ी में चलता, क्रिश्चियन लोग चाँद पर

जाता।

पंडितजी : पर मेरे बाप, तू हम लोगों की चाँद पर बैठकर क्या करने आया है? सच-सच बता, कौन है तू?

सरदारजी : और चाहता क्या है?

मुल्लाजी : और देखो, तमीज से पेश आओ, हम लोग इस बावर्चीखाने के बहुत पुराने रसोइए हैं।

मि. वैस्टर्न : *(जोर से हँसकर)* पुराना रसोइया! तुम हिंदू, तुम मुसलमान, तुम सरदार। रियली तुम पुराना है। ओल्ड फुलिश एंड बैकवार्ड। हमको देखो। हम भी पहले हिंदू था। साउथ इंडिया का अनटचेबल। आइ मीन अछूत। सोसाइटी में हमारा कोई इज्जत नहीं था। पन हम तुम लोग की तरह पुराना नहीं था। *(पंडितजी के पास जाकर)* पुराना होता, तो तुम्हारा माफिक हिंदू ही बना रहता और तुम्हारा जैसा कंडीशन में होता। पन हम धरम का बदली किया। बौद्ध बन गया। पन बौद्ध बनने से भी हमको कोई फायदा नहीं हुआ। फिर हम मुस्लिम बन गया। मुस्लिम लोग हमको गले लगाया। *(मुल्लाजी के पास जाकर)* पन इज्जत नहीं किया। तुम लोग हमको कुछ नहीं दे सका। सोसाइटी में हमारा स्टैंडर्ड वो का वोइ रहा। देन, हम क्रिश्चियन बना। थोड़ा माइनॉरिटी का पॉलिटिक्स भी किया। लीडर बना। *(सरदारजी के पास जाकर)* तब ये साला हिंदू-मुसलमान सब हमारा इज्जत करने लगा। अभी हमको देखो। हम कितना शान से रहता, अच्छा खाता, अच्छा पहनता। राजा का हैड कुक बनने का वास्ते हज्जारों एप्लीकेंट होता, पन सिलेक्शन हमारा हुआ, क्यों? बिकॉज हम क्रिश्चियन था। माइनॉरिटी का लीडर था। माइन इज अ पुलिटिकल एपाइंटमेंट! समझा?

मुल्लाजी : भाई, ज्यादा अँगरेजी तो छाँटो मत। हम समझ गए कि इस नौकरी में तुम पिछले दरवाजे से आए हो। हम ये भी समझ गए कि सियासी आदमी हो, इसलिए राजा ने तुमको अपना खास बावर्ची बनाया है। पर ये बताओ कि तुम्हारी ही शक्ल-सूरत का एक आदमी जो अभी-अभी यहाँ गिरफ्तार हुआ था, वो कहाँ है? वो भी क्रिश्चियन था।

पंडितजी : लेकिन वो ऐसा क्रिश्चियन नहीं था। वो भी कभी हिंदू से ईसाई बना था, पर उसने कभी ऐसी बातें नहीं कीं। दूसरे, वो अपने काम का

उस्ताद था। उस जैसा रसोइया चिराग लेकर ढूँढ़ने पर भी नहीं मिलेगा और इस आदमी के बारे में हम दावे से कह सकते हैं कि इसे आमलेट बनाने के लिए अंडा फोड़ना भी नहीं आता होगा।

सरदारजी : सही कहते हो, पंडज्जी! ये चूहा क्या बराबरी करेगा अपने जॉन साहब की। ये तो आते ही हमसे नफरत करने लगा।

मुल्लाजी : और वो शख्स हमारे लिए अपनी जान भी कुर्बान कर सकता था।

पंडितजी : हम लोगों की खातिर जेल तक चला गया।

(मुल्लाजी इशारे से अपने दोनों साथियों को बुलाकर एक तरफ ले जाते हैं और कुछ कानाफूसी करने के बाद असहमत होकर जोर से बोलने लगते हैं।)

पंडितजी : लेकिन, भाई...

सरदारजी : लेकिन क्या, काम तो अब इसको भी यहीं करना है। धीरे-धीरे इसे मालूम हो जाएगा कि हम लोग धरम-करम के पीछे इंसानियत को नहीं भूलते।

मुल्लाजी : सरदारजी सही कह रहे हैं, पंडज्जी! हम सब यहाँ भाइयों की तरह रहते आए हैं और भाइयों की तरह ही रहेंगे। *(वैस्टर्न से)* सुनो, भाई जान, इधर आओ। *(पंडितजी से)* इससे कहिए, अब तो जीना यहाँ, मरना यहाँ।

पंडितजी : *(स्वयं ही वैस्टर्न के पास जाकर)* हाँ, भाई सुनो। जैसा तुम्हारा नाम है, फॉरेन वैस्टर्न, वैसी ही तुम बातें भी करते हो। हम समझ गए कि तुम विदेश के, और खास तौर से पश्चिमी देशों के भक्त हो। लेकिन, भैया, ये हिंदुस्तान है और बुरा न मानो, तो तुम भी फोरेन-मेड नहीं, इसी हिंदुस्तान के हो। *(वैस्टर्न जेब से तम्बाकू पीने का पाइप निकालकर साफ करने लगता है)* रही इस रसोई की बात, सो अगर राजा साहब ने तुम्हें हम लोगों का अफसर बनाकर भेजा है, तो तुम हमारे सिर-माथे बैठो। लेकिन एक बात समझ लो, हम हिंदू हों चाहे मुसलमान, सिक्ख हों चाहे क्रिस्तान, यहाँ तो हमारी एक ही बिरादरी है—हम हैं राजा के रसोइए, बस!

मि. वैस्टर्न : एई, ये कम्युनिस्ट लोग का टीचिंग किसी और को देना, समझा? क्रिश्चियन दुनिया का सबसे अच्छा, सबसे बड़ा, सबसे ज्यादा ताकत वाला रिलीजन होता। तुम लोग हमारा बरोबरी करना माँगता? लिसिन, हम इदर का हेड कुक है। तुमको हमारा अंडर में काम करने होगा।

सरदारजी : *(क्रोधपूर्वक)* ओए हेडकुक दे पुत्तर! यहाँ की हालत देख रहा है तू? हम इस कालकोठरी में सड़ रहे हैं, दिन-रात मेहनत करके अपनी हड्डियाँ गला रहे हैं, उधर हमारे बच्चे भूखों मर रहे हैं। हम इस बेइंसाफी के खिलाफ लड़ना चाहते हैं। बोल, तू हेडकुक है, तो हमारी तनखा बढ़वा देगा?

मि. वैस्टर्न : तुम लोग क्रिश्चियन बन जाएगा, तो हम तुम्हारा भोत हेल्प करेगा। तनखा भी बढ़वाएगा, स्टेटस भी दिलाएगा।

पंडितजी : और हम ईसाई न बनें, तो?

मि. वैस्टर्न : तो हम तुम्हारा आइसक्रीम बनाके खाएगा!

सरदारजी : *(उत्तेजित होकर)* क्या कहा? फिर से तो कहना! *(मारने के लिए आगे बढ़ते हैं, लेकिन मुल्लाजी उन्हें पकड़कर रोक लेते हैं।)*

मुल्लाजी : *(वैस्टर्न से)* अरे मियाँ, क्यों झगड़ा बढ़ाते हो? ओहदा तुम्हारा बड़ा है, तो क्या हुआ, हो तो तुम भी बावर्ची ही। हम लोग बावर्चियों की यूनियन बनाकर हड़ताल करने की सोच रहे हैं। *(इस बीच राजा के अंगरक्षक पहरेदार बनकर अपनी जगह खड़े हो चुके होते हैं। मुल्लाजी के मुँह से 'हड़ताल' सुनकर चौंकते हैं।)* मेरी गुजारिश है कि तुम भी हमारा साथ दो हड़ताल किए बिना राजा हमारी बात सुनने वाला नहीं...

(दोनों पहरेदार आकर मुल्लाजी को पकड़कर उनका मुँह बंद कर देते हैं और ले जाते हैं।)

पंडितजी : *(चिल्लाकर)* सरदारजी, दौड़िए, मुल्लाजी भी गये।

मि. वैस्टर्न : *(दौड़ पड़ने को उद्यत दोनों रसोइयों को दोनों हाथों से पकड़ते हुए)* नो, नो! उधर जाएगा, तो वो लोग तुमको भी पकड़ के ले जाएगा।

(पंडितजी और सरदारजी नफरत और गुस्से के कारण अपने हाथ छुड़ा लेते हैं, पर मुल्लाजी के पीछे जाने का विचार छोड़ देते हैं।)

पंडितजी : *(हाथ मलते हुए)* हमारा दूसरा साथी भी गया।

सरदारजी : लगता है, राजा हड़ताल के नाम से ही डरता है।

पंडितजी : हाँ, जॉन साहब को भी उसने हड़ताल की बात पर ही गिरफ्तार कराया था।

मि. वैस्टर्न : *(पाइप में तम्बाकू भरते हुए)* लेकिन तुम हड़ताल काहे को करना माँगता? लाइफ का परेशानी देख के? पन ये परेशानी तो इंसान का

इम्तहान होता।

पंडितजी : ये उपदेश रहने दो, भाई! हमारे हिंदू धर्म में ऐसे बहुत-से उपदेश भरे पड़े हैं। लेकिन हमने तो अपनी जिंदगी में देख लिया कि भगवान गरीबों की ही परीक्षा लेते हैं। जिनके पास पैसा और ताकत है, उनको बिना परीक्षा लिए ही पास कर देते हैं।

(वैस्टर्न बात अनसुनी करके पाइप सुलगाता है। पंडितजी और सरदारजी हताश होकर फिर उदास बैठ जाते हैं। गान-मंडली गाती है)

गान-मंडली : भाड़ फोड़े कैसे अकेला चना
भाड़-फोड़े कैसे अकेला चना
कुछ करना है भैया तो संगठन बना।
राजा चाहता है, तू अकेला रहे
तेरे साथियों में झगड़ा फैला रहे
ऊपर से रहता भला-सा बना
कुछ करना है भैया, तो संगठन बना।
पहले फुसलाता है बातों से तुझको
पीछे ठुकराता है लातों से तुझको
जानता है तुझमें है जोर कितना
कुछ करना है भैया, तो संगठन बना।

(मुल्लाजी की शक्ल-सूरत का एक नया रसोइया गुलामअली आता है। एप्रन के सिवा बाकी वेशभूषा वही है। मुँह में पान, हाथ में सिगरेट और बगल में अखबार है। धुआँ उड़ाता हुआ आता है।)

पंडितजी : *(सरदारजी से)* मुल्लाजी! *(स्वागत के लिए आगे बढ़ते हैं, लेकिन पंडितजी उन्हें हाथ पकड़कर रोक लेते हैं)*

गुलामअली : *(पास आकर)* सलामो अलैकुम यहाँ मिस्टर फॉरेन वैस्टर्न कौन हैं?

मि. वैस्टर्न : येस?

गुलामअली : मैं यहाँ का नया बावर्ची हूँ। मेरा नाम गुलामअली है। मुझे राजा साहब ने यहाँ का शाही बावर्ची मुकर्रर किया है।

मि. वैस्टर्न : *(तिरस्कारपूर्वक)* हूँ!

(पंडितजी और सरदारजी गुलामअली का चक्कर लगाकर उसे गौर से देखते हैं। फिर एक-दूसरे की ओर देखने के बाद एक तरफ जाकर कानाफूसी करते हैं।)

गुलामअली : *(वैस्टर्न से)* इसके अलावा मैं राजा साहब के प्राइवेट सेक्रेटरी के भाई के साले की बहिन का भतीजा भी हूँ।

मि. वैस्टर्न : *(पाइप से धुआँ उड़ाते हुए)* हूँ।

गुलामअली : इसके अलावा मैं मुस्लिम माइनौरिटी का लीडर भी हूँ। *(बगल से अखबार निकालकर)* अलीगढ़, कानपुर, लखनऊ, मुरादाबाद, जमशेदपुर, अहमदाबाद वगैरह के दंगों में जिस गुलामअली का हाथ होने की बातें अखबारों में छपी हैं, वो मैं ही हूँ।

मि. वैस्टर्न : *(तपाक से आगे बढ़कर हाथ मिलाते हुए)* ओह, वैल्कम! वैल्कम! आपने पहले क्यों नहीं बताया? अपुन भी क्रिश्चियन माइनॉरिटी का लीडर होता।

गुलामअली : बड़ी खुशी हुई आपसे मिलकर। *(बाकी दोनों की ओर देखकर)* ये लोग कौन हैं?

मि. वैस्टर्न : ये लोग इदर का ओल्ड कुक होता।

(गुलामअली दोनों को हल्के ढंग से छोटा-सा सलाम करता है।)

पंडितजी : *(सलाम का जवाब देकर)* हम समझ गए। आप हमारे मुल्लाजी नहीं, गुलामअली साहब हैं। लेकिन, गुलामअली साहब, ये बताइए कि आपकी ही शक्ल-सूरत का, एक हू-ब-हू आप जैसा ही दीखने वाला आदमी थोड़ी देर पहले यहाँ से गिरफ्तार हुआ है। क्या आप उसे जानते हैं?

गुलामअली : मुझे नहीं मालूम कि आप किस शख्स के बारे में बात कर रहे हैं। मैं किसी की गिरफ्तारी के बारे में नहीं जानता।

सरदारजी : कमाल है, ओए! तुम दोनों अपने-अपने धरम के लीडर बनते हो और तुमको ये नहीं मालूम कि तुम्हारे भाई पकड़ के जेल में बंद कर दिए गए हैं?

गुलामअली : हमारा कोई भाई जेल में नहीं है। हमारे तो सारे भाई सरकार में ऊँचे ओहदों पर हैं या अपना बिजनेस करते हैं।

मि. वैस्टर्न : येस, हमारा भी कोई भाई जेल में नहीं होता।

गुलामअली : देखिए, साहिबान, इन बेकार की बातों से कोई फायदा नहीं। बावर्चीखाने में सियासत की कोई बात नहीं होनी चाहिए। काम कीजिए, और ठीक तरह से कीजिए। राजा साहब को आप लोगों से बहुत शिकायतें हैं। उनको सबसे बड़ी शिकायत ये है कि विलायत से आने वाले उनके शाही मेहमानों को गाय का गोश्त नहीं मिलता। आज से यहाँ गाय का गोश्त पकेगा और आप लोग पकाएँगे।

पंडितजी : *(उत्तेजित होकर)* गोमांस इस रसोई में नहीं पकेगा।

सरदारजी : *(चिढ़ाने के लिए)* सूअरों के लिए यहाँ सूअर पकता है, खिलाऊँ तेरे को?

गुलामअली : लाहौलविलाकूवत! मैं ये काफिराना बातें बरदाश्त नहीं कर सकता।

सरदारजी : तो ना कर, जा दफा हो। अपने घर में तू गाय खा चाहे कुत्ता, पर ये राजा की रसोई है। यहाँ हिंदू-मुसलमान सब एक साथ काम करते हैं। यहाँ आज तक न तो गाय का गोश्त पका है न सूअर का।

पंडितजी : और हमारे जीतेजी पकेगा भी नहीं।

गुलामअली : तो आप लोग सुन लीजिए, मैं यहाँ का शाही बावर्ची हूँ, आपकी वेश्नों दाल यहाँ नहीं गलने दूँगा।

सरदारजी : ओए, चुप कर, नहीं तो मैं अभी तेरी गरदन का झटका कर दूँगा।

पंडितजी : *(चूल्हे में से जलती हुई लकड़ी निकालकर प्रहार की मुद्रा में)* खैर चाहता है तो अपना मुँह काला कर जा, नहीं तो इस जलती हुई लकड़ी से तेरा भुरता बनाता हूँ।

गुलामअली : *(प्रहार से पहले ही सिर पर हाथ रखकर चिल्लाता है)* ओए, मार डाला! काफिरों ने मुझे मार डाला! मुसलमानो, आओ, बचाओ...बचाओ।

(गुलामअली भागने लगता है कि दूसरी तरफ से आते हुए राजा के अंगरक्षकों से टकरा जाता है। अंगरक्षक उसे मूक अभिनय से धमकाते हैं। गुलामअली सहमकर एक तरफ खड़ा हो जाता है। अंगरक्षक घोषणाएँ करते हैं।)

अंगरक्षक 1 : सुनो, सुनो, राजा के सारे रसोइयो, सुनो! हमारे महाराज बड़े धर्मनिरपेक्ष हैं।

अंगरक्षक 2 : लेकिन महाराज अधर्मी नहीं, बड़े धर्मात्मा हैं।

अंगरक्षक 1 : महाराज ने रसोई में चार पूजाघर बनवाने का निश्चय किया है।

अंगरक्षक 2 : पूजाघर आप लोगों की भलाई के लिए बनाए जा रहे हैं, इसलिए पूजाघरों के निर्माण पर आने वाला खर्च आप लोगों को ही उठाना पड़ेगा।

अंगरक्षक 1 : आप लोग ज्यादा से ज्यादा चंदा जमा करें। महाराज ने पूजाघरों के निर्माण के लिए सौ करोड़ का ठेका अपने बेटे मिनी महाराज को दे दिया है।

अंगरक्षक 2 : चंदा पूरा जमा नहीं हुआ, तो निर्माण पर आने वाला बाकी खर्च आप लोगों की तनखा में से काट लिया जाएगा।

(घोषणा करके दोनों अंगरक्षक झटके से मुड़ते हैं और चले जाते हैं। फॉरेन वैस्टर्न, जो अब तक चुपचाप खड़ा तमाशा देख रहा था, विचलित होकर उन्हें पुकारता है।)

मि. वैस्टर्न : लिसिन, लिसिन, सुनो...

(अंगरक्षक मुड़कर देखे बिना चले जाते हैं।)

पंडितजी : लो भई सरदारजी, कंगाली में आटा गीला। यहाँ तो पहले ही भूखों मरने की नौबत आई हुई है, अब तनखा और कटेगी।

सरदारजी : नहीं, ये जुल्म हम बरदाश्त नहीं करेंगे। पूजाघर उनको बनवाने हैं, तो अपने खर्चे से बनवाएँ। हमारा पेट क्यों काटते हैं?

मि. वैस्टर्न : *(आगे आकर)* पन यहाँ चर्च बन जाएगा, तो अच्छा ही होगा। तुम जाहिल लोग का वास्ते क्रिश्चियन प्रीचिंग का इंतजाम इदर होना ही माँगता।

गुलामअली : राजा साहब का फैसला बिलकुल दुरुस्त है। बावर्चीखाने में मस्जिद बनना निहायत जरूरी है। *(पंडितजी से)* तुम हिंदू लोगों ने बहुत जात-पाँत फैला रखी है। तुम अपने मजहब के लोगों को इंसान नहीं समझते। सुना है कि तुम लोगों ने अपने हरिजनों को जिंदा जलाकर खाक कर डालने का फैसला कर लिया है। शाही रसोई में तुम उनको कदम भी नहीं रखने देते। मैं उन लोगों को यहाँ बुलाऊँगा और मस्जिद में ले जाकर कलमा पढ़वा दूँगा। फिर जब वे लोग तुम्हारी खोपड़ी पर पाँव रखकर आएँगे यहाँ, तब मजा आएगा।

पंडितजी : अरे भाई, हम उन हिंदुओं में से नहीं हैं और ये रसोई भी हमारे घर की रसोई नहीं है। तुम देख रहे हो, यहाँ सभी धर्मों के लोग काम करते

हैं। हम लोग तो सिर्फ रसोइए हैं। जहाँ तक और लोगों की बात है, यहाँ किसी के भी आने-जाने पर पाबंदी नहीं है। सफाई के लिए जमादार आता है, दूध देने घोसी आता है, साग-भाजी देने काछी आता है, माँस-मच्छी लेकर और लोग आते हैं। यहाँ ऐसा कोई भेद-भाव नहीं है, जैसा तुम समझ रहे हो।

गुलामअली : *(अखबार दिखाकर)* लेकिन हरिजनों की जिंदा जलाने की खबरें तो रोज आती हैं।

पंडितजी : जो लोग ऐसा कर रहे हैं, वो ये सब हिंदू या किसी और धर्म के लिए नहीं, अपने स्वार्थ के लिए ऐसा कर रहे हैं। उनकी बात और है। हम उनमें से नहीं हैं।

सरदारजी : हो भी कैसे सकते हैं। हम लोग गरीब कामे हैं, वो लोग बड़े-बड़े जमींदार और सेठ-साहूकार हैं, वो चाहते हैं कि उनके यहाँ मजूरी करने वाले हरिजनों की गरदन उनके पंजों में फँसी रहे और वो उनका लहू पीते रहें। मजूर-कामे उनको अपना लहू पिलाने से इनकार करते हैं, तो उनको गुस्सा आता है, इसलिए...

पंडितजी : सरदारजी बिलकुल ठीक कह रहे हैं। वो लड़ाई वर्णों की नहीं, वर्गों की लड़ाई है। वो सवर्ण-अवर्ण का झगड़ा नहीं, मालिक और मज़दूर का झगड़ा है। और ये झगड़ा, गुलामअली साहब, हिंदुओं में ही नहीं, मुसलमानों में भी है, सिक्खों में भी है, ईसाइयों में भी है।

गुलामअली : मुसलमानों में नहीं है। इसीलिए इतने सारे हिंदू रोजाना मुसलमान बन रहे हैं।

मि. वैस्टर्न : क्रिश्चियंस में तो बिलकुल नहीं है। हमको देखो...

पंडितजी : नहीं, भाई, मुसलमानों और ईसाइयों में भी अमीर-गरीब का भेद है और...

सरदारजी : पंडज्जी, बेकार की बातों में वक्त जाया मत करो। इन दोनों से सीधा-सादा ये पूछो कि ये राजा के आदमी हैं या हमारे आदमी हैं?

पंडितजी : हाँ, भाइयो, असली मुद्दे पर आओ। हमारी हालत देखो। हम बरसों से इस रसोई में खट रहे हैं, पर हमारी हालत बद से बदतर होती जा रही है। राजा साहब पूजाघर बनवाने पर सौ करोड़ खर्च करने को तैयार हैं, लेकिन रसोई में एक खिड़की या रोशनदान बनवाने को तैयार नहीं।

हमारी तनखा में दस रुपए की बढ़ोतरी भी करने को तैयार नहीं। ये अन्याय है या नहीं? हम इस अन्याय के खिलाफ लड़ना चाहते हैं।

(दोनों अंगरक्षक लौटते हैं और पहरेदार बनकर खड़े हो जाते हैं।)

मि. वैस्टर्न : ऐसा अच्छा राजा के खिलाफ तुम लोग काहे को लड़ना माँगता है, बाबा?

गुलामअली : और क्या! जो हुकूमत हमको मजहब के मुताबिक जीने की आजादी देती है, उसके खिलाफ बगावत आखिर क्यों?

सरदारजी : सुनो, पंडज्जी, ये लोग अपना साथ नहीं देंगे, ये तो राजा के चमचे हैं।

गुलामअली : *(गुस्से में हकलाते हुए)* देखिए, देखिए, हम कहे देते हैं, हमें चमचा वगैरह कहा, तो अच्छा नहीं होगा।

मि. वैस्टर्न : बाइ दि वे, हम लोग तुम्हारा साथ नहीं देगा, तो तुम क्या कर लेगा?

सरदारजी : हड़ताल करेंगे।

मि. वैस्टर्न : *(हँसकर)* अकेला?

पंडितजी : हम अकेले नहीं हैं, दो हैं।

सरदारजी : दो नहीं, सवा लाख और एक।

पंडितजी : और हमने फैसला कर लिया है कि अब और नहीं सहेंगे।

सरदारजी : *(नारा-सा लगाते हुए)* हड़ताल होगी।

(अचानक दोनों पहरेदार पंडितजी और सरदारजी पर झपट पड़ते हैं और उन्हें खींच कर ले जाने लगते हैं।)

पंडितजी : *(जाते-जाते)* हम जा रहे हैं, भाइयो! अब भी समय है, समझो। सोचो कि रसोइयों के हक की लड़ाई तुम लोगों को लड़नी है। *(अंगरक्षक मुँह बंद कर देता है।)*

सरदारजी : *(जाते-जाते)* हाँ, प्यारेओ, मजहब को बीच में न लाओ, ये रसोइयों के हक की लड़ाई है। *(अंगरक्षक मुँह बंद कर देता है।)*

(चारों चले जाते हैं। वैस्टर्न और गुलामअली पहले दहशत में पड़े देखते रहते हैं, फिर एक-दूसरे की ओर देखकर मुस्कराते हैं।)

मि. वैस्टर्न : *(अट्टहास करके)* बहुत बोलता था। अब ये दोनों भी साला जेल में सड़ेगा।

गुलामअली : अच्छा हुआ, बलाएँ टलीं! वर्ना अभी यहाँ फसाद हो जाता और सारा कसूर हमारा माना जाता कि नये बावर्चियों ने कराया। *(दर्शकों से)* मैं कहता हूँ, जनाब, ये दोनों आदमी खब्ती थे। भला बताइए, मजहबी तअस्सुब को मिटाना, भेद-भाव मिटाकर कौमी एकता की बातें करना, कहने-सुनने के लिए तो सब ठीक है। मैं इस मुद्दे पर बड़ी शानदार तकरीरें कर सकता हूँ। मगर ये चीजें अमल में लाई जा सकने वाली हैं क्या?

मि. वैस्टर्न : *(आगे आकर)* ऑल नॉनसेंस।

गुलामअली : *(वैस्टर्न से)* खैर, तो अब आप ये धुआँ उड़ाना बंद कीजिए और काम शुरू कीजए।

मि. वैस्टर्न : काम? व्हाट काम?

गुलामअली : ज्यादा बनने की कोशिश मत कीजिए, जनाब, मैं शाही बावर्ची हूँ। मैं आपको हुक्म देता हूँ कि आप फौरन खाना बनाना शुरू कीजिए।

मि. वैस्टर्न : शटअप! आइ एम दि हेडकुक। खाना तुमको बनाना होगा।

गुलामअली : वाह, वाह, बहुत अच्छे! शाही बावर्ची खाना बनाएगा और आप मुझे हुक्म देंगे? क्यों?

मि. वैस्टर्न : व्हाई नॉट! हम हेड कुक है। तुमको हमारे अंडर में काम करना होगा।

गुलामअली : ये बकवास बंद कीजिए और जाकर खाना बनाइए। शाही बावर्ची हम हैं और आपको हमारा हुक्म मानना होगा।

मि. वैस्टर्न : *(धमकाते हुए)* तुमको मालूम है, हम राजा का खास आदमी है?

गुलामअली : अजी, राजा के खास आदमी तो हम भी हैं।

मि. वैस्टर्न : तुमको नहीं मालूम, हम क्रिश्चियन माइनॉरिटी का लीडर भी है।

गुलामअली : तो क्या कर लोगे? हम भी मुस्लिम माइनॉरिटी के लीडर हैं।

मि. वैस्टर्न : *(हथियार डालकर)* ओक्के, बाबा, अपुन दोनों लीडर हैं, अपुन दोनों हेड कुक हैं। पन काम करने वाला इदर कौन है?

गुलामअली : *(इधर-उधर देख कर)* यहाँ और तो कोई नजर नहीं आता। कंबख्त वो दोनों भी चले गये।

मि. वैस्टर्न : पन हम तो काम नहीं करेगा। हम कभी ये काम नहीं किया।

गुलामअली : हमने ही कब किया है? हम भी नहीं करेंगे।

(दोनों दो तरफ जाकर बैठ जाते हैं और धुआँ उड़ाने लगते हैं। गान-मंडली गाती है।)

गान-मंडली : नया इंतजाम देखो नया इंतजाम
सब नेता बने अब कौन करे काम
नया इंतजाम देखो नया इंतजाम
राजा की रसोई में काम बंद है
रोटी है न चावल न कलाकंद है
राजा मरे भूखा, तो बोले राम-राम
नया इंतजाम देखो नया इंतजाम
काम करने वाले भैया, जेल में गये
आपस में लड़ने वाले अफसर भये
सब अफसर बने कौन करे काम
नया इंतजाम देखो नया इंतजाम।

(पंडितजी और सरदारजी की शक्ल-सूरत के दो आदमी नारे लगाते हुए आते हैं। एक का नाम नेकरदास है, दूसरे का किरपान सिंह। एप्रन दोनों के गायब हैं। नेकरदास नीचे खाकी नेकर पहने हुए हैं, ऊपर से रामनामी चादर ओढ़े हुए हैं। माथे पर तिलक है और हाथ में लाठी। किरपानसिंह के सिर पर नीली पगड़ी है और कंधे पर कृपाण लटक रही है।)

नेकरदास : हिंदू राष्ट्र अमर रहे।

किरपानसिंह : राज करेगा खालसा।

नेकरदास : रक्त की नदी बहाएँगे, हिंदू राष्ट्र बनाएँगे।

किरपानसिंह : खालिस्तान बणावाँगे, रज के रोटी खावाँगे।

नेकरदास : हिंदू, हिंदी, हिंदुस्तान।

किरपानसिंह : लेके रहेंगे खालिस्तान।

(गुलामअली और वैस्टर्न पहले भौंचक होकर खड़े देखते रहते हैं, फिर एक-दूसरे के पास जाकर बात करते हैं।)

मि. वैस्टर्न : दे आर ऑलटुगेदर चेंज्ड!

गुलामअली : मगर शक्लोसूरत तो वही है। *(गौर से देखकर)* वो ही लोग हैं। आइए, इनसे काम करने के लिए कहते हैं। उधर राजा साहब खाने का इंतजार

कर रहे होंगे, इधर अपने पेट में भी चूहे कूद रहे हैं।

मि. वैस्टर्न : येस, यू आर राइट। *(एकाएक आगे बढ़कर)* वैल्कम, माई फ्रैंड्स। हम बहुत खुश हैं कि तुम लोग जेल से छूटकर वापस आ गया।

गुलामअली : मुझे भी खुशी है कि आप लोग लौट आए।

किरपानसिंह : *(नेकरदास से)* राजा की रसोई में ये चूहे कौन हैं?

नेरकदास : कहाँ? *(उन दोनों को देखकर दो कदम पीछे हटते हुए)* हरे राम हरे राम। राजा की रसोई में म्लेच्छ लोग? हमारे आने से पहले ही अन्नपूर्णा के पवित्र भंडार को भ्रष्ट कर दिया? शिव, शिव! *(एकाएक चिल्ला-कर)* ओ मलेच्छो, यहाँ से बाहर निकलो।

गुलामअली : *(घबराकर)* अजी, पंडज्जी, अचानक आपको ये क्या हो गया? अभी तो आप अच्छे-भले गये थे...

नेकरदास : अरे, ओ कटुए, किसको पंडज्जी कह रहा है तू? हमारा नाम भाई नेकरदास है। हम हिंदू समाज के इतने बड़े नेता हैं और तू हमें पहचानता नहीं? अभी दंगा कराएँ एकाध?

गुलामअली : *(और ज्यादा घबराकर)* ओह, आप नेकरदास...भाई नेकरदास हैं? माफ कीजिए, मगर आप तो यहाँ के पुराने रसोइए हैं। अभी थोड़ी देर पहले तक... *(किरपानसिंह से)* सरदारजी, आप भी तो...आप भी मुझे नहीं पहचान रहे हैं?

किरपानसिंह : तू मैंनू पिछाणदा है? ये किरपान देखी है? मेरा नाम है किरपानसिंह।

गुलामअली : *(पीछे हटते हुए)* जी नहीं, जी नहीं, मैं आपको नहीं पहचानता।

किरपानसिंह : *(आगे बढ़कर धमकाते हुए)* नहीं पहचानता? इतने बड़े सिख लीडर को नहीं पहचानता तू?

मि. वैस्टर्न : *(जोर से हँसकर)* अब आएगा मजा। सारा रिलीजस लीडर इदर इकट्ठा हो गया। *(नेकरदास और किरपानसिंह से)* वैल्कम, माई फ्रैंड्स, वैल्कम। हम इदर का हेड कुक होता। ये गुलामअली इधर का सब-हेड कुक होता...

गुलामअली : *(एकाएक तनकर)* नहीं-नहीं, राजा साहब ने हमको शाही बावर्ची बनाया है। आप लोग मेरे मातहत हैं।

नेकरदास : चोप्प साले, जबान खींच लूँगा आगे बोला तो। ये रसोई हिंदू राजा की

है। यहाँ का प्रधान रसोइया नेकरदास है। राजा साहब ने खुद हमसे कहा है।

मि. वैस्टर्न : नॉनसेंस! इदर सबसे बड़ा तो हम होता।

गुलामअली : नहीं, सबसे बड़ा तो मैं हूँ।

किरपानसिंह : ओए, खोते दे पुत्तरो, चुप करो। *(इधर-उधर देखकर नेकरदास से)* ओ भाई नेकरदास, तू भी इधर से हट जा। यहाँ गुरुद्वारा बनेगा। ये जगह हमारी है। यहाँ हमारा राज चलेगा।

गुलामअली : *(भागकर दूसरे कोने में जाता है)* इधर मस्जिद बनेगी और यहाँ मेरी हुकूमत चलेगी।

मि. वैस्टर्न : *(भागकर तीसरे कोने में जाता है)* इदर चर्च बनेगा। इदर हमारा..

नेकरदास : *(चिल्ला कर)* चोप्प! ये हिंदुओं की रसोई है। तुम लोगों पर मेरा शासन होगा। तुम लोग यहाँ रहना चाहते हो, तो हिंदू बन जाओ। *(लाठी तान कर)* नहीं तो मैं तुम सबको मार-मार के भगा दूँगा।

गुलामअली : आ जरा, हाथ लगा के तो देख।

नेकरदास : *(लाठी घुमाता हुआ)* हर-हर महादेव! लो सालो, मरो!

(चारों रसोइए लड़ते हैं। कई-कई बार मारने और मरने का अभिनय करते हैं, जैसे ये चार नहीं, बल्कि बहुत-से लोग मार रहे हों, और मर रहे हों। सूत्रधार आगे आता है और लड़ाई का दृश्य जहाँ का तहाँ फ्रीज हो जाता है।)

सूत्रधार : *(सामने आकर रेडियो एनाउंसर की तरह)* ये हताशवाणी है। अब आप मिथ्यानंदन पांडे से समाचार सुनिए। अभी-अभी समाचार मिला है कि राजा की रसोई में गपतालीसवाँ सांप्रदायिक दंगा हो गया है। समाज-विरोधी तत्त्वों ने अफवाह उड़ा दी है कि दंगे में झपसाठ लोग मारे गये हैं। दंगा अभी जारी है और अन्य हिंसक घटनाओं के समाचार मिल रहे हैं। लेकिन सरकारी प्रवक्ता ने इन अफवाहों को मिथ्या प्रचार बताते हुए इनका खंडन किया है। प्रवक्ता ने बताया है कि आगजनी, तोड-फोड़ और हत्या की खबरों में कोई सच्चाई नहीं है। पुलिस और प्रशासन पर निष्क्रियता और सांप्रदायिक पक्षपात के आरोप भी गलत और बेबुनियाद हैं। हताशवाणी के एक संवाददाता ने रसोई का दौरा करने के बाद सूचना दी है कि प्रशासन ने कर्फ़्यू लगाकर तथा देखते ही गोली मार देने का आदेश देकर दंगे को रोकने में बड़ी प्रशंसनीय भूमिका

निभाई है। अब तक झापसौ बकबक लोग गिरफ्तार किए जा चुके हैं। स्थिति पूर्णतः नियंत्रण में है। राजा साहब स्वयं दंगाग्रस्त रसोई का निरीक्षण करने गए हैं। जाने से पहले सांप्रदायिक सद्भाव समिति की एक बैठक में बोलते हुए उन्होंने कहा कि दंगे देश के लिए दुर्भाग्यपूर्ण हैं और दंगा करने वालों के साथ सख्ती से निपटा जाएगा। उन्होंने सभी धर्मों के लोगों को आश्वासन दिया कि रसोई में सभी धर्मों के पूजाघर बनवाने की योजना जल्दी ही पूरी हो जाएगी। दंगों को राष्ट्रीय उत्सव के रूप में मनाने की योजना फिलहाल स्थगित कर दी गयी है। हताशवाणी से समाचार समाप्त हुए। टूं-टूं-टूं-टुचू *(जनानी आवाज में)* ये हताशवाणी है। अब आप देशभक्ति की कुछ रचनाएँ सुनिए।

(सूत्रधार हट जाता है। गान-मंडली 'मजहब नहीं सिखाता आपस में बैर रखना' गाती है। राजा दोनों हाथों से अपनी आँखें बंद किए हुए अपने अंगरक्षकों के साथ आता है। मंडली गाना बंद करती है। रसोइए एक सीधी कतार बनाकर खड़े हो जाते हैं। राजा अपनी आँखें बंद किए-किए भाषण देता है।)

राजा : हमारे प्यारे रसोइयो, हमने अपनी रसोई का निरीक्षण किया। रसोई की दुर्दशा हमसे देखी नहीं जाती, इसलिए हमने अपनी आँखें बंद कर ली हैं। आँखें बंद कर लेने का एक कारण ये भी है कि कल से हमें खाना नहीं मिला है और हम रात भर सो नहीं पाए हैं। अब हमें नींद आ रही है, लेकिन पेट में चूहे कूद रहे हैं। बड़े दुख की बात है कि आप लोग अपने राजा को बढ़िया से बढ़िया भोजन समय पर खिलने की अपनी महान राष्ट्रीय परंपरा को भूल रहे हैं। सोचिए, इससे राष्ट्र को कितना कष्ट हो रहा है। हम चाहेंगे कि आप लोग हमेशा की तरह पेट पर पट्टी बाँधकर हमारे लिए बढ़िया से बढ़िया भोजन बनाते रहें और सच्ची देशभक्ति तथा राष्ट्रीय एकता की भावना का परिचय देते हुए हमें और हमारे मेहमानों को खिलाते रहें। आपकी कठिनाइयों को हम समझते हैं। रसोई में प्रत्येक धर्म के पूजाघर बनवाने की योजना कई कारणों से अभी तक पूरी नहीं हो सकी है। आप लोग उत्तेजित न हों। पूजाघर बनवाने के लिए अब आपसे न तो चंदा लिया जाएगा, न आपकी तनखा में से पैसा काटा जाएगा। तालियाँ! *(अंगरक्षक तालियाँ बजाते हैं)* अब ये पैसा सरकारी खजाने में से खर्च किया जाएगा। इस योजना को सफल बनाने के लिए कुछ सेठों और उद्योगपतियों ने भी अपने काले धन का एक हिस्सा दान करने का निश्चय किया है। लोग

हमसे पूछते हैं कि ये दंगा किसने कराया? हमारा एक ही जवाब रहा है, और वही आज भी है। दंगे के पीछे विदेशी ताकतों का हाथ है। हमने विदेशी ताकतों से कह दिया है कि आपको इस देश में लूट करने की छूट हमेशा से रही है, सो आज भी है, लेकिन हम ये बरदाश्त नहीं करेंगे कि आप हमारे रसोइयों को बरगला कर हमारा खाना-पीना बंद कर दें। हमारा सिद्धांत है—खाओ और खाने दो। बाकी आप लोगों की जो तकलीफें हों, हमें बताइए।

मि. वैस्टर्न : राजा साहब, हम यहाँ का हेड कुक है, पन हमारा आर्डर इदर कोई नहीं मानता। हमारा रिक्वेस्ट है कि हमारे अंडर में काम करने वाला लोग हमको प्रोवाइड किया जाये। हम क्रिश्चियन है और क्रिश्चियन दो सौ साल तक इस कंट्री का रूलर होता। हम भी इस किचेन पर रूल करना माँगता।

गुलामअली : हुजूर, ये एकदम गलत बात हो रही है। तवारीख उठाकर देख लीजिए, इस मुल्क पर सदियों तक मुसलमानों की हुकूमत रही है। इसलिए इस बावर्चीखाने में हुक्मरान बनने का असली हक हमें पहुँचता है। लेकिन, सरकार, यहाँ हमारा हुक्म बजा लाने वाला कोई नहीं। सब हमारी हुक्मउदूली करते हैं। इसलिए जनाब से दरख्वास्त है कि हमारा हुक्म मानने वाले नौकर-चाकर फौरन से पेश्तर तैनात कर दिये जाएँ, ताकि बावर्चीखाने में काम शुरू हो सके।

किरपानसिंह : राजा साब, गुरु गोविंदसिंह जी के जमाने से हम लोग लड़ाइयाँ लड़ते आ रहे हैं। लड़के हमने अपने हक हासिल किए हैं। राजा रनजीतसिंह जी ने अपना राज कायम किया। हम उन्हीं की औलाद हैं। हम राज करने के लिए पैदा हुए हैं, लोगों को खाना पकाकर खिलाने के लिए नहीं। रसोई का सारा सामान और नौकर-शौकर भेजो, हुक्म देकर काम हम कराएँगे।

नेकरदास : ये तो बड़ा अन्याय है, महाराज! ये रसोई तो शुरू से हिंदुओं की रही है और हिंदू रसोइया ही यहाँ का प्रधान रसोइया रहता आया है, आप इस रसोई के स्वामी हैं और आप भी हिंदू हैं। एक और एक मिल कर ग्यारह होते हैं। गिन लीजिए, यहाँ हम हिंदुओं की संख्या ज्यादा है। रही, महाराज इतिहास की बात, सो इतिहास तो ये बताता है कि ये मुसलमान, ये ईसाई, ये सिख, सबके सब धर्म परिवर्तन के जरिए

हिंदुओं में से ही मुसलमान, ईसाई, और सिख बने हैं। इनसे कहिए कि ये लोग या तो फिर से हिंदू बन जाएँ, नहीं तो रसोई से निकलकर चले जाएँ। ये अपने-आपको अल्पसंख्यक कहकर सुविधाएँ भी माँगते हैं और हमारे आदेशों के अनुसार काम भी नहीं करना चाहते। इनसे कह दीजिए कि यहाँ का प्रधान रसोइया मैं हूँ और यहाँ मेरी ही आज्ञा चलेगी।

(इस पर पहले बाकी तीनों और फिर चारों रसोइए जोर-जोर से चिल्लाते हुए एक साथ बोलने लगते हैं। उनके शोर में अगड़म-बगड़म शब्दों के बीच समझने लायक शब्द होते हैं केवल—हिंदू, मुसलमान, खून की नदियाँ, सिख, ईसाई, मारकाट, बहुसंख्यक, अल्पसंख्यक, आगजनी, धर्म, राष्ट्र, लूटपाट, देश, रसोई और तानाशाही।)

राजा : *(सबको शांत करने के लिए आँखों पर से हाथ हटाता है)* शांत! शांत! *(चारों चुप हो जाते हैं)* हमारे प्यारे रसोइयो, हमने आप लोगों की बातें सुनीं और समझीं। आप लोगों का कहना बिल्कुल ठीक है। आप लोग सांप्रदायिक राजनीति में वाकई इतने व्यस्त हैं कि रसोई का काम नहीं कर सकते। कुछ दिन ठहर जाइए, हम आपको होलटाइमर दंगाई बना देंगे। लेकिन फिलहाल रसोई में काम होना जरूरी है, वर्ना हम और आप सब भूखे मर जाएँगे। इसलिए हमने आपकी माँग मान ली है। रसोई का काम करने के लिए हम अभी एक नौकरानी का इंतजाम किये देते हैं। *(अंगरक्षकों को इशारा करता है। अंगरक्षक तेजी से जाकर भारतमाई को पकड़ लाते हैं)* ये औरत बहुत भली है। इसका नाम भारतमाई है। जो कहोगे, जैसा कहोगे, ये करेगी। ये भूखी-प्यासी रहती है, मार खाती है, अपमान सहती है, लेकिन कभी उफ नहीं करती और हमको अपना हितैषी मानती है। आप लोग इससे जो भी काम लेना चाहें, ले सकते हैं। पर अब आप लोग फौरन काम शुरू कर दीजिए। हमें बहुत भूख लगी है। जल्दी से महल में खाना पहुँचाइए। हम इंतजार कर रहे हैं।

(राजा अंगरक्षकों के साथ चला जाता है। चारों रसोइए बीच में खड़ी भारतमाई के चारों ओर घूम-घूमकर उसका निरीक्षण करते हैं। फिर चारों उल्टे चलते हुए चार दिशाओं में दूर-दूर भारतमाई की ओर मुँह करके खड़े हो जाते हैं।)

नेकरदास : ऐ भारतमाई, राजा का प्रधान रसोइया मैं हूँ। चल, इधर आकर, वैष्णव भोजन बना। मुझे बहुत भूख लगी है।

गुलामअली : नहीं, भारतमाई, इस बावर्चीखाने का खास-उल-खास बावर्ची मैं हूँ। मैं तुझे हुक्म देता हूँ कि तू इधर आकर मुगलाई खाना पका। मैं बहुत भूखा हूँ।

मि. वैस्टर्न : नो, नो, इस किचेन का हेड कुक हम है। भारतमाई, इदर आके हमारा आर्डर का माफिक वैस्टर्न खाना बनाओ।

किरपानसिंह : *(आगे बढ़कर भारतमाई का हाथ पकड़कर खींचते हुए)* ओ, तू इत्थे आ।

गुलामअली : *(आगे आकर भारतमाई का दूसरा हाथ पकड़कर खींचते हुए)* नहीं, तू उधर चल।

मि. वैस्टर्न : *(आगे आकर भारतमाई का आँचल पकड़कर खींचते हुए)* नो, नो, इदर।

नेकरदास : *(आगे आकर भारतमाई के केश पकड़कर खींचते हुए)* नहीं! तू और किसी के लिए नहीं, सिर्फ मेरे लिए काम करेगी।

भारतमाई : *(चारों तरफ की खिंचाई से परेशान होकर)* मुझे छोड़ दो, मेरे बच्चो, मुझे इस तरह मत घसीटो। मैं भूखी हूँ। पहले मुझे कुछ खाने को दो।

फिर तुम जैसा चाहोगे, वैसा ही सबको बना कर खिलाऊँगी।

नेकरदास : नहीं, पहले मुझे खिला। मैं सबसे बड़ा हूँ, मुझे सबसे ज्यादा भूख लगती है।

गुलामअली : नहीं, मैं इससे ज्यादा भूखा हूँ।

मि. वैस्टर्न : नो, सबसे ज्यादा भूखा हम है। साला इस रैचिड कंट्री में खाने को मिलता ही क्या है!

किरपानसिंह : *(कृपाण निकालकर भारतमाई को धमकाते हुए)* मैनूँ सबतों जादा भूख लग्गी है। चल इधर, नहीं तो मैं तेरे टुकड़े कर दूँगा।

(चारों रसोइए भारतमाई को अपनी-अपनी तरफ खींचते हैं।)

भारतमाई : मेरे बेटो, मेरे बच्चो! मेरी हालत पर तरस खाओ। मुझे इस तरह खींच-खींचकर बेहाल मत करो। ये पुरानी धोती फट जाएगी। मुझे अपनी लाज तो बचाए रखने दो!

चारों रसोइए : लाज! *(अट्टहास)* तेरी लाज! *(फिर अट्टहास)*

भारतमाई : *(सहसा उत्तेजित होकर चारों को झटक देती है, चारों इधर-उधर गिरते*

हैं और भारतमाई सबको लताड़ती है) छोड़ो मुझे! आज मैं जान गई, तुम मेरे बेटे नहीं, राक्षस हो। मेरे बेटे तो वो थे, जो मेरी मेरी आजादी के लिए फाँसियों पर झूल गए। मेरे बेटे तो वो हैं, जो मेरी बेहतरी और खुशहाली लिए सारी कुरबानियाँ दे रहे हैं। मेरे बेटे तो वो हैं, जिन्हें इस अत्याचारी राजा ने पकड़-पकड़ के जेलों में डाल रखा है। लेकिन याद रखो, वो दिन दूर नहीं, जब जेलों की दीवारें टूटेंगी और मेरे प्यारे बेटे वापस आएँगे।

(चारों रसोइए क्रुद्ध होकर उठते हैं और अपने खूँखार पंजे फैलाकर भारतमाई की तरफ चारों ओर से बढ़ते हैं। अचानक दृश्य स्थिर हो जाता है और गान-मंडली गीत गाती है।)

गान-मंडली : बोलो-बोलो रे भाई, कौन है भारतमाई?

धरम-करम के हाथों जिसकी ऐसी हुई खिंचाई?

बोलो-बोलो रे भाई, कौन है भारतमाई?

(इन्हीं पंक्तियों को कई बार दोहराते रहने के बाद गान-मंडली गान समाप्त करती है और नाटक पूरा होता है।)

◆◆◆◆◆

हरिजन-दहन

रमेश उपाध्याय

(तीन हरिजन हँसिये हाथ में लिए सामने आते हैं—बूढ़ा रमचन्ना, उसका जवान बेटा जंगी और जंगी की बहू बसंती। रमचन्ना केवल फटी-सी अधिया धोती पहने है और बसंती लहँगा-चोली, मगर जंगी ने पायँचे ऊपर मोड़ कर पतलून पहन रखी है। आते हुए जंगी फिल्मी गाना अलापता है—ओ... दुख भरे दिन बीते रे भैया... बीते रे भैया, अब सुख आयो रे...)

रमचन्ना : जे गाने मत गा जंगी, कोई सुन लेगा तो क्या कहेगा?

जंगी : कोई क्या कहेगा? और अब कोई कुछ क्यों कहेगा? अपना खेत है, अपनी फसल काटने आए हैं, किसी को क्या मतलब?

रमचन्ना : ऐसी बातें मत कर, बेटा! अपना टेंटुआ दूसरों के पाँवों के नीचे दबा है। हमारा हँसना-गाना सुनेंगे, तो समझेंगे, हरिजन सिर पे चढ़े जा रहे हैं।

बसंती : तुम तो खामखाँ डरते हो, काका! अपनी मेहनत का खाएँगे, तो कोई हमारा क्या कर लेगा? अब तक इसीलिए तो सताए जाते थे कि हमारे पास अपनी जमीन नहीं थी।

जंगी : लेकिन अब छोटे ही सही, हम भी किसान हैं।

रमचन्ना : (खुशी छिपाते हुए, दोनों को प्यार से झिड़ककर) चलो-चलो। बड़े भारी जमींदार हो गए हो न! तीन बीघा कुल खेत है।

जंगी : लेकिन फसल भरपूर हुई है, काका।

बसंती : चलो, रहने दो, नजर मत लगाओ।

रमचन्ना : (हाथ जोड़कर, आँखें बंद करके कुछ बुदबुदाता है, फिर) चलो, कटाई करें। (तीनों फसल काटने का अभिनय करते हैं। सूत्रधार आगे आता है।)

सूत्रधार : (दर्शकों से) लंका-दहन और होलिका-दहन के नाटक आपने बहुत देखे होंगे। आज हम आपको एक नया नाटक दिखा रहे हैं। इसका नाम है—हरिजन-दहन। इसके लेखक हैं रमेश उपाध्याय। (फसल काटते हरिजनों की ओर इशारा करके) ये एक गाँव है। इस गाँव का नाम है,

रामराजपुर, तहसील कांगरेसनगर, जिला जनतागंज। ये लोग रामराजपुर के हरिजन हैं। ये बूढ़ा रमचन्ना है। बड़ा ही नेक और भलामानुस। और ये है रमचन्ना का बेटा जंगी। बाप जितना सीधा, बेटा उतना ही टेढ़ा। सरकारी वजीफे से थोड़ा पढ़-लिख क्या गया है, समझता है, लीडर हो गया। कहता है–ऊँच-नीच और जात-पाँत नहीं चलेगी। बँधुआ मजदूरी और बेगार नहीं चलेगी। बहू-बेटियों की बेइज्जती बरदाश्त नहीं की जाएगी। और ये है जंगी की बीवी बसंती। पिछले चुनाव से पहले सरकार ने यहाँ के हरिजनों को खुश करने के लिए थोड़ी जमीन बाँटी थी। बरसों से वो जमीन ऊसर-बंजर पड़ी थी। इन लोगों के पास हल नहीं थे, बैल नहीं थे, खाद नहीं थी, बीज नहीं था। लेकिन अपनी कुदालियों से इन लोगों ने उस पटपरी को तोड़ा। खुद बैल बनकर इस जमीन को जोता। पोखर में परोहे डालकर अपने खेत को सींचा। फसल पर दूना देने का वायदा करके उधार का बीज डाला। तब कहीं जाकर आज फसल काटने का दिन आया है। (अचानक चौंकता है। कान लगाकर कुछ सुनने का अभिनय करता है। उसके पीछे तीन व्यक्ति आते हैं– ठाकुर, पंडित और महाजन। तीनों खड़े होकर हरिजनों की ओर देखते हुए कानाफूसी करते हैं।) गरीब की फसल पके चाहे बिटिया जवान हो, अमीरों की नीयत खराब होने लगती है। इनको देखिए। ये हैं ठाकुर भारतराजसिंह। पुराने जमींदार। नए पूँजीपति। ग्राम-पंचायत से लोकसभा तक इनकी तूती बोलती है। (ठाकुर अपनी लाठी जमीन पर ठोककर मूँछों पर ताव देता हुआ दर्शकों को देखता है।) और ये हैं पंडित कर्मकांडी अंधालंकार। नये जमाने के पंडित हैं इसलिए ऊपर काँगरेसी कुरता-टोपी पहनते हैं और नीचे नेकर। धरम-करम की ठेकेदारी करते हैं। (पंडित दायाँ हाथ सीने पर ले जाकर नमस्कार करता है) और ये तीसरे हैं धनीलाल महाजन। सूदखोरी, मुनाफाखोरी, जमाखोरी और हरामखोरी इनका पेशा है। (महाजन चोर-नजर से दर्शकों की ओर देखता है और झटके से गरदन मोड़कर फिर कानाफूसी करने लगता है) अब देखिए आप, ये तीनों मिलकर क्या करते हैं। (सूत्रधार अलग हट जाता है। ठाकुर, पंडित और महाजन में कुछ इशारेबाजी होती है और पंडित आगे बढ़कर हरिजनों की तरफ आता है।)

पंडित : हरेराम, हरेराम! ये क्या हो रहा है?

बसंती : माथे की फूट गयी हैं क्या? दिखाई नहीं देता, हम अपना खेत काट

रहे हैं?

पंडित : राधेकृष्ण, राधेकृष्ण! अरे तू कितना तीखा बोलती है, बसंती! भगवान ने तुझे रूप-रंग दिया है, जवानी दी है, पर मीठी जबान देना भूल गए!

बसंती : मेरी जबान जैसी है, मेरे लिए ठीक है, पंडितजी, पर तुम बताओ, आज शूद्रों और अछूतों के बीच कैसे चले आए?

रमचन्ना : पाँलागें, पंडितजी! बहू की बातों का बुरा मत मानना, थोड़ी मुँहफट है।

पंडित : लेकिन तू तो धरम-करम वाला आदमी था, रे! तू अपना धरम कैसे भूल गया?

रमचन्ना : (हाथ जोड़कर) कोई खता हो गई महाराज?

पंडित : खता? अरे, तू खता पूछ रहा है? गोधन का भोजन काट रहा है और खता पूछ रहा है?

रमचन्ना : गोधन का भोजन? मैं समझा नहीं पंडितजी!

पंडित : अबे साले, अब ये भी समझाना पड़ेगा? तू जानता नहीं, ये चरागाह की जमीन है? यहाँ गाँव के जानवर चरते हैं? तू जानता है, शास्त्रों में क्या लिखा है? (रमचन्ना सिर हिलाता है) शास्त्रों में लिखा है, गोधन का भोजन खाने वाला सीधा नरक में जाता है। इन लोगों से कह दे, ये जानवरों का चारा न काटें।

रमचन्ना : लेकिन, महाराज, ये जानवरों का चारा नहीं, पकी-पकाई फसल है हमारी। ऊसर-पटपर तोड़के हमने ये खेत बनाया है। उधार का बीज डाला है। दिन-रात मेहनत की है।

पंडित : सो हम कुछ नहीं जानते। शास्त्रों में जो लिखा है, सो हमने बता दिया। शास्त्रों को नहीं मानता, तो पंचायत के पंचों से पूछ ले। सबने कहा कि ये खेत नहीं, चरागाह है। यहाँ खेती नहीं हो सकती।

जंगी : (काम छोड़कर आता हुआ) आपने जो बताया, सो हमने सुन लिया, पर आप भी सुन लीजिए। ये जमीन हमको सरकार से मिली है। इसको हम नहीं छोड़ेंगे। आप ये धरम-करम किसी और को जाके सिखाइए।

रमचन्ना : चुप हो जा रे जंगी! बिरामन देवता हैं। (पंडित से) पंडितजी, गुस्सा मत करो। जिस दिन खेत में बीज पड़ा था, उसी दिन मैंने मन में धार ली थी कि पहली फसल का सवा सेर नाज पंडितजी को जरूर दूँगा।

पंडित : सवा सेर नाज? तू हरिजन हमको दान करेगा? गाँव की जमीन पे खेती करेगा और गाँव वालों को सवा सेर नाज दान करेगा? साले, हम भिखारी हैं?

जंगी : तो ठीक है, झगड़ा खतम। हम आपको एक दाना भी नही देंगे।

बसंती : हाँ भला, क्यों दे दें? मरें-पचें हम और माल मारें पंडित!

पंडित : चोप, हरामजादी। जबान लड़ाती है? खाल खिंचवा दूँगा बोली तो।

जंगी : ओ पंडित, गाली मत देना, कहे देता हूँ। ये धमकियाँ किसी और को देना। हम नहीं डरते तुम जैसे भिखमंगों से। (रमचन्ना और बसन्ती से) चलो, अपना काम करो। हुँ, बड़े आए। खाल खिंचवा देंगे। जैसे इनका ही तो राज है न। फोकट का माल खा-खाके मुश्टंड हो रहे हैं। नेकर पहन लिया, हाथ में लाठी ले ली, और डराते घूम रहे हैं। लोगों को।

पंडित : देख, देख, ज्यादा मत बोल! हमारा गुस्सा तूने देखा नहीं है। शाप दे दिया, तो सीधा नरक में जाएगा, वंश मिट जाएगा...

जंगी : अरे, जाओ-जाओ, अपना काम करो। ठाकुर के पास बैठ के दुनिया भर की पॉलिटिक्स करोगे और हमारे पास आके धरम-करम सिखाओगे।

रमचन्ना : (गिड़गिड़ाते हुए) इनकी बातों का बुरा मत मानना, पंडित जी। बच्चा है। मैं सवा सेर नाज तुमको जरूर दूँगा...

जंगी : (रमचन्ना को खींचता हुआ) क्या बात करते हो, काका। हमने इसका कुछ लेके नहीं खा लिया है। जितना डरोगे, उतना ही डराएँगे ये।

(बसंती रमचन्ना का हाथ पकड़कर पीछे ले जाती है।)

पंडित : (गुस्से में) तू बहुत निडर हो गया है न? अभी निकालते हैं तेरी हेकड़ी। देखते हैं, तू कितना वीर-बहादुर है।

जंगी : जाओ-जाओ, देख लेना।

(पंडित आगबबूला होता हुआ ठाकुर और महाजन के पास जाता है। जंगी लौटकर रमचन्ना और बसंती के साथ फसल काटने लगता है। पंडित मूक अभिनय से ठाकुर से शिकायतें करता है। ठाकुर, महाजन और पंडित तीनों आगे बढ़ते हैं।)

ठाकुर : अरे ओ, रमचन्ना! इधर आ साले! पंडित को तूने गाली दी है?

(रमचन्ना, बसंती और जंगी एक साथ मुड़कर देखते हैं और खड़े हो

जाते हैं। रमचन्ना हाथ जोड़कर आगे आता है।)

रमचन्ना : बंदगी, सरकार! छोरा नादान है, मालिक, माफ कर दीजिए।

जंगी : (आगे आकर) पर मैंने कोई गाली-बाली नहीं दी है, ठाकुर साहब! ये पंडित जी आकर खामखाँ उलझ रहे हैं हम लोगों से। हमने इनसे कह दिया कि ये जमीन (कुछ सोचकर) ठाकुर साब ने सरकार को दान कर दी और सरकार ने हमको दी है...

ठाकुर : बको मत! ये जमीन हमने किसी को नहीं दी।

रमचन्ना : (गिड़गिड़ाकर) ऐसा मत कहिए, सरकार! आपने दी न होती, तो हम इसे कैसे जोत-बो लेते? वो सरकारी झलसा, मालिक, जिसमें अपने भाषण दिया था...

ठाकुर : बेकार की बात मत कर। हमने तो अपनी बंजर पटपरी दान की थी, ये उपजाऊ खेत नहीं।

जंगी : पर हमें तो ये बंजर ही मिली थी।

बसंती : और क्या? उपजाऊ खेत तो हमने बनाया है।

रमचन्ना : हाँ, सरकार, बड़ी मेहनत करनी पड़ी है इसको गोड़ने-तोड़ने में।

ठाकुर : वो हम कुछ सुनना नहीं चाहते। ये खेत हमारे हैं। तुम लोग यहाँ से दफा हो जाओ और अपने इस लौंडे को जरा लगाम दो। बहुत बढ़-बढ़ के बोलने लगा है।

जंगी : लेकिन, ठाकुर साहब, ये जमीन तो सरकार ने हमको दी है।

पंडित : अरे तो इसमें ताव खाने की क्या बात है? जा, बुला ला अपनी सरकार को। कहाँ रहती है तेरी सरकार?

ठाकुर : हाँ, वो हम देख लेंगे। लेकिन ये खेत फौरन खाली कर दो तुम लोग।

बसंती : खाली ही तो कर रहे हैं। अभी काटे लेते हैं।

महाजन : (आगे बढ़कर) अजी कैसे काट लेते हैं? पहले हमारा कर्जा निकाल के धर दो। मैं तो तुम लोगों को बीज और पैसा देके बेकार में फँस गया। मुझे क्या मालूम था कि ये झगड़े वाली जमीन है। अब मैं कुछ नहीं जानता। फसल काटने से पहले मेरा कर्जा चुका दो।

रमचन्ना : पर कर्जा तो फसल से ही निकलेगा, लालाजी।

महाजन : सो मैं कुछ नहीं जानता। पहले मेरा कर्जा चुकता कर दो, फिर फसल काटो। झगड़े की जमीन है। तुम्हारे हाथ से निकल गयी, तो फिर मैं किसकी गरदन पकड़ूंगा?

जंगी : लेकिन बात सुनो, लालाजी। हम तुम्हारा कर्जा खाके कहीं भाग तो नहीं रहे? कह रहे हैं कि फसल काटते ही...

महाजन : तो फिर यों कहो कि फसल काट के पहले मेरे यहाँ पहुँचा दोगे। तुम्हारा हिसाब करके जो बाकी बचेगा, मैं तुमको दे दूँगा। मैं किसी झगड़े में नहीं पड़ना चाहता।

ठाकुर : नहीं, लाला, फसल कटके पहले हमारे यहाँ जाएगी। खेत हमारा है। तुम्हारा जो लेन-देन हो, सो हमसे आके कर लेना।

बसंती : अरे, वाह! जमीन तोड़ें हम, सिंचाई करें हम, बीज डालें हम, निराई-रखाई करें हम, और फसल ठाकुर साब के घर जाएगी!

ठाकुर : तू चुप रह, नहीं तो फसल के साथ तू भी जायेगी।

(रमचन्ना भय से काँपता हुआ बसंती को रोकने की चेष्टा करता है, लेकिन बसंती उसका हाथ झटककर आगे बढ़ती है।)

बसंती : मेरा नाम बंसती है। ये दराँती देखी है? कोई मुझ पर हाथ लगा के तो देखे!

ठाकुर : (अचानक लाठी चलाकर) ले, ससुरी जबान लड़ाती है।

बसन्ती : अरे मार डाली रे... (गिर जाती है। जंगी पीछे मुड़कर आवाज लगाता है।)

जंगी : अरे, चलियो रे... कलुवा, हरिया, ओ रग्घू काका...

ठाकुर : (अपने साथियों से) मारो कमीनों को। हमारे खिलाफ बगावत।

(पंडित रमचन्ना को और ठाकुर जंगी को लाठी मारता है। दोनों गिर जाते हैं। महाजन दूर से आते हुए लोगों को देखकर डरता हुआ ठाकुर और पंडित का हाथ पकड़कर खींचता है।)

महाजन : भागो...वे आ रहे हैं।

(ठाकुर अपनी लाठी बाएँ हाथ में लेकर जेब से पिस्तौल निकाल लेता है और जिधर से लोगों के आने की आशंका है, उधर देखकर

ललकारता है।)

ठाकुर : आओ, सालो! देखते हैं कौन-कौन आता है। (थोड़ी देर बाद जोर से हँसकर) देखा, लाला? भाग गये सब! किसकी हिम्मत है, जो हमारा मुकाबला करने आएगा? अब तुम ऐसा करो, अपने कटैयों को लगा के फसल कटवा लो। हिसाब-किताब सब बाद में कर लिया जाएगा।

पंडित : और मैं? मैं जो आपके लिए शूद्रों से लड़ा?

ठाकुर : (हँसकर) तुम्हारी दक्षिणा तुमको मिल जाएगी, पंडित। हमारे रहते तुमको किस बात की फिकर है? चलो।

महाजन : (डरता हुआ बेहोश पड़े रमचन्ना, बसंती और जंगी की ओर इशारा करता है) और ये?

ठाकुर : चलो, चलो, हम अभी अपने आदमी भेज के इनको ठिकाने लगवाए देते हैं।

(तीनों जाते हैं। सूत्रधार आगे आता है।)

सूत्रधार : वही घिसी-पिटी कहानी। ये सब रामराजपुर में ही नहीं होता, चामराजपुर में भी होता है, और दामराजपुर में भी। लेकिन इसके बाद जैसा रामराजपुर में हुआ, वैसा कहीं नहीं हुआ। क्या हुआ कि हरिजन आए और अपनी बिरादरी के तीनों घायलों को उठाकर ले गए। (रमचन्ना, जंगी और बसंती पीछे को सिर लटकाए, हाथ झुलाते हुए, अपने पैरों पर चल कर इस तरह जाते हैं, जैसे उन्हें उठाकर ले जाया जा रहा हो।) घायलों की मरहम-पट्टी हुई। थाने में रपट लिखवाने का विचार हुआ और इस काम के लिए जंगी को भेजा गया। जंगी चला रपट लिखाने। अब ये सिनेमा तो है नहीं कि जंगी को रपट लिखाने के चक्कर में आप दर-ब-दर भटकते देख सकें। इसलिए सुनके ही संतोष कीजिए। कल्पना कर लीजिए कि जंगी चला जा रहा है। (सूत्रधार मंडली को इशारा करता है और समूह-गायन में शामिल हो जाता है।)

मंडली का समूह-गायन :

चल भाई चल, चल भाई चल
महँगा तेरा एक-एक पल
चल भाई चल, चल भाई चल।
आगे देख भाई पीछे देख

ऊपर देख भाई नीचे देख
बाएँ देख भाई दाएँ देख
अपनी दसों दिशाएँ देख
इधर झोंपड़ी उधर महल
चल भाई चल, चल भाई चल
महँगा तेरा एक-एक पल
चल भाई चल, चल भाई चल।
कटवाकर सब तेरे खेत
जमींदार ले गया समेट
चेत जरा भाई अब तो चेत
क्यों होता तू मटियामेट
दुश्मन तेरा हुआ सबल
चल भाई चल, चल भाई चल।
महँगा तेरा एक-एक पल
चल भई चल, चल भाई चल।

सूत्रधार : जंगी ने थाने जाकर रपट लिखाने की कोशिश की। लेकिन उस खाली जेब हाली-मवाली की रपट कौन लिखता? रपट लिखाने के लिए चाहिए नोट, और नोट जंगी के पास कहाँ थे? तब उसने सोचा, शहर में एक बड़े नामी हरिजन नेता रहते हैं, उनके पास चलूँ। नेताजी अफसरों को डाँटेंगे, अफसर जमींदारों को मारेंगे और जमींदार फिर से वो जमीन हरिजनों में बाँटेंगे। लेकिन नेताजी के दरबान ने उसे कोठी में घुसने भी नहीं दिया।

मंडली का समूह-गायन :

नेता तुझे समझते वोट
अफसर तुझे समझते नोट
क्यों तेरी ये लूट-खसोट
बोल भला क्या तुझमें खोट
किसकी करनी का ये फल?
चल भाई चल, चल भाई चल
महँगा तेरा एक-एक पल
चल भाई चल, चल भाई चल।

सूत्रधार : गाँव लौटने में जान का खतरा था, इसलिए जंगी शहर में ही रह गया। मजदूरी करने लगा। वहाँ उसे कुछ संगठित और सचेत मजदूर साथी मिले। जंगी ने अपनी समस्या उनके सामने रखी तो उन्होने कहा -

मंडली का समूह गायन :

पढ़के देख भाई सुनके सोच
सुनके देख भाई गुनके सोच
कहाँ है गड़बड़ थमके सोच
क्या करना है जमके सोच
होगी तभी समस्या हल।
चल भाई चल, चल भाई चल
महँगा मेरा एक-एक पल
चल भाई चल, चल भाई चल।

सूत्रधार : तो भाइयो और बहनो, जंगी ने सब कुछ सुना, सोचा, समझा और इसके साथियों ने इससे कहा—

कौन है जुल्मी किसका राज
पुलिस-कचहरी किसका साज
बता सभी को बतला आज
कौन दे रहा है आवाज
'जीना है तो राज बदल'
चल भाई चल, चल भाई चल
महँगा तेरा एक-एक पल
चल भाई चल, चल भाई चल।

(जंगी माथे पर पट्टी बाँधे और हाथ में लाठी लिए आता दिखाई देता है।)

सूत्रधार : और ये जंगी अपने गाँव लौट आया। आकर इसने रामराजपुर के हरिजनों से कहा :

(जंगी आगे बढ़ आता है। सूत्रधार सामने से हट जाता है।)

जंगी : सवाल ये है कि हमारे साथ ऐसा क्यों होता है। क्यों होता है ऐसा कि वे सिर उठाके चलते हैं और हम सिर झुका के? वे आज्ञा देते हैं और हम आज्ञा का पालन करते हैं? वे हमें गाली देते हैं और हम गाली खा

लेते हैं? वे हमें मारते हैं और हम पिट लेते हैं? क्यों होता है ऐसा? हम नाज पैदा करते हैं और वे आराम से बैठ के खाते हैं। हम सफाई करते हैं और वे गंदगी फैलाते हैं। हम जूता-कपड़ा बनाते हैं और वे मजे से पहनते हैं। हम मकान बनाते हैं और वे उनमें शान से रहते हैं और फिर भी हम नीच कहलाते हैं और वे ऊँच। ऐसा क्यों होता है? हमें बताया गया है कि ये सब किस्मत की बात है, भगवान की लीला है लेकिन मान लो, हम लोगों के पास भी सौ-पचास एकड़ जमीन होती, तब क्या हमें कोई नीच-कमीन कह सकता था? असल बात ये है कि उनके पास जमीन है और हमारे पास जमीन नहीं है। सरकार वादे करती है कि हमारी हालत सुधारने के लिए हमें जमीन देगी। लेकिन ये वादे कब पूरे हुए? और वोट लेने के लिए पिछली बार जो ऊसर-बंजर जमीन हमको दी गई, वो फिर छीन ली गई। ऐसा क्यों होता है हमारे साथ? (थोड़ा रुककर) इसलिए कि हम संगठित नहीं हैं। इसलिए कि हम भाग्य और भगवान के नाम पर सब कुछ सह जाते हैं। जबकि होना ये चाहिए कि हम इंसानों की जिंदगी जीने के लिए लड़ें, संगठित होके उनका मुकाबला करें। (थोड़ा रुककर) हाँ; ठीक है, हम मुकाबला करते हैं, तो वे दमन करते हैं। लेकिन दमन का जवाब क्या है? संगठन। संगठन और संघर्ष।

(मंडली तालियाँ बजाती है। जंगी सामने से हटकर मंडली में शामिल हो जाता है। सूत्रधार सामने आता है।)

सूत्रधार : लेकिन मालिक लोग चाहे खेतों के हों चाहे कारखानों के, गाँवों के हों चाहे शहरों के, जनता के संगठन को कभी बरदाश्त नहीं कर सकते। देखिए, रामराजपुर में क्या हो रहा है।

(सूत्रधार सामने से हट जाता है। ठाकुर लाठी और टार्च लिए हुए चोरों की तरह दबे पाँव आता है। सीधा खड़ा होकर इधर-उधर देखता है और पीछे वालों को आगे आने का इशारा करता है। पंडित और महाजन तेल के कनस्तर उठाए हुए आते हैं और कनस्तर ठाकुर के पास लाकर रख देते हैं।)

महाजन : लो, ठाकुर साब, तुम्हारे हवन की सामग्री का इंतजाम हमने कर दिया है। अब आगे आप जानो। चार कनस्तर काफी हैं?

ठाकुर : काफी हैं। अपने सारे लोग मोर्चों पर तैनात हैं न?

महाजन : ये तो पंडित जी जानें।

पंडित : चिंता मत करो। तुम्हारे लठैतों के साथ अपने लड़के भी लगा दिए हैं मैंने। एक भी बचके नहीं जा पाएगा।

ठाकुर : सोता पड़ गया?

पंडित : सारी बस्ती सोई पड़ी है। बड़ा शुभ मुहूर्त है।

ठाकुर : तो आप हवन कराइए। माचिस है?

पंडित : इतना बड़ा यज्ञ कराना है, माचिस भूल जाऊँगा? (नेकर की जेब से माचिस निकालकर) ये रही। (महाजन से) लो, उठाओ लाला, तुम सामग्री डालो, हम मंत्र पढ़ते हैं।

(महाजन तेल का कनस्तर उठाकर घरों पर छिड़कने का अभिनय करता है। ठाकुर जेब से पिस्तौल निकालकर खड़ा हो जाता है। पंडित जगह-जगह खड़ा होकर माचिस जलाते हुए मंत्र पढ़ता है।)

पंडित : (पहली तीली जलाकर) ओम् जनता जनता जनता के नाम पर स्वाहा! (दूसरी तीली जलाकर) ओम् गाँधी गाँधी गाँधी के नाम पर स्वाहा! (तीसरी तीली जलाकर) ओम् देश देश देश के नाम पर स्वाहा! (चौथी तीली जलाकर) ओम् धर्म धर्म धर्म के नाम पर स्वाहा!

महाजन : (जैसे सामने जलती आग की चौंध से बच रहा हो) लग गई, पंडित, लग गई, अब भागो। नहीं तो पकड़े जाएँगे।

ठाकुर : डरो मत, लाला, भागेंगे साले वे, हम नहीं। आज उनको अच्छी तरह बता देना है कि हमारे खिलाफ संगठन बनाने का क्या मतलब होता है।

पंडित : (पाँचवीं तीली जलाकर) ओम् गरीबी हटाओ के नाम पर स्वाहा! ओम् समाजवाद लाओ के नाम पर स्वाहा! ओम् शांति शांति शांति के नाम पर स्वाहा!

महाजन : (ठाकुर से) अरे, मारो-मारो ठाकुर, साले भाग रहे हैं। (ठाकुर पिस्तौल से निशाना लगाता है।) और वो निकला जंगी। जंगी भागा, ठाकुर, मारो। बच गया, बच गया, ठाकुर। बसंती वो निकली (ठाकुर गोली चलाता है।)

पंडित : ये तो गई। रमचन्ना शायद भीतर ही जल गया।

ठाकुर : पर जंगिया तो भाग गया सूअर।

पंडित : एक बच गया? कोई बात नहीं। बाकी तो मारे गए? यज्ञ पूरा हुआ। अब कोई साला सिर उठाने की हिम्मत नहीं करेगा।

महाजन : लेकिन अब चलो यहाँ से। अभी तक अपने खास लोगों को भी ये मालूम नहीं है कि ये काम हमने किया है।

ठाकुर : चलो, लेकिन पंडित, उस काले साँप को ढूँढ़ो। उसका जीवित रहना ठीक नहीं।

पंडित : फिकर मत करो। चारों तरफ आदमी मौजूद हैं। बच के कहाँ जाएगा? चलो।

(तीनों चले जाते हैं, सूत्रधार आगे आता है।)

सूत्रधार : (थोड़ी देर सिर झुकाए शोक मनाता खड़ा रहता है, फिर बहुत धीरे-धीरे सिर उठाकर गंभीर स्वर में बोलता है) ये होता है हरिजन-दहन और ये रामराजपुर में ही नहीं होता, चामराजपुर में भी होता है और दामराजपुर में भी। जंगी इस बार बच गया और भी कई लोग बच गए। लेकिन कौन कह सकता है कि ये कांड यहाँ दुबारा नहीं होगा? लेकिन भाइयो और बहिनो, इससे भी बड़ा सवाल ये है कि हरिजन-दहन का ये नाटक आप कब तक देखते-सुनते रहेंगे? ये सवाल हम आपसे पूछते हैं। आपसे भी। और आपसे भी।

◆◆◆◆◆

परिचय

शिवराम

जन्म	:	23 दिसम्बर, 1949, करौली राजस्थान
नुक्कड़	:	आगे बढ़ो, वक्त की पुकार, आंदोलन, जनता पागल हो गई है, कुकड़ूँ कूँ, दुस्वप्न, भंवरायाभील, रजिस्टर्ड मजमेबाज, अभी लड़ाई जारी है, घुसपैठिये, लम्बे हत्थे वाला झाड़ू, नाट्य रक्षक, हे भद्र नागरिक सुनो, दुलारी की माँ, खोजा नसरुद्दीन बनारस में, आदि।
नुक्कड़ नाटक संगह	:	जनता पागल हो गई है, घुसपैठिए (2001)
नाट्य संस्था	:	अभिव्यक्ति नाट्य एवं कला मंच, कोटा, राजस्थान।
सम्पर्क	:	4-पी-46 तलवंडी कोटा, राजस्थान, 324005
दूरभाष	:	0744-2406767

दुलारी की माँ

शिवराम

पात्र :

सूत्रधार	दौलतराम
नट	खान ठेकेदार
नटी	युवक-2
दुलारी की माँ	गुण्डे-2
दुलारी का पिता	सिपाही-2
दुलारी	कामगार-3
मोहनभीड़	

सूत्रधार : भाईयो और बहनो! बच्चों और बच्चियों। आज हम आपको नया नाटक दिखाएँगे। नाटक-'दुलारी की माँ'। अर्थात् एक औरत की कहानी। औरत, जो माँ है। औरत, जो बहन है। बहू है, बेटी है। साथी है, दोस्त है। औरत जो वैसे ही एक इंसान है, जैसे कि एक मर्द। औरत, जिसके सीने में वैसे ही दिल धड़कता है, जैसे मर्दों के। यह नाटक एक साहसी और बेबाक औरत की, एक समझदार और होशियार औरत की, एक स्वाभिमानी और मेहनती औरत की कहानी है। तो देखिए नाटक - :'दुलारी की माँ'।

(सूत्रधार का प्रस्थान)

(नट-नटी का ठुमकते हुए प्रवेश)

नट : हे दर्शक जनो, प्यारे नर नारियो
जरा ध्यान धर तुम ये विनती सुनो
अपना नाटक दिखाने को आए हैं हम
देखो होके मगन, चित्त देके सुनो

नटी : कोरा नाटक नहीं, ये तमाशा नहीं
सत्य की रोशनी इसमें जगमग है जी

औरतों की कथा, उनके मन की व्यथा
उनकी संघर्ष गाथा भी जगमग है जी

सूत्रधार : (प्रवेश करते हुए) औरत और आदमी।

एक के बिना दूसरे का गुजारा नहीं। एक का हृदय दूसरे की देह में धड़कता है, तो दूसरे की खुशबू एक में महकती है। देह दो मगर प्राण एक। एक के बिना दूसरा अधूरा। दो अधूरे मिल कर बनते हैं एक। एक होकर बसाते हैं अपनी दुनिया। इस कायनात को बनाते हैं और अधिक खूबसूरत, और बेहतर और बेहतर।

नट : आदमी और औरत जैसे एक डाली पर खिले दो फूल।

नटी : जैसे एक तितली के दो पंख।

नट : जैसे एक गाड़ी के दो पहिए।

नटी : जैसे बिजली के दो तार।

नट : जैसे इमारत के लिए ईंट और सीमेंट।

नटी : जैसे जिन्दगी के लिए आब और हवा।

सूत्रधार : लेकिन, जनाब, बात कुछ ऐसी बिगड़ी, जमाने की चाल कुछ ऐसी भटकी, कि मोहब्बत की लय टूटने लगी। दिलों की दूरियाँ बढ़ने लगीं। रिश्तों में खटास आने लगी। सहचर और सहचरी से वे स्वामी और दासी में बदल गए। औरत आदमी के अधीन होती चली गई। पराधीनता ने उसके सारे सपने, सारे सुख छीन लिए। उसके पास रह गई सिर्फ कर्त्तव्यों की फेहरिस्त। सेवा, त्याग और समर्पण। सहना, सहना और सहना। और तो और इस बाजारवादी समय ने उसकी देह को खिलौना बना दिया और उसे मात्र एक देह। एक वस्तु, जो घर में सजावट की चीज है या सेविका, तो बाजार में विज्ञापन की चीज है या गणिका। उपयोग और उपभोग। उपभोग और उपयोग।

(सूत्रधार का प्रस्थान)

नटी : जो तिल तिल गले, बाती-सी जले
जो देती जनम, जिससे बनता है घर
वो सतायी गई, वो ही पीड़ित हुई

अपमानित हुई वो, हुई दर-ब-दर

नट : दासी समझा कभी, भोग्या समझा कभी,
कभी वेश्या बना, दीना कोठे पे धर
वस्तु समझा उसे, बेचा बाजार में
आदमी हो नहीं जैसे हो जानवर।

नटी : लेकिन अब इस नए वक्त में औरतें
जागकर, इस गुलामी से इन्कार कर
कह रही हैं कि हम भी तो इंसान हैं
अब कभी मत समझना हमें जानवर

(नट-नटी का प्रस्थान। घर का दृश्य। दुलारी के पिता का प्रवेश।)

दुलारी का पिता: (आवाज देता है) दुलारी की माँ! ओ दुलारी की माँ! (दर्शकों से) बड़ी जड़ैल औरत है। जब बाहर निकलती है, तो रास्ता थरथराने लगता है। पेड़-पौधे तक सुट्ट लगा जाते हैं। बस, कोई उससे नहीं डरता, तो गली-मौहल्ले के छोरे-छोरी। या फिर मैं। लो, आ गई।

(दुलारी की माँ का प्रवेश)

दुलारी की माँ : क्या हो गया? इस तरह क्यों चिल्लाए जा रहे हो?

दुलारी का पिता: येल्लो। इतने प्यार से आवाज लगाई और कहती है कि क्यों चिल्ला रहे हो! (थैले से मिठाई का डिब्बा निकाल कर, डिब्बे का ढक्कन खोलते हुए) लो, मिठाई खाओ।

दुलारी की माँ : अरे, बड़े खुश नजर आ रहे हो। आज ऐसा क्या मिल गया? ये मिठाई किस बात की? और ये आई कहाँ से?

दुलारी का पिता: बात ही ऐसी है। सुनेगी, तो तू भी बल्ले-बल्ले हो जाएगी। तिरछी झांकेगी। हौले से मुस्काएगी। बलैंया लेगी और टेढ़े सुर में बोलेगी – ये इतनी सी मिठाई क्यों लाए हो?

दुलारी की माँ : कोई बात है जरूर। वरना इतनी बात बनाए तो एक जमाना बीत गया। बताओ, क्या बात है?

दुलारी का पिता: आज मैंने हमारी दुलारी का रिश्ता पक्का कर दिया।

दुलारी की माँ : कोई बात न चीत और रिश्ता पक्का कर दिया? कम से कम मुझे तो बताते। कहाँ कर दिया रिश्ता पक्का? घर-वर कैसा है? लड़का क्या करता है? देखने में कैसा लगता है?

दुलारी का पिताः फस्सकिलास... एक दम फस्सकिलास। खाता-पीता घर और हट्टा-कट्टा वर।

दुलारी की माँ : करता क्या है लड़का?

दुलारी का पिताः अभी तो उसके खाने-पीने के दिन हैं। खेलने-कूदने के। और फिर उसका बाप खूब कमाता है। उसे अभी क्या जरूरत है कुछ करने-धरने की।

दुलारी की माँ : पढ़ा-लिखा कितना है?

दुलारी का पिताः तू भी दुलारी की माँ। अरे, पढ़ाई-लिखाई से क्या करना है? तू ही बता, मैं कितना पढ़ा-लिखा हूँ और तू कितनी पढ़ी-लिखी है। काले अक्षर भैंस बराबर।

दुलारी की माँ : यानी वह लड़का भी काला अक्षर भैंस बराबर है क्या?

दुलारी का पिताः नहीं-नहीं। उसकी तो भैंस काले अक्षर बराबर है।

दुलारी की माँ : लड़का देखने में कैसा लगता है?

दुलारी का पिताः बढ़िया ही लगता होगा। उसका बाप सुंदर, उसकी माँ सुंदर, फिर लड़का सुंदर क्यों नहीं होगा?

दुलारी की माँ : लाखन सिंह को जानते हो।

दुलारी का पिताः हाँ... सुन्दर है। खूब हट्टा-कट्टा है।

दुलारी की माँ : और उसकी घरवाली? वो भी सुन्दर और हट्टी-कट्टी है।

दुलारी का पिताः मुझे क्या पता! तू कहती है, तो होगी ही।

दुलारी की माँ : क्या? तुमको नहीं पता? तुमने नहीं देखा उसे?

दुलारी का पिताः देखा है, देखा है। सुन्दर है और हट्टी-कट्टी भी।

दुलारी की माँ : और उन बेचारों का लड़का कैसा है? न चलने का, न फिरने का।

दुलारी का पिताः लो भगवान के कारखाने में एक पीस खराब निकल गया, मेरे पीछे लट्ठ ले के पड़ी है।

दुलारी की माँ : रिश्ता पक्का करने से पहले कम से कम लड़का तो देखना चाहिए था।

दुलारी का पिताः अब खूब देख लेना, घोड़ी पे चढ़के आए तब।

दुलारी की माँ : देखो, दुलारी नासमझ लड़की नहीं है, जो जिधर हाँक दोगे उधर ही हँक जाएगी। सब समझती है। पढ़ी-लिखी है। मास्टरनी बनना चाहती है। वह ऐसे नहीं मानेगी।

दुलारी का पिता: मानेगी कैसे नहीं! उसके बाप को मानना पड़ेगा। पढ़ाई-लिखाई का क्या यह मतलब है कि माँ-बाप का कहना न माने।

दुलारी की माँ : उसकी बात छोड़ो, इस तरह तो मैं भी नहीं मानूँगी।

दुलारी का पिता: क्या कहा? तू मेरी बात पिटवाएगी? मेरी नाक कटवाएगी? जबान दी है मैंने।

दुलारी की माँ : तो बिना सोचे-विचारे क्यों दी जबान?

दुलारी का पिता: इस घर में वही होगा, जो मैं चाहूँगा। जोरू का गुलाम नहीं हूँ मैं।

दुलारी की माँ : हाँ, गुलाम तो हम हैं। मालिक जो भी हुकुम दें हम मान लें। हम कब कहते हैं कि आप जोरू के गुलाम हैं। आप तो दारू के गुलाम हैं। रोज चाहिए। काम पर महीने में दस दिन भी नहीं जाएँगे, लेकिन दारू रोज पिएँगे।

दुलारी का पिता: हाँ, पीता हूँ। अपने पैसों से पीता हूँ। उधार भी पीता हूँ, तो चुकाता भी खुद ही हूँ। हमारी जिन्दगी में और है ही क्या? बस यही दो पल तो सुख के होते हैं, जब नशे में होते हैं।

दुलारी की माँ : अपने सुख के लिए हमें क्यों दुख देते हो? आँख मूँद कर क्यों धकेल रहे हो अपनी बेटी को अँधे कुएँ में।

दुलारी का पिता: कह दिया न, जबान दी है मैंने। मेरी जबान पत्थर की लकीर।

दुलारी की माँ : गलती सुधारने के लिए होती है, अड़ने के लिए नहीं। अड़ो मत। कोई भी बहाना करके मना कर दो।

(दुलारी का प्रवेश)

दुलारी : क्या हो गया माँ? बापू से क्यों लड़ रही हो? आज तो बापू पीकर भी नहीं आए।

दुलारी की माँ : तेरी शादी की बात पक्की करके आए हैं। बिना घर-वर देखे। लड़का देखा तक नहीं है।

दुलारी : कैसी बात करती हो, माँ? मेरे बापू ऐसे भौंदू थोड़े ही हैं। क्यों, बापू?

दुलारी का पिता : यही तो मैं कह रहा हूँ, दुलारी! मैं क्या तेरा भला-बुरा नहीं समझता! मैं कोई ऐसा भौंदू नहीं हूँ जो...

दुलारी की माँ : मैं भी तो यही कह रही हूँ, दुलारी। ये कोई ऐसे भौंदू नहीं हैं, ये तो वैसे भौंदू हैं, जो बिना सोचे-विचारे, बिना घर-वर देखे, बेटी का रिश्ता पक्का कर आते हैं।

दुलारी : माँ झूठ बोल रही है न बापू?

दुलारी का पिता : इसमें सोचने-विचारने और देखने-भालने की जरूरत ही नहीं थी। अच्छा रिश्ता हाथ से निकलते देर नहीं लगती।

दुलारी की माँ : अच्छा रिश्ता इतनी आसानी से मिल भी नहीं जाता। बेटी की जिंदगी का फैसला कर रहे थे, कोई भेड़-बकरी का सौदा नहीं।

दुलारी का पिता : जबान दी है मैंने। जान दे दूँगा, पर जबान से नहीं लौटूँगा। मेरे घर में वही होगा, जो मैं कहूँगा। दुलारी की शादी उसी लड़के से होगी।

दुलारी की माँ : पता तो चले, कौन सा लड़का? किसका लड़का?

दुलारी का पिता : जगपुरा वाले दौलतराम का लड़का।

दुलारी की माँ : वो दारू के ठेके वाला। वो शराबी और बदचलन।

दुलारी का पिता : लड़का नहीं है ऐसा।

दुलारी : लड़का भी ऐसा ही है। गुंडा, बदमाश, आवारा। मैं उससे शादी नहीं करूँगी।

दुलारी का पिता : देखो, घर-जमीन है, खूब पैसा है। दारू का ठेका है। बौहरगत है। किसी चीज की कमी नहीं रहेगी दुलारी के लिए। वो तो मेरा उठना-बैठना है दौलतराम के साथ, इसलिए मान गया, वरना लाखों के दहेज में भी न मिले ऐसा लड़का। फिर अपनी बिरादरी में पैसे वाले हैं ही कितने? जब पैसा घर में आता है, तो थोड़े ऐब भी साथ में चले आते हैं। ऐब मत देखो पैसा देखो। सबसे बड़ा ऐब तो गरीबी है, जो उस घर में नहीं है। हजार ऐबों के साथ भी अमीरी गरीबी से अच्छी।

दुलारी : मुझे नहीं चाहिए ऐबों से भरी अमीरी।

दुलारी की माँ : गरीबी-अमीरी बाद की बात है। पहली बात ये है कि जिंदगी में चैन और सुकून होना चाहिए। आपस में प्रेम हो, दोनों सही रास्ते चलते

हों, तो गरीबी में भी जिंदगी सुख से कट जाती है। आदमी अच्छा बरताव न करे, उसका चाल-चलन अच्छा न हो, तो हर सुख होने पर भी औरत की जिंदगी बर्बाद। हमें गरीबी से प्रेम नहीं है। गरीबी कोई अच्छी चीज नहीं है। भला तो इसमें है कि दुनिया में कोई भी गरीब न हो। लेकिन इस कीमत पर अमीरी नहीं चाहिए हमें। ये रिश्ता ठीक नहीं है।

दुलारी का पिता : मैंने जबान दी है। दुलारी का ब्याह वहीं होगा।

दुलारी की माँ : हर्गिज नहीं होगा।

दुलारी का पिता : होगा, होगा, वहीं होगा। इस घर में रहना है, तो मेरी बात माननी होगी।

दुलारी : बापू, क्या आपकी जबान मेरी जिंदगी से बड़ी है? और फिर मेरी पढ़ाई? खुद आपने मुझे स्कूल भेजा। अपना पेट काट कर भी मुझे पढ़ाया। आप ही चाहते थे कि मैं पढ़-लिख कर अध्यापिका बनूँ। मेरी शादी कर देंगे तो मेरी पढ़ाई का क्या होगा?

दुलारी का पिता : अरे, कहाँ से बन जाएगी अध्यापिका। कहाँ रखी हैं नौकरी। इन प्राइवेट स्कूलों में लग भी गई तो क्या मिलेगा? पाँच सौ रुपट्टी। मेरी समझ में नहीं आता, मुझे समझती क्या हो तुम? मेरी कोई बात नहीं चलने देती हैं दोनों मिलकर। लेकिन इस मामले में, मैं एक भी नहीं सुनने वाला। बिरादरी में बात का सवाल है ये। मेरे घर में रहना है, तो मेरी बात माननी होगी।

दुलारी की माँ : अच्छा? ये घर मेरा नहीं? हमारा नहीं है ये घर? ये घर सिर्फ तुम्हारा है? यही बात है, तो निकल जाएँगे तुम्हारे घर से। कहीं और झौंपड़ी खड़ी कर लेंगे।

दुलारी : क्यों निकलें घर से? हम यहीं रहेंगे। ये घर हमारा भी उतना ही है, जितना कि आपका।

दुलारी का पिता : मुँहजोरी करती है।

(दुलारी का पिता दुलारी की चोटी पकड़ कर खींचता है। दुलारी एक ओर गिर पड़ती है। दुलारी की माँ बीच-बचाव और पकड़ा-धकड़ी करती है।)

दुलारी की माँ : शर्म नहीं आई, सयानी लड़की पर हाथ उठाते?

दुलारी का पिता : सब तेरा किया धरा है, तेरा! हर वक्त मुझे नीचा दिखाने में लगी रहती है।

(दुलारी का पिता दुलारी की माँ को पीटने लगता है। वह गिर पड़ती है। दुलारी आगे बढ़कर पिता के हाथ पकड़ लेती है।)

दुलारी : पागल हो गये हैं आप!

दुलारी की माँ : (उठते हुए) ये मत समझना, दुलारी के बापू, कि औरतें मर्दों से इसलिए पिट लेती हैं कि वे कमजोर होती हैं। वे पिट लेती हैं, हया करके, लोक-लाज से डरके, मजबूरी में। पर मेरी कोई मजबूरी नहीं है। तुम मेरा पेट नहीं भरते। मैं तुम्हारा पेट भरती हूँ। अगर फिर हाथ उठाया, तो ठीक नहीं होगा। छोड़ दे दुलारी। फिर उठाने दे हाथ।

(दुलारी की माँ तन कर खड़ी हो जाती है। दुलारी पिता के हाथ छोड़ देती है। दुलारी का पिता भन्नाता हुआ बाहर निकल जाता है। दुलारी और दुलारी की माँ अन्दर चली जाती हैं)

(नट-नटी का प्रवेश)

नट : देख लो, ये मरद हैं, पिताजी हैं ये
इनका व्यवहार देखो तो पाजी हैं ये
चाहे बाहर फिरें हम दुम दबाए हुए
घर में राजा जी बनके ही राजी हैं ये।

नटी : लेकिन अब इनकी ज्यादा चलेगी नहीं
बीबी-बेटी भी इनकी सुनेंगी नहीं,
आज के लड़के भी हैं बदलने लगे
जिससे अब दाल इनकी गलेगी नहीं।
(नट-नटी का प्रस्थान)
(सूत्रधार का प्रवेश)

सूत्रधार : दुलारी का पिता हमेशा से ऐसा नहीं था। कुछ साल पहले तक वह शहर में एक बड़े कारखाने में काम करता था। पक्की नौकरी, मजदूरों की यूनियन, इज्जत और कायदे का काम, ठीक-ठाक वेतन, शहरी जिंदगी। लेकिन ये वैश्वीकरण- उदारीकरण- निजीकरण का दौर क्या आया, एक-एक करके लाखों कारखाने बंद हो गए। उसका कारखाना

भी बंद हो गया। उसका भी रोजगार छिन गया। शहर में कोई और काम नहीं मिला, तो यहाँ खान पर काम करने चला आया। वापिस अपने गाँव। गाँव क्या ठीक-ठाक सा कस्बा है। थाना है, तहसील है और कॉलेज भी है। आमतौर पर इतनी छोटी जगहों पर कॉलेज होते नहीं हैं, लेकिन यहाँ है। इसकी भी अपनी एक कहानी है। दुलारी की माँ भी खान पे काम पर जाने लगी। दोनों को दुलारी की शादी की चिन्ता है। दुलारी पढ़ना चाहती है, अध्यापिका बनना चाहती है। लेकिन उसके पिता के सारे सपने टूट चुके हैं। कारखाना मजदूर से खान मजदूर हो गया। यहाँ मेहनत ज्यादा, वेतन कम। कदम-कदम पर अपमान। शराब पीने लगा। धीरे-धीरे लत पड़ गई। उसे लगता कि नशे में कुछ समय के लिए ही सही, वो अपमान-बोध और हीन-बोध के अहसास से मुक्त हो जाता है। दौलतराम का दारू का ठेका उसका अड्डा बन गया। दौलतराम खुद बदनाम, उसका जवान बेटा भी बदनाम, ऊपर से दारू का धंधा। सो, बेटा पहुँच गया तीस के पार, पर कहीं से रिश्ता ही नहीं आ रहा। दौलतराम ने देखा कि दुलारी अच्छी लड़की है। उसी की जात-बिरादरी की है, तो उसके पिता को फाँसने के लिए याराना बढ़ा दिया, उधार में दारू पिलाने लगा। जब उधार काफी हो गया तो एक दिन उसने दुलारी के पिता को कुछ दबाव में, कुछ मीठी बातों में ऐसा फँसाया कि वह दौलतराम के बेटे के साथ अपनी दुलारी के रिश्ते के लिए जबान दे बैठा। अब जबान तो साहब जबान है और नशे की लत उससे भी ज्यादा महान है।

(सूत्रधार का प्रस्थान)

(दुलारी की माँ प्लास्टिक का लंच बाक्स लिए आती है और दुलारी को पुकारती है। उसके माथे पर पट्टी बँधी है।)

दुलारी की माँ : दुलारी, बेटा कहाँ है तू? कॉलेज जाने का टाइम हो गया। अभी तक तैयार नहीं हुई? (दुलारी हाथ में किताबें और कंधे पर बैग लटकाए आती है।) ले, अपना खाना रख ले। इसमें दो पराठें मोहन के लिए भी रख दिए हैं। उसे भी खिला देना। लेकिन आज वो अभी तक आया क्यों नहीं?... अब तक तो आ जाता है....

दुलारी : आता ही होगा। बापू नहीं जगे अभी तक? काम पर कब जाएँगे?

दुलारी की माँ : जिन्हें काम पर जाना होता है, आधी रात को घर नहीं लौटते, वह भी दारू पीकर।

दुलारी : रात को जब बापू लौटे, तो जोर-जोर से किसी को गालियाँ दे रहे थे... किसे दे रहे थे?

दुलारी की माँ : उसी मरे दौलतराम को।

दुलारी : क्यों? कल तो वे उसके लड़के से मेरी शादी पर अड़े हुए थे...

दुलारी की माँ : मैंने बात नहीं की। रोटी रख दीं, खा-पी के सो गए होंगे। शराबी की बातें कोई समझ सकता है?

(मोहन दुलारी को आवाज देता हुआ आता है। दुलारी की माँ के माथे पर पट्टी देखकर परेशान हो जाता है।)

मोहन : अरे, माँ जी, ये क्या? माथे पर पट्टी। क्या दौलतराम कल यहाँ भी झगड़ा करने आया था?

दुलारी : यहाँ भी? मतलब?

मोहन : तुम्हारे बापू ने घर आकर कुछ नहीं बताया?

दुलारी की माँ : क्या हुआ था?

मोहन : मैं रात को ट्यूशन पढ़ा कर लौट रहा था, तो देखा दौलतराम के दारू के ठेके पर झगड़ा हो रहा है। क्या अंकल जी ने दौलतराम से दुलारी की शादी की बात की थी?

दुलारी की माँ : हाँ, तो...?

मोहन : लगता है, वे अपनी जबान से मुकर गए। दौलतराम बहुत गुस्से में था और अंट-शंट गालियाँ दे रहा था। मारने भी दौड़ा। मैंने देखा कि ये तो अंकल हैं। रात को यहाँ घर तक मैं ही तो छोड़ कर गया था। पर, आपके माथे पर ये पट्टी?

दुलारी की माँ : कुछ मत पूछ बेटा! जब से उनकी कारखाने की नौकरी छूटी है और यहाँ आए हैं, वे बहुत बदल गए हैं। दारू की लत लगा ली है और हमेशा जले-भुने से रहते हैं। घर पर आए दिन का क्लेश। कल तो मुझ पर हाथ उठा दिया, दुलारी पर भी... (आँखों में छलक आए आँसुओं को पल्लू से पोंछती है।)

मोहन : इसका मतलब ये कि यहाँ झगड़ा करके वे ठेके पर दारू पीने चले

गए होंगे। वहीं बात छिड़ी होगी और उन्होंने इस शादी से मना कर दिया होगा।

दुलारी की माँ : जरूर कर दिया होगा। जरूर उन्होंने किसी दबाव में हाँ कर ली होगी। वरना वे ऐसे हैं नहीं। अपनी बेटी को इस तरह जान-बूझ कर खड्डे में नहीं धकेल सकते वे। चलो, यह अच्छा ही हुआ।

मोहन : लेकिन दौलतराम बहुत बुरा आदमी है। धमकियाँ दे रहा था। मैं नहीं पहुँचा होता तो वह अंकल के साथ ज्यादा मार-पीट कर सकता था। उन्हें उधर मत जाने देना।

दुलारी की माँ : बदमाश तो वह है ही। नीच, गुण्डा। लेकिन मैं डरने वाली नहीं हूँ उससे। मूँछें खींच लूँगी। थोड़ी दुलारी की चिन्ता जरूर रहती है बस।

दुलारी : मेरी चिन्ता मत करो माँ। आपकी बेटी हूँ मैं।

दुलारी की माँ : फिर भी, तू मोहन के साथ ही आना-जाना कुछ दिन।

मोहन : आप बिल्कुल चिंता न करें। उसकी इतनी हिम्मत नहीं कि मुझसे उलझे। (दुलारी से) चलें दुलारी...

(दुलारी मोहन के साथ चली जाती है। दुलारी का पिता आँखें मलता हुआ आता है, जैसे अभी-अभी सोकर उठा हो।)

दुलारी का पिता : कौन था? मोहन आया था क्या?

दुलारी की माँ : हाँ, क्यों? क्या हुआ, मोहन आया तो...

दुलारी का पिता : उससे कह देना यहाँ न आया करे। मुझे दुलारी का उसके साथ आना-जाना पसन्द नहीं है।

दुलारी की माँ : क्यों पसन्द नहीं है? आपको दौलतराम के बेटे के साथ उसकी शादी करना तो पसंद था और मोहन जैसे शरीफ लड़के के साथ कॉलेज आना-जाना पसंद नहीं है? या इसलिए कि उसने कल आपको दौलतराम से पिटते देख लिया और यहाँ घर तक छोड़ के गया?

दुलारी का पिता : मोहन ने बताया होगा। अरे, वह तो मैंने थोड़ी ज्याद पी ली थी और नहीं दौलतराम की क्या हिम्मत थी जो मुझसे धक्का-मुक्की कर लेता। कह दिया मैंने स्साले से तेरे जैसे नीच खानदान में नहीं ब्याहूँगा मेरी बेटी...।

दुलारी की माँ : ठीक किया आपने... कोई और लड़का देखेंगे...

दुलारी का पिता : अरे तू यही तो नहीं समझती है, कहाँ देखेंगे लड़का? बिना पढ़े लिखे, बेरोजगार लड़कों की कोई कमी नहीं है हमारी बिरादरी में, लेकिन कोई ढंग-ढांग का लड़का है कहाँ? मिल गया तो दहेज चाहिए। मैंने यही सोच कर तो दौलतराम को जुबान दे दी कि रोटी-कपड़े की तो कम से कम कोई कमी नहीं रहेगी।

दुलारी की माँ : रोटी-कपड़ा ही सब कुछ नहीं होता, दुलारी के बापू। एक बात कहूँ, इस मोहन के माँ-बाप से बात करो न? दोनों साथ पढ़ते हैं। शायद एक-दूसरे को पसंद भी करते हैं। लड़का हमारे जैसे ही घर का है, शरीफ है, मेहनती है, काबिल है...

दुलारी का पिता : तेरा दिमाग खराब हो गया है? उसकी जात जानती है?

दुलारी की माँ : लेकिन...

दुलारी का पिता : बस्स! मैंने तेरी एक बात मान ली। दौलतराम को जबान देकर मुकर गया। अब और नाक मत कटवा मेरी।

दुलारी की माँ : ठीक है तुम अपनी नाक सँभालकर पड़े रहो। मैं जा रही हूँ काम पे। खाना बनाके रख दिया है, खा लेना।

दुलारी का पिता : दौलतराम अलग उधारी माँग रहा है। एक मुसीबत हो तो...

दुलारी की माँ : दारू छोड़ो। रोज काम पर जाओ। उधारी भी चुक जाएगी और ये सब मुसीबतें भी दूर हो जाएँगी। मैं जा रही हूँ...

दुलारी का पिता : चाय तो पिला जा...

दुलारी की माँ : मुझे देर हो रही है... आप बना कर पी लेना। भगोनी में दूध रखा है। चीनी नहीं है, एक डिब्बे में बताशे पड़े हैं। घर पर ही रहना। (जाने लगती है, लौटकर) ठेके की तरफ मत जाना।

(दुलारी की माँ का बाहर प्रस्थान)

(दुलारी का पिता भी अन्दर चला जाता है।)

(सूत्रधार का प्रवेश)

सूत्रधार : दुनिया कहाँ-से-कहाँ पहुँच गई, लेकिन हम अब भी जात-पाँत के चक्कर में उलझे पड़े हैं। जात-पाँत का चक्कर है भी विकट, मानो तो मुसीबत, नहीं मानो तो भी मुसीबत। घर वाले, कुटुबी जन, रिश्तेदार सब जान के दुश्मन हो जाते हैं। माँ-बाप लड़की के हों या

लड़के के ऐसा समझते हैं मानो उनकी नाक कट गई। अंतर्जातीय विवाह के पश्चात् लड़के-लड़की किसी तरह अपनी जिन्दगी शुरू करने में कामयाब हो भी जाएँ तो बाद के मसले और भी मुश्किल। गाँवों और कस्बों में तो बेहद मुश्किल। समाज के ठेकेदार और जातियों की पंचायतें तो टूट कर पड़ती ही हैं, समाज से अलग-थलग पड़े इन लोगों पर शोहदे और लुच्चे-लफंगे कृपा करने को अलग उन्मत्त दिखाई देते हैं। सारा जहाँ अदू और हर रोज मुकाबला।

तो भले ही माँ-बाप बेटी के विवाह का रोना रोते रहेंगे। बेमेल विवाह करते रहेंगे। दहेज की चक्की में पिसते रहेंगे। विवाह के बाद बेटी की बदकिस्मती पर नौ-नौ आँसू रोते रहेंगे, मगर अंतर्जातीय विवाह और बच्चों की पसन्द मानने के लिए तैयार नहीं होंगे। दुलारी की माँ ने मन बनाया तो दुलारी के पिता की नाक परेशान होने लगी।

उधर दौलतराम चोट खाए काले नाग की तरह रात भर फुफकार मारता रहा। दुलारी का पिता, उसकी नजर में दो कौड़ी का आदमी, उसे जबान देकर मुकर गया। क्या ससुरे को इसीलिए उधार में दारू पिलाता रहा कि एक दिन इस तरह पगड़ी उछाल देगा। उसे लगा कि ये उसकी मूँछों का सवाल है। उसने बदला लेने की ठान ली और बदला औरत से लिया जाए इसी में तो मर्दों की शान है।

(सूत्रधार का प्रस्थान)

(नट-नटी का प्रवेश)

नट : दुलारी का पिता मुकरा देके जुबाँ
आग दौलत के दिल में भड़कने लगी
दूँगा मिट्टी में मिला, कर ही दूँगा तबाह
उसकी मूँछें, भुजाएँ, फड़कने लगीं।

नटी : ताव मूँछों पर दे और ठहाका लगा
बदला लेने की ठानी और कस ली कमर
जहाँ काम जाती दुलारी की माँ
उसने साजिश बिछाई उसी ठौर पर

(नट-नटी का प्रस्थान)

(खान पर एक कार्य स्थल का दृश्य। स्त्री-पुरुष कामगार काम में जुटे हैं, जिनमें दुलारी की माँ भी है। ठेकेदार आता है, जिसके साथ दो युवक और हैं। एक गुण्डे जैसा है, दूसरा कारिंदे जैसा। कारिंदे के हाथ में रजिस्टर है।)

ठेकेदार : (दुलारी की माँ को इंगित करते हुए) ऐ औरत! ढंग से काम कर (दुलारी की माँ सहित सभी कामगार काम करते-करते ठेकेदार की तरफ देखते हैं। ठेकेदार फिर दुलारी की माँ से कहता है हाँ, हाँ तुझसे ही कह रहा हूँ।)

दुलारी की माँ : क्या हुआ साहब? मैं तो हमेशा की तरह ढंग से ही काम कर रही हूँ।

ठेकेदार : अच्छा यही ढंग है तेरा। बात भी ढंग से नहीं करती।

दुलारी की माँ : बात तो साहब, आज आप ही ढंग से नहीं कर रहे हैं।

ठेकेदार : (साथ के युवकों से) देखा, जबान लड़ाती है। (दुलारी की माँ से) इधर आ। (कामगार फिर एक बार ठेकेदार की तरफ देखते हैं।) काम करो! काम करो अपना! इधर क्या झाँकते हो? इस औरत को बुलाया है मैंने, और किसी को नहीं बुलाया। (कामगार फिर काम में लग जाते हैं। दुलारी की माँ काम छोड़कर ठेकेदार के निकट आती है। ठेकेदार युवकों से कहता है।) जाओ, उधर देखो कि कामगार ठीक से काम करें। (युवक कार्यरत कामगारों की ओर चले जाते हैं।)

दोनों युवक : (कामगारों से) ठीक से काम करो। खुसर-फुसर नहीं।

दुलारी की माँ : हाँ साहब, बोलिए, क्या बात है?

ठेकेदार : क्या नाम है तेरा?

दुलारी की माँ : वसंती।

ठेकेदार : (खास नजरों से घूरते हुए) हूँ, है तो वसंती ही। क्या उम्र हो गई?

दुलारी की माँ : उम्र से क्या करना है साहब?

ठेकेदार : काम करने में दिक्कत आती है?

दुलारी की माँ : नहीं साहब, कोई दिक्कत नहीं।

ठेकेदार : आती होगी। इसमें तेरा कसूर भी नहीं है। जवान और खूबसूरत

औरतों को ऐसे काम करने में दिक्कत आती ही है।

दुलारी की माँ : अब काहे की जवानी और काहे की खूबसूरती साहब! आप तो बताओ क्या काम है? किसलिए बुलाया मुझे।

ठेकेदार : नई आई है क्या? पहले कभी नजर नहीं पड़ी?

दुलारी की माँ : नई तो नहीं हूँ। दो बरस तो हो ही गए होंगे इस खान पर।

ठेकेदार : तो तुझे मिलना चाहिए था। अपनी समस्या बतानी चाहिए थी कि मुझसे यह भारी काम नहीं होता। तुझे मालूम है, हम औरतों का कितना ध्यान रखते हैं। जा! घर जा! छोड़ ये काम और नहा धोकर शाम को हमारे डेरे पर आ जाना। तुझे दूसरा काम देंगे। खूबसूरत औरत को खूबसूरत काम और भर मुट्ठी दाम।

दुलारी की माँ : मैं तो यहाँ भी नहा-धोकर ही आई हूँ। यहीं हो जाए दूसरा काम। (कामगार साथियों से ऊँची आवाज में) सुनो, भाइयो और बहनो सुनो! ये साहब कह रहे हैं कि काम छोड़कर घर जा। नहा-धोकर शाम को डेरे पर आ जाना।

ठेकेदार : (आगे बढ़ कर उसे रोकते हुए) अरे, अरे, ये क्या कर रही है? चुपकर... चुपकर! (कामगार काम छोड़कर इकट्ठे हो जाते हैं।) झूठ बोलती है ये औरत।

दुलारी की माँ : बहनो, साहब कह रहे हैं कि खूबसूरत औरतों को खूबसूरत काम दिया जाएगा। अपना-अपना दिन तय कर लो साहब से। मुझे तो आज ही बुलाया है।

ठेकेदार : झूठ, झूठ बोल रही है ये। मैंने ढंग से काम करने को कहा था इससे।

कामगार एक : ढंग से काम करने को कहा था। देखो, ठेकेदार! यहाँ हम अपनी मेहनत बेचते हैं और तुम हमारी मेहनत के पैसे देते हो।

कामगार दो : वो भी पूरे नहीं देते। ये जो खान-मालिक और आपके जैसे ठेकेदार देखते-देखते लखपति-करोड़पति बन जाते हैं न, वो सब हमारी मेहनत की बदौलत है। हमारे पैदा किये भारी मुनाफे का एक छोटा-सा हिस्सा ही मिलता है हमें।

कामगार तीन : अगर आप हमारी इज्जत पर हाथ डालेंगे तो भारी पड़ेगा।

ठेकेदार : झूठ बोलती है ये...

कामगार एक : इससे पहले तो कभी झूठ नहीं बोला इन्होंने। इससे पहले आपने भी कभी ऐसी हरकत नहीं की। आज ऐसी क्या बात हो गई?

कामगार दो : सच-सच बता दे, ठेकेदार, बात क्या है? आज तक तो किसी ने ऐसी हिम्मत नहीं की।

ठेकेदार : झूठ बोल रही है ये और आप इसकी बातों में आ गए। मुझे दौलतराम ने बताया कि बदजात है ये औरत। इससे बच के रहना। कुलटा है। मक्कार है ये। फोकट की तनख्वाह लेना चाहती है। मैंने ढंग से काम करने के लिए कहा तो इसने तिरिया चरित्र रच दिया। आप इसकी बातों में आ गए। यहाँ और भी तो औरतें काम करती हैं। कभी किसी से कुछ कहा मैंने?

दुलारी की माँ : दौलतराम ने कहा और तुमने मान लिया कि मैं ऐसी औरत हूँ जो तेरे डेरे पर पहुँच जाऊँगी। यही न?

ठेकेदार : नहीं, नहीं, दौलतराम ने कुछ नहीं कहा। दौलतराम को क्यों घसीटती है बीच में।

कामगार तीन : अभी तो आपने खुद नाम लिया था दौलतराम का।

दुलारी की माँ : (कामगारों से) दौलतराम अपने बेटे के लिए मेरी बेटी का रिश्ता चाहता है। हमने मना कर दिया, तो उसने हमसे बदला लेने को ये जाल बिछाया है, इसके साथ मिलकर। मुझे इन दोनों से इज्जत और जान का खतरा है। मैं थाने में रिपोर्ट लिखाऊँगी। आप सब मेरे साथ चलो।

कामगार एक : हाँ चलो। (ठेकेदार को इंगित करते हुए) और ठेकेदार साहब को भी ले चलो।

कामगार दो : चलो साहब आपको थाने पहुँचा दें। माला डालकर ले चलें या श्याम रंग में रंग के?

ठेकेदार : (साथ के युवकों से) इसका नाम काट दो रजिस्टर से। ऐसी औरतों की जरूरत नहीं है मुझे।

कामगार तीन : बात मत बढ़ाओ ठेकेदार साहब। इसे हटाओगे तो हम सब हट जाएँगे। खान में काम नहीं होगा फिर। और, हम किसी और को भी काम नहीं करने देंगे। हमें तो कहीं और काम मिल जाएगा, लेकिन तुम्हारी खान फिर नहीं खुलेगी।

कामगार एक : और थाने तो आपको चलना ही पड़ेगा।

कामगार दो : चलो भाई, साहब को थाने ले चलो।

कामगार एक : (जूतियों की माला हाथ में पकड़े) और ये लो माला। साहब के गले में बहुत सजेगी। और साहब भी बहुत सजेंगे।

युवक : (चिल्लाते हुए) हट जाओ...हट जाओ सब...हाथ भी लगाया किसी ने, जरा भी आगे बढ़े तो लाशें बिछा दूँगा (चाकू खोल कर लहराता है।) भागो!

(कामगार तीन दौड़कर हथौड़ा उठा लाता है। दूसरे कामगार भी कुछ न कुछ उठा लेते हैं। कोई लकड़ी कोई पत्थर, कोई चप्पल।)

कामगार तीन : घेरा बना लो सब। घेरा बना लो। (सब घेरा बना लेते हैं।)

कामगार तीन : (चाकू लहराते युवक को ललकारते हुए।) आजा। जग्गो दादा। पहले तू आजा। (साथी कामगारों से) ध्यान रखना ठेकेदार भाग नहीं जाए। (युवक से) चला। अबे चला अपना चाकू...मेहनत-मज़दूरी करके पेट नहीं भरा जाता...रोटी के टुकड़ों के लिए लुच्चों के आगे-पीछे दुम हिलाते हो और अपने ही लोगों पर गुर्राते हो... चला... चला अपना चाकू...

युवक : (ठेकेदार से) बोलो सेठ ... अब क्या करना है? तुम कहो तो दो-चार को साफ कर दूँ। लेकिन ये डर कर भागने वाले नहीं है। बात कितनी भी बढ़ सकती है...लड़ाई और आग का कोई भरोसा नहीं, कितनी फैल जाए। तुम तो भाग भी नहीं पाओगे। ... जल्दी बोलो...।

ठेकेदार : (कामगारों से) तुम क्या समझते हो, तुम्हारे गुलाम बसते हैं थाने में। (युवक से) चाकू बंद कर ले। (कामगारों से) क्या थाने वाले मुझे नहीं जानते? टाइम-टाइम पर सबकी सेवा करते हैं हम। जो हुआ सो हुआ, अपनी अपनी जगह पर जाओ और काम करो। बात बढ़ाओगे तो भूखे मर जाओगे।

दुलारी की माँ : तो क्या तुम्हारे गुलाम बसते हैं थाने में?

कामगार तीन : थाने में पुलिस बसती है। रिपोर्ट लिखाएँ तो उन्हें कार्रवाही करनी ही पड़ेगी।

दुलारी की माँ : थाना कार्रवाई नहीं करेगा, तो हम करेंगे कार्रवाई। कार्रवाई तो होगी ही ठेकेदार जी।

कामगार एक : बात छेड़छाड़ भर की नहीं है। रिश्ते के लिए मना करने पर दौलत के साथ साजिश रचने की है। यह मामला हमारी इज्जत का भी है और आजादी का भी।

(ठेकेदार मौका देखकर भागने लगता है और युवक भी। कामगार और दुलारी की माँ उन्हें धर दबोचते हैं और पकड़ कर थाने ले जाते हैं।)

(नट-नटी का प्रवेश)

नट : वो जो अपने को अबला समझती रही
तो ले वो औरत अब देखो अपना ही बल
अपनी स्वाधीनता, अपने सम्मान को
करने हासिल उठा उसका जज्बा मचल।

नटी : हम हैं कमतर नहीं, तुम हो बढ़कर नहीं
हर तरह से बराबर तुम्हारे हैं हम
त्यागो हैवानियत अब, ऐ लोगो सुनो!
आदमी की तरह अब करो बात तुम

(नट-नटी का प्रस्थान)

(सूत्रधार का प्रवेश)

सूत्रधार : खबर तो आग की तरह फैलती है। एक बार लग जाए तो बुझाए न बने। ठेकेदार को हालाँकि पुलिस ने जमानत-मुचलका लेकर छोड़ दिया, लेकिन कामगारों की एकता का डर ऐसा बैठा कि ठेकेदार के होश उड़ गए। होश तो दौलतराम के भी उड़ गए, लेकिन उसके पास अपनी उधारी की तुरुप का पत्ता था। कुछ अपनी मूँछ और भुजाओं पर घमण्ड भी ज्यादा था। सो पहुँच गया दुलारी की माँ के घर।

(सूत्रधार का प्रस्थान)

(दुलारी की माँ के घर का दृश्य। दौलतराम का प्रवेश)

दौलतराम : अरे ओ ग्यारसा! ग्यारसी लाल!

(दुलारी का पिता बाहर आता है।)

दुलारी का पिता : क्या है दौलतराम? अपनी दुकान पर झगड़ा करके जी नहीं भरा, जो

अब मेरे घर पर झगड़ा करने आए हो?

दौलतराम : नहीं, मैं अपना पैसा लेने आया हूँ। मेरा हिसाब चुकता कर।

दुलारी का पिता : मैंने कल ही कह दिया था कि जल्दी ही तुम्हारी पाई-पाई चुका दूँगा। मेरी जबान खाली नहीं जाएगी।

दौलतराम : देख ली तेरी जबान! तू तो अभी के अभी मेरा हिसाब चुकता कर।

दुलारी का पिता : अभी के अभी कहाँ से चुकता करूँगा। तुम्हारा पैसा खाके भाग थोड़े ही जाएँगे। चुका देंगे। एक-एक पैसा चुका देंगे।

दौलतराम : मुझे तुझ पर भरोसा नहीं। या तो मेरा हिसाब चुकता कर नहीं तो इस पर साइन कर! (स्टांप पेपर निकालता है।)

(दुलारी की माँ का प्रवेश)

दुलारी की माँ : क्या हुआ, दौलतराम? किस कागज पर साइन करवा रहे हो?

दौलतराम : मेरा हिसाब चुकता कर दो और किसी कागज पर साइन मत करो।

दुलारी की माँ : काहे के पैसे हैं तुम्हारे?

दौलतराम : दारू के। रोज चाहिए सुड़कने को। इसी से पूछ, मेरे मुँह मत लग। मैं कोई खान का ठेकेदार नहीं हूँ, जिस बेचारे को थाने में धरवा दिया।

दुलारी की माँ : है तो तू भी ठेकेदार ही। खान का नहीं तो दारू का सही। जब से तेरा दारू का ठेका यहाँ खुला है, सारा मोहल्ला तेरा कर्जदार हो गया है।

दौलतराम : देख, दुलारी की माँ, मुझसे बहस मत कर। मुझे मेरे पैसे चाहिए।

दुलारी की माँ : तुमने इन्हें दारू पिलाई या नहीं, हमें पता नहीं। ऐसे तो कोई भी कुछ भी आ माँगेगा। हम किस-किस को देंगे?

दौलतराम : सारा हिसाब लिखा है बहीखाते में ।

दुलारी की माँ : बही भी तुम्हारी , लिखाई भी तुम्हारी। दुलारी के बापू ने तो नहीं लिखा न?

दौलतराम : (बैग से बही निकालकर दिखाता है) ये देख। एक-एक आँक पे साइन हो रहे हैं इसके। देख, देख। आँखें चौड़ी करके अच्छी तरह देख।

दुलारी की माँ : दिखाना! (बही को झपट लेती है और दुलारी जो दरवाजे पर खड़ी थी, की तरफ बही फेंक देती है।) ले दुलारी इसे फुर्ती से ले जा दरवाजा बंद कर और चूल्हे में झोंक दे। (दौलतराम अंदर घुसने लगता है। दुलारी की माँ पकड़कर खींच लेती है। दुलारी का पिता भी साथ देता है। दुलारी दरवाजा अंदर से बंद कर लेती है। दौलतराम दुलारी की माँ की तरफ झपटता है। दुलारी का पिता उसकी टाँगों में लाठी फँसा देता है। दौलतराम गिर पड़ता है। दुलारी की माँ और दुलारी का पिता दोनों लाठी तानकर खड़े हो जाते हैं।)

दौलतराम : अरे मैं तो लुट गया। मैं तो बर्बाद हो गया। तू क्या समझती है अपने-आपको? मैं अभी अपने आदमी लेकर आता हूँ। (तेजी से निकल जाता है।)

दुलारी की माँ : और पियो दारू। घर उजड़ता है तो उजड़ जाए। दारू जरूर पियो। मालूम है, इसी दौलतराम के बल पर, इसी के कहने पर खान के ठेकेदार ने आज सरेआम मेरी इज्जत पर हाथ डाला। तुम्हारी दारू की वजह से हो रहा है ये सब।

दुलारी का पिता : अब कभी नहीं पिऊँगा। (दुलारी से ऊँची आवाज में) अच्छी तरह जला दी दुलारी। एक भी पन्ना न बचे। (दुलारी की माँ से) तू सही कह रही थी, दौलतराम इंसान नहीं है, शैतान है। तूने दुलारी को बचा लिया।

दुलारी की माँ : आता होगा दौलतराम अपने गुण्डों के साथ।

(दौलतराम का दो गुण्डों के साथ प्रवेश)

दौलतराम : (दुलारी की माँ को इंगित करके, गुण्डों से) यही है वो हरामजादी। लेकिन पहले किवाड़ तोड़ के बही को बचाओ।

(दोनों गुण्डे दरवाजे की ओर लपकते हैं। दुलारी की माँ लाठी से वार करती है और जोर से चिल्लाती है।)

दुलारी की माँ : अरे आओ रे मोहल्ले वालो! दौलतराम के गुण्डे मारामारी कर रहे हैं।

(एक गुण्डा दरवाजे से जूझता है। दूसरा दुलारी की माँ और पिता पर टूट पड़ता है। दुलारी की माँ और पिता मोहल्ले वालों को पुकारते हुए गुडों से जूझते हैं। गुण्डा-एक दरवाजा तोड़ कर भीतर जाता है और दुलारी को खींचते हुए बाहर आता है। दुलारी हाथ छुड़ाकर

अलग खड़ी हो जाती है।)

गुण्डा-एक : बही तो जल गई, सेठ। चूल्हे में पानी डाल दिया है, तुम्हारे काम का कुछ बचा हो तो देख लो।

(दौलतराम अंदर जाकर जली हुई बही को सँभालता है। दुलारी का पिता गुण्डा-दो के वार से गिर पड़ता है। दुलारी की माँ गुण्डा-दो पर वार करती है। भीड़ इकट्ठी होने लगती है। गुण्डा-दो भीड़ देखकर, वार बचा कर भाग जाता है। गुण्डा-एक भी भागने की कोशिश करता है, लेकिन दुलारी उसे पकड़ लेती है। गुण्डा-एक दुलारी पर चाकू से वार कर देता है और भागने लगता है। लेकिन भीड़ उसे पकड़ लेती है।)

दुलारी की माँ : (भीड़ से) देखो! तमाशा देखो। एक गुण्डा पूरे मोहल्ले में आतंक मचा डालता है, क्योंकि हम तमाशा देखते रहते हैं। वसंती ने मुकाबला किया तो देखा कैसे भाग रहे थे चूहों की तरह।

(दुलारी कराहती है और बैठ जाती है।)

क्या हुआ? (फुर्ती से दुलारी के पास जाती है और उसे सँभालती है।)

दौलतराम : लुट गया रे! देखो भाइयो, मेरी बही जला दी। मेरी तो सारी उधारी इसी में लिखी थी। (जली बही दिखाता है।)

दुलारी की माँ : (खड़ी हो जाती है) हाँ, जला दी। इस बही में सारे मोहल्ले के गुलामी के पट्टे लिखे हुए थे। ये दारू की दुकानें हमारी बर्बादी के ठिकाने हैं। तुमने उन्हें बर्बाद नहीं किया, तो ये तुम्हें बर्बाद कर देंगी। देख क्या रहे हो, जाओ, घुस जाओ इसकी दुकान में। फोड़ दो सारी बोतलें। फाड़ दो सारी थैलियाँ। बहा दो सारी दारू नाली में।

(कुछ लोग हो-हो की आवाज करते हुए दुकान की दिशा में दौड़ जाते हैं। दौलतराम भी जाने लगता है। भीड़ में से कामगार आगे आते हैं और उसे पकड़ लेते हैं। दुलारी फिर कराहती हुई खड़ी हो जाती है।)

दुलारी की माँ : दुलारी, दुलारी।

दुलारी : चाकू लग गया है। खून बह रहा है। (फिर गिर पड़ती है।)

कामगार एक : चलो रे, दुलारी को अस्पताल ले चलो।

(दुलारी की माँ, दुलारी के पिता की तरफ जाती है।)

कामगार दो : पुलिस को भी खबर करो।

(पुलिस के दो सिपाहियों का प्रवेश)

सिपाही एक : खबर मिली तभी तो आए हैं।

सिपाही दो : चलो, थाने चलो सब।

दुलारी की माँ : अरे, ये दुलारी के बापू के तो सिर में चोट है और होश में भी नहीं है। पहले दोनों को अस्पताल पहुँचाओ।

कामगार एक : बहुत खून निकल गया है साहब, पहले अस्पताल पहुँचाओ।

सिपाही एक : ज्यादा मत बोल। हमें मत सिखा। जिसे देखो, वही भाषण देने लगता है।

सिपाही दो : पहले थाने चलो। तमाशा क्या देख रहे हो? एक हथठेला खींच लाओ। जल्दी करो। डालो घायलों को उस पर और चलो।

(भाग दौड़ - अफरा-तफरी जारी है।)

सिपाही एक : (गुण्डा-एक को पकड़ते हुए) इसे मुझे पकड़ाओ। (सिपाही-दो से) ले, पकड़ इसे। दौलतराम तुम इधर आओ।

(सिपाही - एक और दौलतराम को छोड़कर सभी चले जाते हैं।)

सिपाही एक : क्या हुआ था, दौलतराम?

दौलतराम : अरे साहब! अन्याय की हद हो गई है और ये औरत। ये तो पूरी बदमाश हो गई है। अपनी उधारी माँगने आया था। मेरी बही जला दी छीनकर। ये देखो, मुझे मारा। लाठी मारी मेरे। छोकरी ने पीछे से मारा और माँ ने आगे से। मेरा आदमी बचाने आया तो उसे भी मारा और पकड़ लिया। ग्यारसा को तो पैर फिसल कर गिरते हुए मैंने देखा। मेरी ओर दौड़ रहा था लाठी तान कर। पैर ऊँचा-नीचा पड़ गया और गिर पड़ा। उस छोकरी के पता नहीं कायकी लगी है। कूदा-फाँदी कर रही थी रानी झाँसी की तरह। इसको मारा-उसको मारा। पल में इधर-पल में उधर। किसी नुकीली चीज पर गिर-गिरा गई होगी।

सिपाही-एक : ये सब आपको मार रहे थे। आपके कहीं चोट नहीं आई और ये सब घायल हो गए, जबकि आप तो अपनी बही थामे हाथ जोड़ कर

खड़े थे!

दौलतराम : (खींसे निपोरता है) ही ही ही ही ... अच्छा तो जै राम जी की ... मैं चलूँ! (चलने लगता है।)

सिपाही एक : उधर नहीं इधर चलो। थाने का रास्ता इधर है। आपको ले चलने के लिए ही तो मैं खड़ा हूँ। यूँ समझो दौलतराम, कि लड़की मर गयी तो 302 और बच गयी तो 307। दुलारी की माँ ने कोई सामान उठा ले जाने की बात और लिखा दी तो 452 और। 107, 151, 323 वगैरह तो लगेंगी ही। यूँ समझो सेठ जी, कोर्ट-कचहरी-थाना, अकील-वकील, लाख दो लाख का हिसाब तो बैठ ही जाएगा।

दौलतराम : अरे यार, ऐसे क्या करते हो? बारह महीने आपकी सेवा करता हूँ। जो भी हूँ आप लोगों के दम से। (नजदीक जाकर कान में फुसफुसाता है।) मुकदमा तो उस हरामजादी पर लगाओ। मेरी बही छीनकर जलाने का। मेरे साथ मार-पीट करने का। मेरी दुकान में तोड़-फोड़ का और जो भी बन सकता हो। गवाह मैं खड़े कर दूँगा और जो मैंने आपसे कहा है, वह तो करूँगा ही, ह ह ह ह...। मुझे तो इस महाभारत से बचाओ। अच्छा, जै राम जी की... मैं चलूँ। (चलने लगता है।)

सिपाही एक : उधर नहीं इधर। थाना इधर है। थानेदार साहब बहुत भले आदमी हैं। चिन्ता मत कर सेठ, सब ठीक हो जाएगा। दूध का दूध, पानी का पानी। जैसे पानी अपना रास्ता बना लेता है, वैसे ही नमक भी अपना रास्ता बना लेता है। पुलिस नमकहरामी नहीं करती। नमक का इंतजाम करो और निश्चिंत रहो।

दौलतराम : नमक... पूरी बोरी लो, साहब। एक दम शुद्ध आयोडीन वाला। अच्छा...चलूँ? (चलने लगता है।)

सिपाही एक : हाँ चलो। लेकिन इधर। थाने। थाने तो चलना ही पड़ेगा। गिरफ्तारी भी होगी। केस भी बनेगा। मुकदमा चलेगा। सब काम होंगे बस ये याद रखना कि पुलिस नमकहरामी नहीं करती और बेफिक्र रहना। ... चलो... इधर...

(सिपाही-एक दौलतराम को लेकर निकल जाता है।)

(नट-नटी का प्रवेश)

नट : ये पुलिस है हिफाजत को कानून की
पर 'दौलत' पे इसका पसीजे है दिल
जो ठेंगे पे रखते हैं कानून को
मोहब्बत में उनकी धड़कता है दिल

नटी : उधर सरकार का भी है ये फैसला
दुकाँ दारू की खुले हर गली चौक में
लोग दारू पिएँ और बर्बाद हों
'दौलत' फूलें फलें हर शहर गाँव में

नट : पर दुलारी की माँ का गजब हौसला
जालिमों के मुकाबिल खड़ी है निडर
बस इसी बात से दुष्ट भयभीत हैं
कहीं जाए न निकल लोग-बागों का डर

(नट-नटी का प्रस्थान)

(सूत्रधार का प्रवेश)

सूत्रधार : तो दर्शकों हुआ ये कि दौलतराम की गिरफ्तारी तो हुई, लेकिन जमानत भी जल्दी ही हो गई। कुछ मेडिकल रिपोर्ट में ठीक हो गया, कुछ पुलिस ने ठीक कर दिया। कुछ वकीलों ने ठीक कर दिया, कुछ अदालत में ठीक हो गया। ऐसे ही ठीक ठाक चलता रहा तो लोगों में चर्चा है कि दौलतराम साफ बच जाएगा।

खान मालिकों ने कुछ गुण्डे भर्ती करके, मज़दूरों में अपने दलाल बनाके और एक जेबी यूनियन खड़ी करके मजदूर एकता को जरूर तोड़ दिया है, लेकिन मज़दूरों की असल यूनियन दुलारी की माँ के साथ है।

लेकिन दोस्तो, इस हादसे के बाद दुलारी का पिता चल बसा। दुलारी की माँ इससे बहुत टूट गई। उसे इस बात का भारी दुःख लगा कि जब दुलारी के बापू फिर से एक जिम्मेदार आदमी में बदल रहे थे तभी यह हादसा हो गया। उसने खान की नौकरी छोड़ दी।

उसने जैसे-तैसे करे एक सिलाई मशीन खरीद ली, अब उसी से

गुजारा कर रही है। दौलतराम धमकी जरूर देता फिरता है, लेकिन दुलारी की माँ से पंगा लेने की हिम्मत नहीं करता। यही हाल खान ठेकेदार का है।

इस बीच मोहन का आना-जाना बढ़ गया और लगाव भी। दौलतराम के लोगों ने मोहन और दुलारी को लेकर अनर्गल चर्चाएँ फैला दीं। इस सबकी तो दुलारी की माँ को फिक्र नहीं थी, लेकिन दुलारी के विवाह की चिंता जरूर उसे खाए जाती थी। क्या करूँ? कैसे करूँ?

(सूत्रधार का प्रस्थान)

(दुलारी की माँ का प्रवेश)

दुलारी की माँ : दुलारी के बापू नहीं गुजरते तो इतनी समस्या नहीं होती और फिर अब तो वे सुधर रहे थे। उन्होंने शराब छोड़ने का वादा किया था। वे दौलतराम और उसके गुण्डों से हमारे साथ मर्दों की तरह भिड़ गए। लेकिन उनका डर नहीं निकला। उन्हें लगता था कि दौलतराम हमारे साथ कुछ भी कर सकता है। खासकर दुलारी की इज्जत के लुटने का उन्हें बहुत डर रहता था। वे चाहते थे कि उसे घर से बाहर नहीं निकलने दिया जाए। वे मोहन को लेकर भी शंका करते थे। ... अब मैं क्या करूँ? कैसे करूँ? मोहन से पूछ के देखूँ एक दिन? लेकिन, उसने मना कर दिया तो?

(दुलारी का प्रवेश)

दुलारी : माँ!

दुलारी की माँ : हाँ!

दुलारी : क्या हुआ? किस सोच में पड़ी हो?

दुलारी की माँ : बस तेरे ही सोच में पड़ी हूँ, बेटा। कोई लड़का मिल जाए तो तेरे हाथ पीले कर दूँ। हमेशा डर लगा रहता है, कोई ऐसी-वैसी बात नहीं हो जाए।

दुलारी : मुझ पर भरोसा नहीं है माँ। और फिर जरूरी नहीं कि सब लड़कियाँ शादी ही करें। फिर मैं तो तुम्हारी बेटी भी हूँ और बेटा भी। मैं बेटा बन कर तुम्हारी सेवा करूँगी। तुम्हें अकेली छोड़कर ही नहीं जाऊँगी।

(मोहन का प्रवेश)

मोहन : नमस्ते, माँ जी।

दुलारी की माँ : नमस्ते बेटा! आज बहुत खुश नजर आ रहे हो?

मोहन : माँ जी, दुलारी ने नहीं बताया?

दुलारी की माँ : नहीं मुझे तो कुछ नहीं बताया?

दुलारी : मौका ही कहाँ दिया बताने का। बस इसे तो मेरे गुलाबी हाथों को पीला करने की पड़ी है। बस इसी चिंता में घुलती रहती है कि मैं कहीं इसका मुँह काला न कर दूँ।

दुलारी की माँ : नहीं दुलारी, ये बात नहीं है। अच्छा बताओ, क्या बात रहे थे मुझे?

दुलारी-मोहन : हम मिल कर स्कूल...

मोहन : अच्छा चलो आप बताओ।

दुलारी : नहीं, आप ही बताओ।

मोहन : हम दोनों मिल कर स्कूल चलाएँगे।

दुलारी : वो सरस्वती बाल-विद्यालय वाले हैं न?

मोहन : वे स्कूल बंद करना चाह रहे थे। हमने उनसे बात की और कहा कि...

दुलारी : हम चलाना चाहते हैं ये स्कूल...

मोहन : वे मान गये। उन्होंने किराये की बात की...

दुलारी : तो हमने कहा कि हमें तो एक-एक हजार वेतन दे देना बाकी मुनाफा आपका...

मोहन : हमने कहा ये हमारा वादा है कि हम इसे मुनाफे में चला कर दिखाएँगे।...

दुलारी : खूब मेहनत करेंगे तो बच्चे क्यों नहीं आएँगे।...

मोहन : अभी वहाँ जो अध्यापक उन्होंने रख रखे थे, उनकी दिलचस्पी नहीं थी स्कूल में।

दुलारी : उन्होंने...

दुलारी-मोहन : हाँ कर दी।

दुलारी की माँ : अरे, ये तो बहुत अच्छा हुआ। तुम बैठो मैं तुम लोगों को चाय बना

कर लाती हूँ।

दुलारी : मैं लाती हूँ चाय बनाकर।

(दुलारी अंदर चली जाती है।)

दुलारी की माँ : मोहन।

मोहन : हाँ, माँ जी।

दुलारी की माँ : एक बात पूछूँ?

मोहन : बोलो...

दुलारी की माँ : सच-सच बताओगे?

मोहन : ये आप कैसी बात कर रही है, पूछो।

दुलारी की माँ : दुलारी को मत बताना...

मोहन : अरे, ऐसी क्या बात है?..... पूछो न?

दुलारी की माँ : तुम दुलारी को चाहते हो न?

मोहन : ये आप कैसी बात कर रही हैं, पूछो।

दुलारी की माँ : दुलारी को मत बताना...

मोहन : (अचकचाकर) ये आप क्या...

दुलारी की माँ : और दुलारी भी तुम्हें चाहती है न?

मोहन : ये आप क्या कह रही है माँ जी। चाहने से क्या होता है? हमारी जात-बिरादरी तो एक नहीं है। आप कैसे मान जाएँगी? मेरे माँ-बाप कैसे मान जाएँगे?

दुलारी की माँ : सही बात है, तुम्हारे माँ-बाप का क्या पता? मानें न मानें। पर...

मोहन : क्या आप मान जायेंगी?

दुलारी की माँ : मैं तो मान जाऊँगी और तुम मान जाओ तो मैं तुम्हारे माता-पिता को भी मना लूँगी। और देखो... अगर तुम दोनों सचमुच एक-दूसरे को चाहते हो न, तो सुनो-प्यार से बढ़ कर कुछ नहीं है दुनिया में। न जात न पाँत।

मोहन : सो तो ठीक है माँ जी... मगर...

दुलारी की माँ : तुम्हें अपनी जात-पाँत का डर है...

मोहन : सच्ची बात तो ये है माँ जी कि मुझे आपका डर था कि कहीं आप इंकार न कर दें।

दुलारी की माँ : मैंने बहुत जमाना देखा है, बेटा। दुलारी के लिए तुमसे अच्छा लड़का और कहाँ मिलेगा? लेकिन तुम्हारे माता-पिता राजी नहीं हुए तो?

(दुलारी चाय लेकर आती है।)

दुलारी : क्यों नहीं राजी होंगे इने माता-पिता? स्कूल ही तो चलाएँगे, कोई कसाईखाना तो चला नहीं रहे।

मोहन : दुलारी, माँ जी राजी है...

दुलारी : (दोनों की ओर झाँकती है) ऐसी कोई बात नहीं है, माँ। मैं शादी नहीं करूँगी। मैं कोई नई मुसीबत खड़ी नहीं करना चाहती। न मोहन के सामने न आपके सामने।

दुलारी की माँ : मुसीबतों से जूझते रहने का नाम ही जिंदगी है। मुसीबतों से मैं न हारी हूँ न हारूँगी। तुम अपनी कहो। तुम अच्छाई और सच्चाई के लिए लड़ते हुए आगे बढ़ना चाहते हो? या बुराई और झूठ के सामने घुटने टेक कर घुट-घुट कर मरना चाहते हो? तुम दोनों तैयार हो या नहीं?

मोहन : माँ जी, जीना तो हम भी अपनी मर्जी की जिंदगी चाहते हैं, लेकिन हम आपको दुख नहीं देना चाहते।

दुलारी : मैंने तो जब से होश सँभाला है, आपको हमेशा दुखों से घिरा हुआ पाया है। हाड़तोड़ मेहनत, अपमान और मुसीबतें। मैंने मोहन से भी कह दिया कि मैं शादी नहीं करूँगी। आपके साथ रहूँगी और आपकी तरह लडूँगी इस जमाने से, बराबरी के लिए, सबकी अच्छी जिन्दगी के लिए।

दुलारी की माँ : ये तो ठीक है, लेकिन शादी इसमें कहाँ आड़े आ रही है। बल्कि भरोसे के साथी के साथ शादी से तो और ताकत बढ़ जाएगी। लड़ाई और आसान हो जाएगी। तुम्हारे विचारों में फर्क है क्या?

मोहन : नहीं माँ जी, विचार तो हमारे एक जैसे हैं? हम इस व्यवस्था को समझने और बदलने की लड़ाई लड़ना चाहते हैं। हम जानना चाहते हैं कि भले और मेहनती लोग दुख क्यों पाते हैं और बुरे और निकम्मे

लोग सुख क्यों भोगते हैं? ये जात-पाँत, ऊँच-नीच का भेदभाव क्यों है? और तो और स्त्री और पुरुष के बीच भी ऐसा भेद जैसे मालिक और गुलाम। क्यों है यह सब? यह गरीबी-अमीरी का मामला क्या है? क्यों थोड़े से लोग अमीर हैं और बाकी लोग गरीब? हम एक बेहतर समाज व्यवस्था के लिए समझना और लड़ना चाहते हैं। हमने तय किया है कि हम हमारे स्कूल को इस लड़ाई का आधार बनाएँगे।

दुलारी की माँ : इसमें शादी कहाँ आड़े आ रही है।

मोहन : हम नहीं चाहते कि एक और मुसीबत आपके सामने और अपने सामने खड़ी करें।

दुलारी की माँ : मेरी मुसीबत की परवाह मत करो। मुसीबत में तो मैं दुलारी की शादी नहीं हो पाई तब ज्यादा होऊँगी। तुम तुम्हारी कहो।

मोहन : मैं तो तैयारी हूँ माँ जी...

दुलारी की माँ : तो ठीक है, मैं तुम्हारे माता-पिता से बात करूँगी। उन्हें हर तरह से मनाऊँगी। लेकिन, ... नहीं माने तो?

मोहन : तो भी, मैं दुलारी के साथ ही शादी करूँगा। दुलारी शादी नहीं करेगी, तो मैं भी नहीं करूँगा।

दुलारी की माँ : क्यों री दुलारी?

दुलारी : (चुप रहती है)

मोहन : बोलो न?

दुलारी : (मुस्कुराती है) आपने कह तो दिया। माँ जैसा कहे, ठीक है। लेकिन मैं माँ को छोड़कर नहीं जाऊँगी।

मोहन : मैं आ जाऊँगा सबको छोड़कर।

दुलारी की माँ : नहीं, किसी को कोई नहीं छोड़ना पड़ेगा। अपना घर बसाना, किसी को छोड़ना नहीं है। हम सब मिलकर तुम्हारे घर वालों को भी मना लेंगे। वे मान जाएँगे। तुरंत नहीं तो बाद में सही, मुझे भरोसा है मान जाएँगे।... चलो, अन्दर चलो... अपने हाथ से हलुआ बनाकर खिलाऊँगी तुम्हें...

(दौलतराम का प्रवेश)

दौलतराम : ये मत समझ लेना कि मैं अपनी उधारी छोड़ दूंगा। एक-एक पैसा

वसूल करूँगा। चैन से नहीं बैठने दूंगा। बर्बाद कर दूंगा।

मोहन : दौलतराम तुम्हारी भलाई इसी में है कि यहाँ से चले जाओ....।

दौलतराम : जा तो रहा हूँ, लेकिन फिर आऊँगा।

(दौलतराम बड़बड़ाता हुआ चला जाता है।)

दुलारी की माँ : पगला गया है ..... आओ ..... तुम ता ओ .....

(सभी चले जाते हैं।)

(नट-नटी का प्रवेश)

नट : प्रेम से बढ़के दुनिया में कुछ भी नहीं
लेकिन ये एक लंबी लड़ाई भी है
प्रेम का रास्ता सीधा-सादा मगर
प्रेम जीवन की ऊँची चढ़ाई भी है

नटी : आगे बढ़ते चलो, ऊँचे चढ़ते चलो
मुश्किलें चाहे जितनी हों लड़ते चलो
एक होकर लड़ो इस व्यवस्था से तुम
और इसके लिए लिखते-पढ़ते चलो

(नाटक के सभी पात्र आकर सुर मिलाते हैं)

(सूत्रधार का प्रवेश, वह आगे आता है। शेष पात्र फ्रीज़ हो जाते हैं।)

सूत्रधार : तो यह था नाटक 'दुलारी की माँ'। आओ दुलारी की माँ जैसे बनें। दुलारी और मोहन जैसी हिम्मत करें। भेद चाहे आदमी-औरत का हो, चाहे जाति-वर्ण का, चाहे अमीर-गरीब का भेद कोई अच्छा नहीं। लेकिन भेदभाव समाप्त करना भी कोई आसान काम नहीं। राजी-राजी, हाथ जोड़कर प्रार्थना करने से कोई भी अपनी विशिष्ट हैसियत और अपनी सत्ता को त्यागने वाला नहीं है। न पुरुष, न सवर्ण, न अमीर और न सारी दुनिया को गुलाम बनाने के आकांक्षी। प्रतिरोध और संघर्षों से ही बदलेंगी विद्यमान अवांछित स्थितियाँ। शिक्षा-दीक्षा से ही पैदा होगी यह योग्यता। शिक्षा और आत्मनिर्भरता। प्रतिरोध और संघर्ष।

(सभी पात्र फ्रीज़ तोड़कर एक-साथ समवेत स्वर में)

कोरस : आगे बढ़ते चलो, ऊँचे चढ़ते चलो

मुश्किलें चाहे जितनी हों लड़ते चलो
एक होकर लड़ो इस व्यवस्था से तुम
और इसके लिए लिखते-पढ़ते चलो।

◆◆◆◆◆

नाट्य-रक्षक

शिवराम

पात्र :

सूत्रधार
गब्बर
झब्बर
कुमार
चुनाव अधिकारी
दर्शक एक
दर्शक दो
दर्शक तीन
नेता
पुलिस
विदेशी व्यक्ति
हिन्दी अनुवादक
नाट्य दल के सदस्य
अन्य दर्शक

सूत्रधार : नमस्कार, दर्शक वृंद नमस्कार!

नाटक में तनिक विलंब हो रहा है। कारण यह है कि हमारे नाट्य रक्षक विलंबित हो गए हैं। नाटक पर बढ़ते हमलों ने हमें प्रेरित किया कि 'अंगरक्षक' की तर्ज पर हम भी 'नाट्य रक्षक' रखें।

अब क्या करें, भावुक देश है न। किसी की भी भावनाएँ आहत हो जाती हैं और लोग लाठियाँ और त्रिशूल, बंदूक और रिवाल्वर लेकर आ धमकते हैं—नहीं होगा ये नाटक। यूँ संविधान में सबको अभिव्यक्ति का मूल अधिकार प्रदत्त है परन्तु भले लोग कहते हैं तुम इस तरह का 'चित्र' नहीं बनाओगे, इस तरह का 'सिनेमा' नहीं बनाओगे। यह 'नाटक' नहीं होगा, बंद करो इसे। तो हमने सोचा यदि 'नाटक' करने हैं तो 'नाट्य-रक्षक' भी रखने ही होंगे। हमने एक स्थानीय अखबार में

विज्ञापन छपवाया इंटरव्यू का दिन, समय, स्थान घोषित किया और देखा कि आधी बाँह की धारीदार बनियान पहने, गले में रुमाल बाँधे, स्टिक और छुरे लेकर अनेक नौजवान समय से पहले हाजिर हैं।

हमने उन्हें नाटक और रंगकर्म का महत्त्व बताया। सहयोग की माँग की तो वे बोले कि नाटक का महत्त्व तो इस देश का बच्चा-बच्चा जानता है। आदमी पैदा बाद में होता है 'नाटक' करना पहले सीखता है, रही बात सहयोग की, तो आज के जमाने में सहयोग की माँग करना भी एक नाटक ही है। तुम तो यह बताओ सेठ पगार कितनी दोगे?

मैंने उन्हें समझाया कि भाई नाटक की दुनिया में पगार-अगार जैसी कोई चीज नहीं होती। शो खत्म होने के बाद जैसे सब अभिनेताओं, कलाकारों को चाय-वाय पिलाते हैं, तुम लोग भी पी लिया करना। तो सवाल आया, चाय दिन में कितनी बार और वाय कितनी बोतल? मैंने स्पष्ट किया कि भाई चाय सिर्फ एक बार और वाय का मतलब बोतल से नहीं है। कभी-कभी कचौरी या नमकीन भी मँगा लेते हैं—वाय का मतलब उसी से है। तो, जनाब, एक नौजवान चाकू खोलकर उसी धार पर हाथ फेरता हुआ बोला—"चलो ठीक है। ब्लैक के लिए कितने टिकिट दोगे?" हमने बताया भाई यह सिनेमा नहीं है, नाटक है। यहाँ ब्लैक छोड़िए व्हाइट में भी टिकिट नहीं बिकते हैं। तो हुआ यह कि सब खिसक गए। रह गए हमारे गब्बर और झब्बर। उन्होंने नाटक में 'रोल' की मांग की और हमने कह दिया कि वे मंडली के माननीय सदस्य की तरह होंगे और उनके माफिक 'कैरेक्टर' निकलेगा तो 'रोल' भी देंगे।

बस क्या था...वह दिन था कि आज का दिन है। गब्बर-झब्बर हमारी मंडली के माननीय सदस्य हैं और 'शो' के दौरान नाटक की पूरी रक्षा करते हैं।

आज उन्हें देर हो गई है। नाटक में विलंब हो रहा है। अभिनेता बहुत देर से बन-सँवर कर तैयार बैठे हैं। आप शांतिपूर्वक देखने का आश्वासन दें तो हम नाटक शुरू करें?

दर्शक एक : कोई नेता नहीं है क्या भाई दर्शकों में? ... आश्वासन देना है।

नेता : अरे हाँ, हम देता हूँ आश्वासन ... पर खेला बढ़िया होना चाहिए... एकदम टाप क्लास।

सूत्रधार : धन्यवाद ... तो पेश है नाटक - सत्यवादी नेता हरिश्चन्द्र

(नाट्य दल आता है। सबने काली-धौली, नीली-पीली, लाल-हरी टोपियाँ धारण कर रखी हैं।)

कोरस : आओ प्यारी जनता आओ
रीझो हम पर, हमहिं रिझाओ
हम दिखलाएँ नाटक तुमको
तुम ताली बजती दिखलाओ

सूत्रधार : तालियाँ, दर्शको! तालियाँ।

(तालियाँ बजती हैं।)

कोरस : बजें दनादन ताली ऐसे
जैसे पावस में गरजें घन
नाचे हृदय हमारा ऐसे
जैसे नाचे मोर बीच वन
गाओ संग-संग तुमहुँ हमारे
संग-संग लगवाओ नारे

सूत्रधार : बोलो! हमारी नाटक मंडली की-

कोरस : जय!

सूत्रधार : बोलो! हमारे दर्शकों की-

कोरस : जय!

सूत्रधार : आज के आनन्द की -

कोरस : जय!

सूत्रधार : हाँ भाई...चलने दो आगे...

कोरस : हम दिखलाएँ करतब तुमको
करतब...करतब...करतब...
हम दिखलाएँ करतब तुमको
तुम ताली बजती दिखलाओ

सूत्रधार : तालियाँ, दर्शको! - तालियाँ

(तालियाँ बजती हैं।) शाबाश!

दर्शक एक : अरे इसमें काय की शाबाश! तुमने कहा बजाओ ताली और हमने बजा दी ताली।

दर्शक दो : हमसे तो कोई भी ताली बजवा लेता है। नेता भी और मदारी भी। यहाँ तक कि, शिलाजीत बेचने वाला भी।

दर्शक तीन : हमने और सीखा ही क्या है...बजा बेटा ताली...

सूत्रधार : बैठें...बैठ जाएँ आप...आप इस तरह हस्तक्षेप करेंगे तो नाटक कैसे आगे बढ़ेगा?...लो, वे आ गए।

गब्बर और झब्बर...

(गब्बर और झब्बर आते हैं और सूत्रधार के दाएँ-बाएँ खड़े हो जाते हैं।)

(गब्बर-झब्बर से) कहाँ इतनी देर कर दी? यहाँ दर्शक नाटक में शामिल हुए जा रहे हैं और तुम्हारा कोई अता-पता ही नहीं।

गब्बर : किसकी माँ ने इतना दूध पिलाया है कि हमारे नाटक में शामिल हो जाए।

झब्बर : *(खड़े हुए दर्शकों से)* अबे ओ, भाई साब! बैठ जा! और बैठकर चुपचाप देख।

(दर्शक एक, दो व तीन, बैठते नहीं बल्कि कुछ कहने को उत्सुक दिखाई देते हैं।)

गब्बर : अबे ओय...मैं पूछता हूँ - सुना नहीं क्या?

दर्शक एक : सुन लिया भाई साब, सुन लिया।

दर्शक दो : आप थोड़ा धीरे बोलते तो भी सुन लेते।

दर्शन तीन : आप विश्वास रखिए अंधे और बहरे लोग नाटक देखने नहीं आते।

गब्बर : तो तुम ऐसे नहीं मानोगे। झब्बर! कूद जा मैदान में और गिरेबान पकड़ कर बैठा दे इन्हें।

(दोनों दर्शकों के बीच कूद जाते हैं।)

सूत्रधार : अरे रुको! रुको! यह क्या कर रहे हो? ये हमारे दर्शक हैं, कोई उपद्रवी नहीं। हमारे तो भगवान हैं ये। इन्हीं के लिए तो हम नाटक तैयार करते हैं। इनके बिना नाटक कैसे हो सकता है।

गब्बर, झब्बर : फिर, हमें किसलिए रखा है?

सूत्रधार : ये तो संवेदनशील दर्शक हैं,नाटक में सहज ही शामिल हो गए थे। सबको एक लाठी से मत हाँका करो। हे दर्शको! हमें क्षमा करो और नाटक को आगे बढ़ने दो...नाटक को देखो, सुनो और महूसस करो... व्यवधान मत डालो।

दर्शक एक : भाई साहब, मैं सही कह रहा हूँ, जो लोग धौली टोपी वालों की सभा में ताली बजाते हैं वे ही काली टोपी वालों की सभा में भी ताली जा बजाते हैं।

दर्शक दो : सब समझते हैं कि हम उन्हें ही वोट देंगे। लेकिन हम किसी को वोट नहीं देते। हम तो जाते ही नहीं वोट डालने।

सूत्रधार : फिर भी आपके वोट पड़ जाते हैं। हारने वाला हार जाता है और जीतने वाला जीत जाता है।

दर्शक तीन : इसीलिए कह रहा हूँ, शाबाशी की नहीं हमें लानत की जरूरत है।

गब्बर : अबे, मैं देता हूँ तुझे लानत...

झब्बर : और लोग भी तो खामोश बैठकर देख रहे हैं। बैठ जाओ!

(दर्शक एक, दो, तीन बैठ जाते हैं।)

सूत्रधार : *(नाट्य दल से)* हाँ, तो...फिर शुरू...

कोरस : जैसे भी हो खेंचो पैसा
कुछ मत सोचो ऐसा वैसा
खाओ-पीओ मौंज उड़ाओ
मानवता को धता बताओ
रीति-नीति सब मिथ्याचारम
भोगवाद सच्चा आदर्शम
हम बतलाएँगे तरकीबें
तुम ताली बजती दिखलाओ
आओ प्यारी जनता आओ
रीझो हम पर हमहिं रिझाओ...
डूब जाओ नाटक में ऐसे... (आलाप)

दर्शक एक : जैसी डूबी देश की नय्या।

गब्बर : फिर बोला! फिर बोला तू...

झब्बर : नाटक उस्ताद कर रहे हैं और देश की नय्या तू डुबोएगा? उस्ताद मर गए हैं क्या?

गब्बर : बैठ जाओ...बैठ जाओ... *(दर्शक बैठ जाता है)* लास्ट वार्निंग... लास्ट ...एकदम लास्ट...

सूत्रधार : जारी रखो।...

(सूत्रधार नाट्य स्थल से चला जाता है)

कोरस : डूब जाओ नाटक में ऐसे
जैसे हृदय राग द्वेष में
भूल जाओ सुध-बुध सब अपनी
क्या रक्खा है हर्ष-क्लेश में
झूठा जीवन, नाटक सत्यम
वृथा परिश्रम सार्थक तिकड़म
हम दिखलाएँ तुम्हें करिश्में...

दर्शक एक दो व तीन : तुम ताली बजती दिखलाओ...बजाओ भईया ताली...

गब्बर : अबे तुम्हारी तो...

(दर्शक एक, दो व तीन बैठ जाते हैं)

(अभिनेता नाट्य स्थल से चले जाते हैं, गब्बर नाट्य स्थल पर आते हुए) तुम लोग समझते क्यों नहीं? डेमोक्रेसी की भी एक लक्ष्मण रेखा होती है। हमारी डेमोक्रेसी का हम पर ही उपयोग करोगे तो हमें तानाशाही चलानी पड़ेगी।

झब्बर : *(नाट्य स्थल पर आकर)* देखा... सब चुप बैठ गए।

गब्बर : हमारे ही दम पर होता है नाटक।

झब्बर : और हमें ही नाटक में रोल नहीं दिया जाता।

गब्बर : पिसे हम, जोखिम हम उठाएँ और नाम हो इनका!

(कुमार का प्रवेश)

कुमार : हो हो हो... मैं 'सत्यवादी नेता हरिश्चन्द्र' इस नाटक का नायक। जन-जीवन का उन्नायक।

गब्बर : ये क्या सत्यवादी-फत्यवादी लगा रखी है। कोई फड़कती हुई चीज दिखाओ।

झब्बर : आ गया है पहन के कुर्ता-धोती... सूत्रधार को भेज...

(सूत्रधार का प्रवेश)

सूत्रधार : अरे...रे...रे...रे... क्या कर रहे हो ये...हटो...हटो...नाट्य स्थल से ...

गब्बर : ये क्या हटो...हटो...लगा रखी है। मैं यह कह रहा हूँ कि कोई ढंग का नाटक दिखाओ। यह सत्यवादी-फत्यवादी नहीं चलेगा। झब्बर की भी यही राय है।

सूत्रधार : अपनी राय अपने पास रखो...और उधर जाकर अपना काम करो। नाटक का सूत्रधार मैं हूँ।

झब्बर : हम भी नाटक मंडली के माननीय सदस्य हैं।

गब्बर : क्या हमारा इतना भी हक नहीं कि हम नाटक के बारे में अपनी राय दे सकें?

झब्बर : दर्शकों को तो हमें ही सँभालना पड़ता है।

सूत्रधार : आज यह क्या हो रहा है। पहले दर्शक-देवता व्यवधान डाल रहे थे और अब हमारे अपने नाट्य रक्षक।

गब्बर : चलो मान लेते हैं नाटक तुम अपनी पसंद का करो लेकिन 'विलेन' का रोल झब्बर ही करेगा।

झब्बर : और 'हीरो' का गब्बर...फिर देखना क्या डायलॉग मारते हैं हम...डांस और फाइटिंग...कसम खुदा की लोग सिनेमा देखना नहीं भूल जाएँ तो मेरा नाम भी झब्बर नहीं।

सूत्रधार : चलो ठीक है, अगले नाटक में तुम्हें जरूर 'रोल' देंगे...

गब्बर : अगला नाटक किसने देखा है।

झब्बर : इसी नाटक में आज और अभी।

सूत्रधार : कैसी बात कर रहे हो तुम...तुम्हें न कहानी मालूम है न संवाद... न तुम्हें

नाटक का संदेश मालूम है न मकसद...न तुमने एक बार भी रिहर्सल किया है।

गब्बर : अब जो भी है। आज तो मुख्य भूमिकाएँ हम ही अदा करेंगे।

झब्बर : मुख्य भूमिकाएँ तो यूँ भी हर जगह हम ही अदा करते हैं। संसद से सड़क तक।

गब्बर : यह हमारा ही दम है कि सरेआम यूँ नाटक खेल लेते हो।

झब्बर : हम नहीं हों तो दो मिनट में टीन-टप्पर फेंक दें लोग तुम्हारे। बड़े आए 'सत्यवादी नेता हरिश्चन्द्र'।

गब्बर : नेता और सत्यवादी?

सूत्रधार : तुम मुझे डिक्टेट करने वाले होते कौन हो? नाटक का सूत्रधार मैं हूँ।

गब्बर : जाहिर है, सूत्रधार हैं तो डिक्टेट तो आप ही करेंगे। डिक्टेटर... लेकिन अब नहीं चलेगी तुम्हारी डिक्टेटरी नाट्य दल के लोग अब तुम्हारे गुलाम नही रहेंगे। डेमोक्रेसी के लिए लड़ेंगे।

झब्बर : कलाकारों का शोषण करते हो तुम। बदूतमीजी करते हो उनके साथ।

गब्बर : और वो दुलारी बाई, बेचारी शहर छोड़कर ही चली गई आपसे तंग आकर।

झब्बर : चंदे और आमदनी का हिसाब रखा है कभी, मंडली के सामने?

गब्बर : *(कुमार से)* अबे, तू इस तरह पोज़ बनाकर कब तक खड़ा रहेगा। नोर्मल हो जा।

झब्बर : इधर आओ सब जने... *(सभी कलाकार सहमे-सहमे से आने लगते हैं।)* ये बताओ कि क्या इस मंडली में ऐसे ही चलता रहेगा...?

गब्बर : अबे, बोलो...चुप्प क्यों हो?

(कलाकार एक-दूसरे की ओर झाँकते हैं)

झब्बर : ये देख...आँखें तक बोल रही हैं इनकी। तुम्हारी तानाशाही अब नहीं चलेगी।

गब्बर : आज पहले यह फैसला होगा कि तुम मंडली के सूत्रधार रहोगे या नहीं?

झब्बर : नाटक बाद में...

(सूत्रधार, गब्बर-झब्बर को कंधों पर हाथ रख कर एक ओर ले जाता

है।)

सूत्रधार : *(लगभग गिड़गिड़ाते हुए)* क्यों मेरी इज्जत उछाल रहे हो भाई! क्या चाहते हो तुम? अगले नाटक में बना देंगे तुम्हें 'हीरो' और 'विलेन'।

गब्बर : हर बार यही कहते हो...

झब्बर : और ऐसा अगला नाटक कभी नहीं आया...आज ही इसी नाटक में बनेंगे हम 'हीरो' और 'विलेन'...

ऐ...सांभा...कितने आदमी थे?

सूत्रधार : देखो नाटक होने दो। नाटक की सफलता में ही हम सबका भविष्य है...

गब्बर : और हमारा भविष्य है चौकीदारी...

झब्बर : और हमारा भविष्य है सूत्रधारी...

दर्शक एक : महाशय क्षमा करें, बहुत हो गया ये ड्रामा...नाटक शुरू करें।

दर्शक दो : अरे ओ श्रीमान् जी...बैठ जाइए...और देखते रहिए...नाटक शुरू हो चुका है...नाटक में नाटक...देखना...आगे क्या क्या मोड़ लेता है।

गब्बर : भाइयो और बहनो! अब समय आ गया है कि हमारी मंडली की 'कार्यपद्धति' को जनतांत्रिक बनाया जाए। दल के सूत्रधार का बहुमत से चुनाव हो...और यह काम हमें अभी करना है।

झब्बर : बोलो! कि, अभी करना है...! *(चाकू खोलता है)*

मंडली : करना है...

कुमार : *(भय से हकलाता है)* यह...यह...यह...कौन सा तरीका है...सूत्रधार जी...मुझे इस नाटक में...पहली बार 'नायक' की भूमिका मिली...और ये दोनों...

गब्बर : अबे 'नायक' - उधर खड़ा हो जा। उधर एक तरफ।

झब्बर : जब जनता चाहती है कि पहले सूत्रधार का चुनाव हो तो होगा... तू रोक सकता है इसे?

गब्बर : *(अट्टहास)* हा...हा...हा...हा... तो बोलो अब मंडली का सूत्रधार कौन होगा? मैं या उस्ताद?

सूत्रधार : यह क्या कर रहे हो तुम?

झब्बर : डेमोक्रेसी कर रहे हैं, डेमोक्रेसी।

गब्बर : और डेमोक्रेसी का तकाजा है कि फैसले बहुमत से हों। बोलो खुला मतदान चाहते हो या गुप्त मतदान।

झब्बर : अरे यार...तू भी...ये काये को गुप्त मतदान का लफड़ा करता है। अभी हाथ उठवाए देता हूँ।

गब्बर : चुनाव की न्यायसंगतता सिद्ध करने के लिए यह जरूरी है झब्बर कि चुनाव गुप्त-मतदान से ही कराए जाएँ।

झब्बर : अगर किसी को कोई एतराज है तो बोले...

(पीछे मुड़कर) खबरदार जो कोई बोला...

गब्बर : यानी किसी को कोई एतराज नहीं। देखा हमारे यहाँ डेमोक्रेसी की जड़े कितनी गहरी हैं।

सूत्रधार : यह जोर-जबर्दस्ती है, गुण्डागर्दी है, आतंकवाद है ये।

गब्बर : नहीं उस्ताद! ये जनतंत्र है। जनतंत्र में सारी दुनिया में ऐसा ही होता है। अब मैं चुनाव अधिकारी के लिए झब्बर भाई का नाम प्रस्तावित करता हूँ।

झब्बर : *(एक ओर ले जाकर, गब्बर से)* अरे, पागल हुआ है क्या? मुझे चुनाव अधिकारी बना देगा तो तेरा चुनाव कंपेन कौन चलाएगा? बूथ कैप्चरिंग कौन करेगा? फर्जी वोट कौन डलवाएगा?...

गब्बर : चुनाव अधिकारी अपना हो तो रिजल्ट में आसानी से हेराफेरी कराई जा सकती है।

झब्बर : तू रिजल्ट की चिंता मत कर। किसी को भी बना दे...सब मिमियाएँगे और जैसा कहूँगा वैसा करेंगे। ऐसा कर अपने तबलची भाई साब को बना दे... *(तबलची के पास जाकर)* बेचारे को आज तक तबला खरीद कर नहीं दिया इस सूत्रधार के बच्चे ने। ढोलक फटकारते उमर बीत गई बेचारे की और मेहनताना...'शो' के बाद एक कप चाय, वह भी पूरी नहीं 'कट'।

गब्बर : मैं चुनाव अधिकारी के लिए तबलची भाई साब 'वाह ताज' का नाम प्रस्तावित करता हूँ।

झब्बर : अब ताली बजाओ ताली... *(मंडली ताली बजाती है।)* और हर्ष ध्वनि

भी करो...हर्ष ध्वनि हा...हा...हा... *(मंडली के लोग हँसते हैं।)*

गब्बर : भारी करतल ध्वनि और हर्ष ध्वनि के साथ भाई साब 'वाह ताज' चुनाव अधिकारी के पद पर सर्वसम्मति से चुने गए।

झब्बर : *(तबलची से)* आइए...आसन ग्रहण करिए... *(आसन नहीं पाकर, किसी एक अभिनेता से)* क्यों बे तू दौड़कर एक कुर्सी नहीं ला सकता...

(अभिनेता दौड़ कर कुर्सी लाता है।)

ये लीजिए...आसन...ग्रहण करिए *(तबलची इस सम्मान से संकोच और लाज महसूस कर रहा है।)* अरे, लजाइए मत, ...बैठ जा... बैठ जा! और अब चुनाव करा दे... फटाफट...।

चुनाव अधि. : सूत्रधार के एकमात्र पद के लिए उम्मीदवार अपने नामांकन-पत्र प्रस्तुत करें।

गब्बर : लीजिए।

चुनाव अधि. : *(झब्बर से)* एक मिनिट...

(झब्बर निकट आता है। चुनाव अधिकारी उसके कान में कुछ फुसफुसाता है।) कोई और नाम आए तो इसी स्टेज पर रिजेक्ट कर दूँ। चुनाव का लफड़ा ही खत्म। निर्विरोध हो जाएगा।

झब्बर : नहीं! इस तरह तो जनतंत्र से लोगों का विश्वास ही उठ जाएगा। नाटक पूरा होना चाहिए। कथानक कदम दर कदम आगे बढ़ना चाहिए। कहानी में मोड़ और क्लाइमेक्स...सब कुछ होना चाहिए।

चुनाव अधि. : तुम तो नाटक के बारे में उस्ताद से भी ज्यादा जानते हो।

गब्बर : *(सूत्रधार से)* नामांकन-पत्र प्रस्तुत कीजिए, श्रीमान!

सूत्रधार : करो, जो जी में आए करो...गुण्डागर्दी से तुम सूत्रधार तो बन सकते हो। लेकिन याद रखो - नाटक नहीं कर सकते। कला का सृजन हुक्म से नहीं होता। मन से होता है मन से...

झब्बर : अस्तु वचन...आप ठीक कह रहे हैं भगवान। अब नामांकन-पत्र प्रस्तुत करें तो श्रेष्ठ रहेगा।

सूत्रधार : नहीं...मैं इस नाटक में शामिल नहीं हो सकता, जो झूठ की नींव पर टिका हो।

कुमार : फिर तो वह निर्विरोध जीत जाएगा...मेरा तो कैरियर ही चौपट हो जाएगा...आप 'सिच्युएशन' को फेस करें, सर...

देखना! लोग आपको ही वोट देंगे! अन्तिम विजय सत्य की ही होती है। आप ही कहते रहे हैं सर, कि सत्यमेव जयते।

सूत्रधार : इसका यह भी अर्थ है कि जय ही सत्य है, अभी सिद्ध हो जाएगा कि गब्बर-झब्बर हमारे समय के सत्य हैं और मैं असत्य। विजय से बड़ा सत्य और पराजय से बड़ा असत्य कुछ नहीं होता कुमार।

कुमार : नहीं सर...पराजय के डर से सत्य को मैदान नहीं छोड़ना चाहिए। हमें इस अनुभव से गुजरना चाहिए।

सूत्रधार : लाओ, कहाँ है नामांकन पत्र।

कुमार : यह रहा...यहाँ हस्ताक्षर कर दीजिए... *(चुनाव अधिकारी से)* लीजिए सूत्रधार जी का नामांकन। *(सूत्रधार और कुमार मंडली में जा बैठते हैं।)*

चुनाव अधि. : नामांकन का समय समाप्त। दो मिनिट बाद मतदान होगा। चुनाव से 5 सैकेण्ड पूर्व चुनाव प्रचार समाप्त हो जाएगा। दोनों पक्षों को चुनाव आचार संहिता पर सख्ती से अमल करना होगा।

गब्बर : अरे...वाह तबलची उस्ताद...तुम तो पूरे गुरु निकले... *(झब्बर को ढूँढता है...झब्बर कहीं निकल गया है।)* ये झब्बर ऐन टाइम पर कहाँ चला गया।

... ये सूत्रधार का बच्चा, चुनाव प्रचार में जुट गया और झब्बर... *(झब्बर दौड़ता हुआ आता है।)*

अरे, कहाँ मर गया था...चुनाव प्रचार नहीं करना है क्या? वह देख सूत्रधार मंडली के बीच जाकर जम गया है।

झब्बर : एक तरफ आ! *(एक ओर ले जाकर)* थाने गया था, थाने, पुलिस को सैट करने।

गब्बर : हो गई?

झब्बर : अरे होगी कैसे नहीं... मैंने बोल दिया कि गब्बर जीता तो समय से महीना पहुँचेगा क्या...?

गब्बर : तू भी क्या चीज है यार झब्बर... चल अब देर मत कर...चुनाव प्रचार शुरू कर...

झब्बर : भाइयो और बहनो! गब्बर भय्या से आपका दुःख देखा नहीं गया... नाटक का एक-एक अंश आपकी मेहनत से तैयार होता है। लेकिन जो भी आमदनी होती है, सब सूत्रधार जी गटक जाते हैं और आपको कला के लिए कुर्बानी का पाठ पढ़ाते हैं। हमें ऐसा सूत्रधार नहीं चाहिए... बोलो...हमें ऐसा सूत्रधार नहीं चाहिए...

मंडली : नहीं चाहिए।

झब्बर : अबे...जोर से बोलो -

मंडली : नहीं चाहिए।

झब्बर : हमारा सूत्रधार कैसा हो?

मंडली : गब्बर भइया जैसा हो!

झब्बर : जुलूस बनाकर चलो... *(जुलूस बनाते हैं)* जीतेगा भाई जीतेगा...

मंडली : गब्बर भइया जीतेगा...

झब्बर : अरे जोर से बोलो... सबको बोतल मिलेगी...कंबल मिलेगा...जीत गया और जीतेगा -

मंडली : गब्बर भइया जीतेगा।

(दूसरी ओर से कुमार और सूत्रधार आते हैं। साथ में एक अभिनेता और है।)

कुमार : सूत्रधार जी की -

अभिनेता : जय हो!

झब्बर : हो... हो... हो... हो... जय हो... शक्ल बंदर की, अक्ल गधे की ओर पेट सुअर का... कुछ भी खिलाओ, करेगा साला लैंडे ही लैंडे ... *(सूत्रधार चला जाता है।)*

कुमार : ऐ मिस्टर .... ढंग से बात करिए...

झब्बर : अबे तेरी तो ... ये बेढंगा हमें ढंग सिखाएगा... स्साले को सूंत दूँगा अभी...सब आंतड़िया बाहर आ जाएँगी। *(कुमार आक्रामक झब्बर से भयभीत होकर पीछे खिसकता है।)*

गब्बर : अरे छोड़ यार...सूंता-सूंती मत कर। देख बेचारे ने मूत दिया... ही ... ही... ही... ही...

(कुमार सूत्रधार को साथ नहीं देखकर परेशान होकर आवाज लगाता है।)

कुमार : सूत्रधार जी... सूत्रधार जी... सुनो! सुनो भाइयो! सूत्रधार जी का अपहरण हो गया है। अपहरण... अब तो हद हो गई है...

झब्बर : स्साला सिम्पैथी वेव लाना चाहता है, सहानुभूति लहर। गब्बर... तू लेट जा। भाइयो और बहनो - सूत्रधार ने गब्बर पर हमले के लिए हत्यारों को सुपारी दी। गब्बर पर जानलेवा हमला। सैकड़ों गोलियाँ जिगर के पार। खड़ा हो जा गब्बर... दिखा... दिखा... जनता जनार्दन को गोलियों के निशान दिखा... अबे लाल स्याही ... जल्दी लाओ... (एक अभिनेता लाकर देता है... झब्बर अपना रुमाल भिगोता है और गब्बर के कपड़ों पर जगह-जगह लाल निशान बनाता जाता है और गिनता जाता है।) एक ... दो ... तीन ... चार ... पाँच... छ... अरे कहाँ तक गिनाऊँ ... गोलियाँ ही गोलियाँ... जाहिर है हत्यारों ने ए.के.जी.-47 का इस्तेमाल किया... यानी सूत्रधार का पाकिस्तानी आतंकवादियों से संबंध ... हम तो पहले ही कहते थे ये कौम ही विश्वास के काबिल नहीं है... स्साला पाकिस्तान का एजेंट...

गब्बर : लेकिन डरने की अब कोई बात नहीं... सौ-पचास गोलियाँ तो क्या एटम बम भी गब्बर को नहीं मार सकता... (मंडली जोर-शोर से तालियाँ बजाती है।)

झब्बर : एक और महानायक का उदय... देख लेना गब्बर एक दिन पूरे देश को नेतृत्व प्रदान करेगा तू।

मैं कहूँगा-हमारा गब्बर... तुम कहोगे -

शेरे बब्बर...

हमारा गब्बर।

मंडली : शेरे बब्बर।

झब्बर : जीतेगा भाई जीतेगा

मंडली : गब्बर भइया जीतेगा

गब्बर : कार्यकर्त्ताओं का पूरा ध्यान रख झब्बर ... कितनी देर से प्रचार में जुटे हैं... इनकी थकान उतार...कहाँ हैं दारू की थैलयाँ... दे दे सबको, पाँच.

.. पाँच... बचेंगी जो घर ले जाएँगे... और चुनाव के बाद सबको दिहाड़ी के हिसाब से पैसे बाँट देना...

झब्बर : और उस्ताद कंबल!

गब्बर : हाँ कंबल भी बाँट दे, और कह देना किरन किराना स्टोर से दो दो किलो चावल लेते जाएँगे जाते वक्त...

(मंडली झूम कर हो ऽ ऽ ऽ ऽ शोर करती हुई उठती है और खुशी से नाचने लगती है। कुमार इस दृश्यक्रम को देखकर चला जाता है। झब्बर दारू की थैलियाँ बाँट रहा हैं, लोग पीते हैं और नाचने लगे हैं। नाचते हुए गाते हैं)

- राजा जी म्हाने साड़ी जम्पर दलाद्यो

- राजा जी म्हाने हरी-हरी चूड़ियाँ दलाद्यो

- राजा जी म्हाने नौलख हार मंगाद्यो

- राजा जी म्हाने बम्बई की चोली मंगाद्यो

- राजा जी म्हाने कोटे की कचौरी खिलाद्यो

गब्बर : झब्बर... कचौरियाँ बाँट दे सबको...कचौरियाँ... झब्बर कचौरियों की थैली किसी एक को पकड़ा देता है। वह कचौरियाँ बाँटने लगता है।

झब्बर : यार गब्बर... ये इतना माल कहाँ से आ गया। इतनी मोटी रकम कहाँ से हाथ लग गई यार... मुझे भी तूने कुछ नहीं बताया... झब्बर से छिपाता है।

गब्बर : इरा शहर के तमाम भले लोग इस मंडली के नाटकों से परेशान हैं। चाहे नेता हो या अफसर, पुलिस हो या पूंजीपति... सबके खिलाफ नाटक करता फिरता था ये सूत्रधार... जैसे ही उनको पता लगा कि गब्बर-झब्बर मंडली का कायाकल्प करने में लगे हैं, उन्होंने यह सारा सामन भिजवा दिया और कहलवाया है कि किसी भी चीज की और जरूरत हो तो बता देना। लेकिन ये सूत्रधार और इसके नाटक बंद होने चाहिए।

झब्बर : अभिव्यक्ति की स्वतंत्रता... क्या बात है यार गब्बर। मैं कहता था न एक दिन हमारी किस्मत जरूरत खुलेगी।

चुनाव अधि. : चुनाव प्रचार का समय समाप्त हो गया है। अब थोड़ी देर बाद मतदान

प्रारम्भ होगा।

(एक ओर पोलिंग बूथ बना दिया गया है। मतदाता पोलिंग बूथ पर जमा हो जाते हैं। अचानक झब्बर अपने झोले से बम निकालता है और बूथ के पास फोड़ देता है। भगदड़ मच जाती है। मतदाता भाग जाते हैं।)

झब्बर : *(चुनाव अधिकर से)* लाओ... कहाँ हैं मत-पत्र *(मत-पत्र उठाता है, और ठक्...ठक् मोहर ठोक कर मतपेटी में डाल देता है।)* हो हो हो हो... मतदान संपन्न... आप वैसे ही डर रहे थे न तबलची भाई साहब... मैंने कहा था न, कुछ नहीं होगा। धमाका होगा और धुँआ फैलेगा बस...

गब्बर : भगत सिंह ने कहा था- यह बम हमने बहरों को सुनाने के लिए फेंका है।

झब्बर : और हमने ये बम भीरूओं को भगाने के लिए फेंका।

(सूत्रधार और कुमार आते हैं।)

सूत्रधार : हो गया मतदान?

कुमार : मुझे वोट डालना है... मत-पत्र दीजिए।

चुनाव अधि. : आपका नाम?

कुमार : कुमार

चुनाव अधि. : आप तो वोट डाल चुके हैं जनाब। एक आदमी दो बार वोट नहीं डाल सकता।

कुमार : लेकिन, मैंने तो वोट डाला ही नहीं। देखिए, मेरी अँगुली पर निशान भी नहीं है।

झब्बर : अब हो सकता है मिस्टर कुमार, आपके तो अँगुली ही नहीं हो। वैसे जरा दिखाना अपनी अँगुली... *(हाथ खींचकर अँगुली पकड़ लेता है और चुनाव अधिकारी की मेज पर रखी स्याही से निशान लगा देता है।)* यह रहा न निशान... फर्जी वोट डालना चाहता है। चुनाव अधिकारी जी आप पुलिस को बुलाइए... पुलिस!

पुलिस *(पुलिस के दो सिपाही आते हैं।)*

पुलिस : क्या हुआ?

झब्बर : यह आदमी फर्जी वोट डालने की कोशिश कर रहा था।

पुलिस : अच्छा! अबे इतना भी नहीं जानता कि ये कानूनन जुर्म है। सिपाही! ले चलो इसे... थाने में बंद कर दो... जितनी भी लग सकती है... सारी दफाएँ लगा दो... ऐसा केस बना दो कि फिर कोई ऐसी हिम्मत न करे...

(दूसरा सिपाही कुमार को पकड़ कर ले जाता है। कुमार चिल्लाता रहता है- यह झूठ है... झूठ है ये... सूत्रधार भी बोलता है- आप पूरी बात तो सुनिए... यह क्या कर रहे हैं आप?...)

पुलिस : और गब्बर भाई, कैसा चल रहा है? कोई भी जरूरत पड़े तो खबर कर देना।

गब्बर : अरे... झब्बर.... *(इशारा करता है।) (झब्बर बची खुची दारू की थैली लेकर पीछे दौड़ता है।)*

झब्बर : *(लौटकर)* दे आया...

गब्बर : सूत्रधार जी आप तो डालिए अपना वोट।

सूत्रधार : मैंने कभी सोचा भी नहीं था कि एक दिन यह सब होगा।

झब्बर : वो तो महात्मा गाँधी ने भी कभी नहीं सोचा था।

गब्बर : आप तो वोट डालिए... वोट...

सूत्रधार : मेरा भी वोट डल चुका होगा... और नहीं डला हो तो तुम डाल देना ...

(जाने लगता है) यह मजाक है... जनतंत्र का फूहड़ मजाक...

झब्बर : अरे, कैसी बात कर रहे हैं आप... और कैसा होता है जनतंत्र? हमने तो जब से होश सँभाला है तबसे ऐसा ही देखा है...हर हारने वाला उम्मीदवार ऐसे ही आरोप लगाता है..

गब्बर : यह भी जनतांत्रिक प्रक्रिया का अंग है आरोप-प्रत्यारोप चुनाव याचिका,. .. फिर अदालतों से फैसला होने से पहले अगला चुनाव ... आप चाहें तो रिट लगा सकते हैं सूत्रधार जी!

सूत्रधार : हूँ... रिट... अपहरण, बूथ केप्चरिंग, दारू और रुपए...

गब्बर : और कंबल भी...लो *(दर्शकों से)* सुना आपने, अब दान करना भी पाप हो गया है।

झब्बर : बूथ केप्चरिंग के बिना क्या लगता भी कि यहाँ चुनाव हो रहे हैं। ये सब तो आम बातें हैं। बल्कि जनाब हत्याएँ भी। शुक्र मनाइये कि इस चुनाव में कोई हत्या नहीं हुई।

सूत्रधार : तो वह भी कर लीजिए...हत्या तो मेरी कर ही दी तुमने... लहू और बहा दीजिए।

गब्बर : जो कुछ हमने किया, वह सब करने के लिए आप भी तो स्वतंत्र थे। जनतंत्र सबको समान अधिकार देता है। लेकिन कोई उनका उपयोग ही न करे, तो क्या जबर्दस्ती की जाए।

झब्बर : फिर तानाशाही और जनतंत्र में फर्क ही क्या रह जाएगा।

सूत्रधार : जनतंत्र का यह दर्शन... मेरी कल्पना से बाहर था... मेरी कल्पना से यह भी बाहर था कि तुम सिनेमा के टिकिट ब्लैक से बेचने वाले इतना सब समझते हो...

झब्बर : ग्रेजुएट हैं हम... मिस्टर सूत्रधार... वे जमाने गए जब मैट्रिक फेल और मिडिल पास ही अहलकार हो जाया करते थे।

गब्बर : अब हमारे लिए ग्रेजुएशन और मास्टर डिग्री लेने के बाद भी यही धंधे बचे हैं।

सूत्रधार : तो मुझसे क्यों लड़ते हो... इस व्यवस्था से लड़ो, इसे बदलो।

झब्बर : अच्छा अब ज्यादा फिलासफी मत झाड़, वोट डाल वोट।

सूत्रधार : नहीं डालना मुझे वोट... ऐसे जनतंत्र में कोई विश्वास नहीं जताना चाहता मैं *(जाने लगता है)*।

झब्बर : *(सूत्रधार का हाथ पकड़ कर खींचते हुए)* अबे, वोट तो तेरा बाप भी डालेगा... वोट डालना हर नागरिक का राष्ट्रीय कर्त्तव्य है... चुनाव अधिकारी जी! लगाओ इसकी अँगुली पर निशान... और ठप्पा मार कर डालने दो इसके भी नाम का एक वोट पेटी में... *(चुनाव अधिकारी अँगुली पर स्याही का निशान लगाता है)* अब जा... फूट...

सूत्रधार : यह ठीक नहीं है। यह मत समझो कि लोग इसी तरह भेड़-बकरी बने रहेंगे... इसी तरह बर्दाश्त नहीं करते रहेंगे लोग... एक दिन आएगा... जब लोग भय और भ्रम से मुक्त होकर खड़े होंगे और उस दिन तुम

जैसों को बचाने वाला कोई नहीं होगा... *(सूत्रधार जाता है।)*

चुनाव अधि. : मतगणना पूरी हुई। गब्बर को दस और सूत्रधार को दो मत प्राप्त हुए। इस तरह गब्बर को आठ मतों से विजयी घोषित किया जाता है। (शोर करती हुई मंडली की भीड़ इकट्ठी हो जाती है। गब्बर को कंधों पर उठा लेते हैं। जुलूस निकालते हैं।)

झब्बर : गब्बर! अब शुरू हो जा। अब कर दे नाटक का ऐलान। ऐ म्यूजिक वालो, उधर जमाओ अपना ताम-झाम... और सुनाओ कोई फड़कता हुआ गाना... वो, लो... तूतक... तूतक... तूतियाँ हो जमालो...

गब्बर : ये क्या कर रहा है। दर्शकों पर अच्छा इम्प्रेशन जमा यार। शुरुआत में तो कोई देशभक्ति या धर्म-इंसानियत की बात कर...

झब्बर : *(प्रार्थना गाता है)* वह शक्ति हमें दो दयानिधे, कर्त्तव्य मार्ग पर डट जाएँ. ..

गब्बर : अरे यार... क्यों मजाक उड़वा रहा है... गीत तो वही रहने दे न जो सूत्रधार के नाटक में चल रहा था... कंटीन्यूटी बनी रहेगी यार...

झब्बर : कंटीन्यूटी बनाए रखनी है तो नाटक का प्लाट भी पहले ही तय कर लें...

गब्बर : एक आइडिया है... हम धार्मिक नाटक करें धर्म की रक्षा के लिए सन्नद्ध एक ग्रुप तेरा और एक ग्रुप मेरा। तू तेरे धर्म की रक्षा कर ... मैं मेरे धर्म की रक्षा करूँ...मेरा धर्म हिन्दू और तेरा मुसलमान ... या तेरा धर्म हिन्दू और मेरा मुसलमान... बोल कैसे रखेगा? फिर बाद में बुरा माने।

झब्बर : अरे कैसे ही रख ले यार क्या फर्क पड़ता है... अपना तो अब एक ही धर्म है-पद, पैसा और प्रतिष्ठा।

गब्बर : तो ठीक है मैं हिंदू, तु मुसलमान... मैं जुलूस लेकर आऊँगा...। घंटाघर वाली सड़क से गुजरेगा जुलूस... तेरे आदमी जुलूस पर पत्थर फेंकेंगे. .. मेरे आदमी मुस्लिम मोहल्ले में घुस जाएँगे... तुम अपने आदमियों को लेकर हिंदू मोहल्लों में... घुस जाना। आगजनी ...आगजनी...लड़ाई... झगड़े लाठी तलवारें बम-बंदूक...मारो-काटो ... सारे शहर में एक ही चर्चा हिंदुओं ने मुसलमानों को, मुसलमानों ने हिंदुओं को मारा। क्या मजा आएगा... कैसे-कैसे एक्साइटिंग सीन

बनेंगे... बीच में एकाध सीन ऐसे भी डाल देंगे कि एक हिंदू, मुस्लिम बच्चे को अपने यहाँ छिपा रहा है, एक मुसलमान एक हिंदू को अपने यहाँ पनाह दे रहा है... थोड़ी सी धर्मनिरपेक्षता भी हो जाएगी... और फिर रात भर तू और मैं। दारू और मीट... दुलारी और छन्नो... उधर कर्फ्यू...मिलिट्री... पुलिस...

झब्बर : फिर दी एण्ड कैसे करोगे?

गब्बर : एण्ड... एण्ड करेंगे ही नहीं... नो एण्ड... धारावाहिक... अब आगे अगले एपीसोड में देखिए... *(दोनों ठठाकर हँसते हैं।)*

झब्बर : तो शुरू... सबने समझ लिया नाटक... बस इसी के हिसाब से करना है... ठीक है...

गब्बर : हाँ तो हो जाओ शुरू

कोरस : *(अब सिर पर टोपियाँ नहीं हैं... गलों में रुमाल हैं... बदन पर धारीदार बनियान हैं)*

आओ प्यारी जनता आओ

रीझो हम पर हमहिं रिझाओ

हम दिखलाएँ नाटक तुझको

तुम ताली बजती दिखलाओ...

गब्बर : तालियाँ... दर्शकों... तालियाँ...

गब्बर : नहीं, मजा नहीं आया... पहले से ज्यादा जोर से बजनी चाहिए... हाँ शाबाश...

नेता : (दर्शको से चल कर नाट्यस्थल की ओर आगे बढ़ता है) वाह... वाह... भाई... वाह... क्या खेला है?

(नाट्यस्थल पर पहुँचकर) अरे हमकू पहचाना? असल में हमही हैं सत्यावादी नेता हरिश्चंद्र... अरे तुम तो हमहूँ से आगे निकल गए। भाई... करो! ऐसे ही नाटक करो... और किसी चीज की कमी हो तो हमको बताओ... सेठ धन्नालाल और हसरत अली दोनों से कह दूँगा। हर महीना दस-दस हजार चंदा की रसीद काट आना... बहुत हैं मंडली के खर्चे के लिए... कम पड़े तो और बताना...

और सुनो कुछ दो-चार गाने हमारी पार्टी प्रचार के लिए भी बनाओ

न? अगला चुनाव में हमारी पाटी के लिए काम करो... भाषण से ज्यादा खेला का फरक पड़ता है। अउर गीत भी तो होंगे.... हर कलाकार को दस-दस हजार देंगे... कम हैं... बीस-बीस देंगे... हह... हह... *(चला जाता है)*

झब्बर : गब्बर... ये स्साले सेठ धन्नालाल और हसरत अली हमकू क्यों चंदा देंगे. ..?

गब्बर : नेता जी उनके कारोबार में मदद करते होंगे और वे नेताजी के कारोबार में।

झब्बर : और नेताजी का कारोबार राजनीति... चुनाव कितना आसान हो जाता है सांप्रदायिक दंगे के बाद...

गब्बर : महँगाई-गरीबी-बेरोजगारी सबसे पीछा छूट जाता है... बस... एक ही बात रह जाती है...

झब्बर : हम मुसलमानों की रक्षा करेंगे।

गब्बर : और हम हिन्दुओं की।

झब्बर : इस तरह तो अपन नेता भी बन सकते हैं यार...

गब्बर : मिनिस्टर भी बन सकते हैं...

झब्बर : चीफ मिनिस्टर... प्राइम मिनिस्टर...

(विदेशी कलाकार और हिन्दी अनुवादक दर्शकों से आते हैं)

विदेशी : नो... नो जैंटलमैन... नो... नो...

अनुवादक : नहीं... नहीं... महाशय

विदेशी : लिसन टू मी...

अनुवादक : सुनिए... जरा सुनिए...

विदेशी : जस्ट वेट... वी आर कमिंग देयर

अनुवादक : थोड़ा इंतजार करें... हम वहीं आ रहे हैं

(नाट्यस्थल पर पहुँच कर)

विदेशी : यू सी, पालिटिक्स में कैरियर स्टेबल नहीं होता...

अनुवादक : स्थाई-स्थाई नहीं होता...

विदेशी : लेकिन कल्चर में परमानेंट होता है।

अनुवादक : संस्कृति में स्थाई होता है।

विदेशी : वंस यू मेक योर इमेज... नोबॉडी कैन डेस्ट्रॉय इट...

अनुवादक : बस एक बार अपनी छवि बनाओ फिर इसे कोई नहीं मिटा सकता...

विदेशी : बट यू माइंड इट... दी आडियेंस डजंट लाइक दी बोरिंग थिंग्स, दे वांट एंटरटेनमेंट।

अनुवादक : मगर ध्यान रखें... दर्शक उबाऊ चीजें पसंद नहीं करते उन्हें मनोरंजन चाहिए।

विदेशी : डांस... गाना... एण्ड लव स्टोरी...

अनुवादक : नृत्य... गाने और प्रेम कहानी

विदेशी : लवस्टोरी नाट आफ ओल्ड फैशन... दैट दी हीरो इज टेलिंग दी हीरोइन... फ्राम वन यार्ड डिस्टैंस... आई लव यू...

अनुवादक : प्रेम कहानी भी पुराने ढंग की नहीं... कि हीरो हीरोइन से गज भर दूर से कह रहा है कि मैं तुम्हें प्यार करता हूँ।

विदेशी : बट लाइक दिस... *(दो से लिपटते हुए और किस करते हुए)* डार्लिंग आई लव यू टू मच...

अनुवादक : बल्कि इस तरह (एक से लिपट कर चूमते हुए) डार्लिंग मैं तुम्हें बहुत-बहुत चाहता हूँ...

विदेशी : सैक्स रिलेशंस... मोर दैन वन पर्सन आर आलसो लाइक्ड बाइ दी ऑडिएंस

अनुवादक : दर्शक एक से अधिक लोगों से सैक्स संबंधों की कहानी को भी पसंद करते हैं।

विदेशी : दे आलसो लाइक वायलेंस... देयर इज थ्रिल...

अनुवादक : उन्हें हिंसा में भी मजा आता है उसमें एक खास प्रकार का रोमांच होता है।

विदेशी : इट इज योर रेसपोंसिबिलिटी टू मेक दी सोसाइटी मॉडर्न... आई वुड लाइक टू से... पोस्ट मॉडर्न...

अनुवादक : यह आपकी जिम्मेदारी है कि आप समाज को आधुनिक बनाएँ बल्कि उत्तर आधुनिक...

विदेशी : हम आपकी मदद करेगा...

अनुवादक : यूनिवर्सल ट्रस्ट से ये आपको दस लाख हर साल का फंड ग्रांट करा... देंगे...

झब्बर : दस लाख! गब्बर! दस लाख! *(अभिनेताओं से)* सुना आप लोगों ने दस लाख।

गब्बर : अब खूब खाएँगे-पीएँगे-मौज करेंगे-मस्ती और क्या? मस्ती और क्या? मस्ती तो समझते हो ना?

झब्बर : एड्स का ध्यान रखना पड़ेगा।

विदेशी व्यक्ति : नो प्राब्लम... कंडोम इज देयर... हा हा हा हा

अनुवादक : हा... हा... हा... हा... नो प्राब्लम... निरोध अपनाइये

झब्बर : हा... हा... हा... हा...

गब्बर : हा... हा... हा... हा...

अन्य अभिनेता

(एक साथ) : हा... हा... हा... हा... *(झुंड बनाते हुए)*

कोरस : हा हा हा हा... हा हा हा हा... हा हा हा हा...

दर्शक एक : हा हा हा हा... शटाप...

दर्शक दो : बंद करो ये हा हा, हा हा...

दर्शक तीन : *(दर्शकों से)* कैसे लोग हैं आप... सरेआम... सरेआम गुण्डों ने मंच पर कब्जा कर लिया और आप सभी चुपचाप देख रहे हैं।

दर्शक दो : सत्तालोलुप और धनलोलुप लोग हमारे सांस्कृतिक मंचों का अपने निहित स्वार्थों के लिए, अपसंस्कृति के प्रसार के केंद्र बना रहे हैं और आप देख रहे हैं। जरा सी भी जागरूकता नहीं है आपमें

झब्बर : ऐ जागरूक नागरिक... बैठ जा... नहीं तो चीर दूँगा।

दर्शक एक : तेरी तो ससुरे... *(नाट्यस्थल की ओर बढ़ते हुए)* तू हमें चीर देगा। तुझे ही पिलाया है तेरी माँ ने दूध... *(दर्शकों से)* आओ मेरे

साथ... *(दर्शक एक दो और तीन नाट्यस्थल पर पहुँच जाते हैं।)*

गब्बर : देखो तुम लोग झगड़ा करोगे तो खून खराबा हो जाएगा...

दर्शक एक : होगा ही खून खराबा तो... लेकिन सिर्फ हमारा ही नहीं... तुम्हारा खून भी बहेगा...

विदेशी व्यक्ति : व्हाइ यू आर सो एंग्री मैन?

अनुवादक : आप इतने नाराज क्यों हो?

दर्शक दो : *(झापड़ मार कर)* पहले तो तू समझ कि हम नाराज क्यों हैं।

दर्शक तीन : *(विदेशी को दबोचते हुए)* और तू भी समझ ले कि व्हाई वी आर सो एंग्री...

(दर्शकों में से कुछ और लोग भी नाट्यस्थल की ओर बढ़ने लगते हैं।)

झब्बर : देखो ये बात ठीक नहीं है।

दर्शक एक : और तुम कर रहे हो जो ठीक है।

गब्बर : मैं कह रहा हूँ... हट जाओ यहाँ से *(अन्य दो दर्शक गब्बर को दबोच लेते हैं।)*

दर्शक एक : हूँ... अब झब्बर दादा... तू बोल, तू क्या चाहता है।

झब्बर : अरे हम तो यार नाटक कर रहे थे... नाटक... तुम वैसे ही इतने इन्वाल्व हो गए यार... छोड़ो इन्हें छोड़ो भाई...

सूत्रधार जी! सूत्रधार जी!

अरे संभालो भाई... संभालो आपके दर्शकों को... ये तो सचमुच आक्रामक हो गए हैं।

(सूत्रधार का प्रवेश)

सूत्रधार : *(दर्शक एक-दो, तीन व अन्यों से)* छोड़ दो भाई...नाटक में दर्शकों का इतना इन्वाल्वमेंट भी घातक हो सकता है *(दर्शक कलाकारों को छोड़ देते हैं)* लेकिन इस घटना से हमारा यह विश्वास मजबूत हुआ है कि जनता एक दिन उठेगी और निहित स्वार्थी लोगों को धर दबोचेगी। एक ऐसी व्यवस्था के निर्माण के लिए आगे बढ़ेगी जिसमें कोई भूखा न सोए... सबके पास घर हो, सबको शिक्षा हो और सबको रोजगार। सभी जाति धर्म के लोग प्रेम और भाईचारे से रहें। जिन्दगी में अमन चैन

हो... और ऐसा जनतंत्र न हो कि असामाजिक तत्त्व सत्ता हथिया लें। सच्चा जनतंत्र हो। जिसमें तंत्र जन पर नहीं, जन, तंत्र पर नियंत्रण करता हो। नाटक की रक्षा... भाड़े के नाट्यरक्षकों से नहीं होगी। दर्शक ही उसकी रक्षा करेंगे...

धन्यवाद!

गब्बर और झब्बरः अब तो छोड़ो यार... नमस्कार!

◆◆◆◆◆

परिचय

स्वयं प्रकाश

जन्म	:	20 जनवरी, 1947, इंदौर, मध्यप्रदेश।
मंचीय नाटक	:	फीनिक्स, घर-कैद, इतिहास से पहले, चौबोली।
नुक्कड़ नाटक	:	नई बिरादरी, सबका दुश्मन, अशोक चक्रवाली साइकिल।
सम्पर्क	:	3/33, ग्रीन सिटी, ई-8, अरेरा कॉलोनी, भोपाल, मध्य प्रदेश - 462039
दूरभाष	:	07552562960

नई बिरादरी

स्वयं प्रकाश

नाटक मंडली का समूह गान

पैदा होने से पहले, किसने किससे पूछा था
वह कौन सा मजहब लेगा, वह कौन जात चाहेगा।
पूछा होता भी मानो, तो कौन भला यह कहता
मुझको अछूत होना है, मुझको हरिजन बनना है।
फिर भी हरिजन होना ही हम लोगों की गलती है,
हम मजबूरों को जिसकी हर रोज सजा मिलती है।
सबकी सेवा करते हैं, फिर भी पीटे जाते हैं,
मल-मूत्र उठाते सबका, फिर भी गाली खाते हैं।
छाया से मात्र हमारी, जो दूषित हो जाते हैं
वे खून हमारा हँसकर, खुश होकर पी जाते हैं।

(मंडली में से एक अधेड़ धूड़ा और उसकी पत्नी रमिया उठकर आगे आते हैं। धूड़ा आगे कुछ सोचता हुआ-सा बोलता है।)

धूड़ा : वे खून हमारा हँसकर खुश होकर पी जाते हैं। (रमिया से) क्यों पी जाते हैं?

(एक ओर से गाँव का भूस्वामी ठाकुर मूँछों पर ताव देता हुआ आता है।)

ठाकुर : चोप्प! बदमाश साला! जबान चलाता है? अपनी औकात देखी है? तेरे बाप-दादे हमारी जूतियाँ चाटते मर गए, और तुम साले... तुम्हारे पंख निकलने लगे हैं! ठाकुर उखाड़सिंह के आगे बोला? जबान खींच लूँगा। जमीन में गाड़ दूँगा। खाल खींचकर भूसा भर दूँगा। साले नमकहराम! धड़म-धड़म धड़म-धड़म...

(दूसरी ओर से रामनामी ओढ़े, माला जपता हुआ ब्राह्मण आता है)

ब्राह्मण : ओछे आदमी की ओछी बुद्धि! चुप रहने की शालीनता पाए भी कहाँ

से? बेचारा! इसकी रचना ही इसलिए हुई कि सेवा करे और गुण गाए! पर बुरा हो इस कलयुग का....राम राम!

मनु मनु! शाश्वत नियम है महाराज! ब्रह्मा के मुख से ब्राह्मण की उत्पत्ति हुई...भुजाओं से...भुजाओं से गड़म गड़म...अड़म्...बड़म्...गड़म् अड़म वड़म् शड़म्...वेदपाठी ब्राह्मणों का वंशज हूँ महाराज! अड़म् बड़म् शड़म्! (तीसरी ओर से बगल में बहीखाता दबाए...कुछ...हिसाब लगाता हुआ बनिया आता है।)

बनिया : देख भई! तू बकबक करे तो मुझे कुछ नहीं। क्या? पर इतना ध्यान रखना कि तेरे बाप ने अपनी माँ का मौसर किया था तब मुझ से सौ रुपए लिए थे। कितने? सौ जो अब पाँच हजार सात सौ इक्कीस हो गए हैं। जमीन तो तूने मुझे दे दी, मैंने बेच भी दी...ठाकुर साहब को ...सूद पर सूद ही नहीं पटा, मूल की छोड़! और अभी तेरे पास घर भी तो है। फिर ये भी नहीं बचा तो भी कुछ नहीं...तुम दोनों की जिंदगी भर हमारे यहाँ काम करना...भगवान सब देखता है, धंधे में बाप का भी लिहाज नहीं अभी तो तेरी घरवाली मरेगी, तब भी नुक्ता करने के लिए मैं ही दूँगा न तुझे पैसे? या काँग्रेस देगी? क्या? गड़प गड़प... सच्ची बात है...गड़प गड़प...अपना मुखारबिंद संभालकर रखा कर ... गड़प गड़प... भई बुरा मत मानना...गड़प गड़प...

(चौथी ओर से सूट-बूट पहने अफसर पाइप पीता हुआ आता है)

अफसर : कितनी योजनाएँ बना रखी हैं सरकार ने तुम्हारे लिए? कुछ पता भी है? बाबा रामदेव जी को जितने मिले सब ढेड़ ही ढेड़! विकास भी करने को मिला तो कौन? हरीजन! जो खुद ही कूड़े में पड़ा रहना चाहे उसका कोई क्या उद्धार करे? हम कहते हैं तू आ, हम तुझे स्कीम बताते हैं। ले जा पाँच तरह के फार्म। पाँच-पाँच कापी टाइप कराके, एफिडेविट बनाके, अटेस्ट करवाके, एम.एल.ए. से रिकमंड करवाके जस्टीफिकेशन और बोनाफाइड और फीसिएबिलिटी सर्टिफिकट लगा के ले आ। थोड़ी बहुत अँग्रेजी तो आती ही होगी। आ हम करते हैं तेरा विकास पर नहीं साहब, तो वो कहते हैं न कि सूअर को चाहे राजगद्दी पर बिठा दो, छप्पन पकवान परोस दो, खाएगा ही ट्टटी ही!

(रमिया और धूड़ा उन चारों की बातों से हैरान-परेशान थककर उनके घेरे में बैठ जाते हैं। सूत्रधार आगे आता है।)

सूत्रधार : तो देखा आपने मेहरबान! आजाद भारत के ये पहलवान! कैसे उस भोले आदमी के नजदीक आते हैं। कभी धमकाते हैं कभी ललचाते हैं। कोई करना चाहता है इसका विकास! और कोई करना चाहता है इसका विनाश! विकास हो या विनाश! दोनों में है सिर्फ उसी का सत्यानाश! वह थोड़ा-थोड़ा इसे समझने भी लगा है पर अभी-अभी सदियों की नींद से जगा है। आलसी नहीं है, पर सोच में पड़ा है। पीढ़ी दर पीढ़ी के संस्कारों में जकड़ा है, सोचना शुरू हो गया पर नतीजे तक नहीं आ पाता। संगठित है न शिक्षित, इसलिए कुढ़ता तो है पर जूझ नहीं पाता इसी चक्कर में कैसे होता है हलाल। इसके आगे नाटक में देखेंगे आप हवाल!

(सूत्रधार हट जाता है। रमिया और धूड़ा पहले की तरह बैठे हैं)

ठाकुर : अरे धूड़ा! ओ धूड़ा! सो गया क्या? खेत को पानी कौन लगाएगा? तेरा बाप?

धूड़ा : मालिक! सुबह से खटते-खटते कमर दोहरी हो गई है। दो रोटी पेट में डाल लूँ...

ठाकुर : और उधर जानवर भूखे खड़े रहें तो कुछ नहीं? चल पहले उन्हें खिला, काम निपटा कर...

धूड़ा : मालिक...

ठाकुर : और सुन! रमिया को हवेली भेज देना...पैर दबा जाएगी। दिन भर पड़े-पड़े ससुर... (जाता है।)

रमिया : मैं नहीं जाऊँगी।

धूड़ा : क्यों?

रमिया : तू भी मत जा देखते हैं क्या कर लेगा?

धूड़ा : वो मालिक हैं! सब कुछ कर सकते हैं। देखा नहीं पिछले साल सुरसती और गनेशी की लाश कहाँ मिली?

रमिया : जब मरना ही है तो एक बार क्यों न मर जाएँ?

धूड़ा : गेली है, मान। रोटी बाद में आकर खा लेंगे तो मर नहीं जाएँगे। मैं जा रहा हूँ।

ब्राह्मण : अरे धूड़ा! ओ धूड़ा! तेरा सत्यानाश! आज हमारी यज्ञशाला के पीछे

की घास काटने को कहा था, कान से सुना, कान से निकाली? कल सुबह जामवंतपुर से पाखंडानंद जी महाराज पधार रहे हैं, देखेंगे तो क्या सोचेंगे? कितना गंदा ग्राम है। सबकी नाक कटेगी, कि नहीं? चल बेटा! जरा चलकर सफाई कर दे।

धूड़ा : महाराज! मैं रोटी...

ब्राह्मण : राम राम! भोजन में इतनी आसक्ति? यह तो अग्निकुण्ड है पागल। कभी तृप्त नहीं होगा। ब्राह्मण की सेवा का अवसर मिल रहा है और तू पेट के बारे में सोच रहा है! छिः छिः आ जा तर जाएगा। हमें देख, हमने खुद तीसरे पहर के बाद कुछ नहीं खाया, पंडिताइन बुला रही थीं, पर आ गये। पहले काम... फिर जो है सो... मैं चलता हूँ। आ जा। (जाता है)

रमिया : पंडित जी का काम तो करना ही पड़ेगा।

धूड़ा : नहीं करूं तो क्या कर लेगा?

रमिया : बामन के शाप से धरती भसम हो जाती है, पहले ही खोटे नसीब की जून भुगत रहे हैं। क्यों मुसीबत न्यौतते हो? उसके साप से मेरे रामेसर को कुछ हो गया...

धूड़ा : रामेसर को कुछ नहीं हो सकता, मैं कहे देता हूँ बस।

रमिया : तेरे कहने से क्या होता है?

धूड़ा : होगा, बस एक बार रामेसर शहर से पढ़कर आ जाए, फिर मेरे कहने से भी होगा, बहुत कुछ।

बनिया : अरे कोई है? ओ धूड़ाजी? मर गया क्या?

धूड़ा : कौन है?

बनिया : जिंदा है, जै लक्ष्मीनारायण की। मैंने सोचा, गया मेरा कर्जा। धूड़ाजी, बाहर आइए।

धूड़ा : क्या बात है सेठजी? इसी रात कैसे तकलीफ की?

बनिया : बाहर आइए फिर बताते हैं, मूं क्या देख रहा है मूरख? बाहर आ। (धूड़ा बाहर आता है, सेठ उसके कंधे पर हाथ रखकर एक तरफ ले जाता है)

बनिया : वल्लभपुर में हमारे एक आसामी थे, लादाजी कौन?

धूड़ा : लादाजी।

बनिया : हाँ, लादाजी मेघवाल। बड़ी खुशी की बात है कि आज मर गए।

धूड़ा : हैं!!

बनिया : नहीं खुशी की नहीं, दुख की बात है। काहे की?

धूड़ा : दुख की।

बनिया : हाँ, पर एक तरह से देखा जाए तो खुशी की भी है। उन पर हमारा पुराना कर्जा था। दस रुपए का कितना?

धूड़ा : दस रुपए का।

बनिया : जो बढ़ते-बढ़ते साढ़े सात सौ हो गया था, चाँदी-जानवर-जमीन सब हम ले चुके थे। जोरू भी, पर अब उसमें भी कोई दम की बात बची नहीं थी।

धूड़ा : सेठजी तुमने चढ़ा तो नहीं रखी है?

बनिया : गले में अटकी हड्डी थी रे, न नीचे जाए न बाहर निकले। आज आया। जरा सा मेरा धक्का लगा और गिर गया। गिर गया और मर गया।

धूड़ा : मर गया?

बनिया : एकदम मर गया, ठंडा हो गया। आदमी की जान जाने में कितनी देर लगती है? खुश रहो ऐ मेरे वतन के लोगों, वो क्या कहते हैं के हम तो सफर करते हैं।

धूड़ा : तो सेठजी, पुलिस आएगी!

बनिया : तू सुन तो। अब मरने वाला तो मर गया, लाश हमारे दरवज्जे पर ही छोड़ गया बेवकूफ!

(चुप्पी)

धूड़ा : तो आप यहाँ क्यों आए हो?

बनिया : छोटा सा काम है, अब हम तो लाश को कैसे हाथ लगाएँ? तू जरा उसको घसीटकर बावड़ी तक छोड़ आ!

(धूड़ा गुस्से से देखता है, बीड़ी जलाता है)

बनिया : नाराज क्यों होता है? चल बावड़ी तक न सही मस्जिद तक ही पटक आ।

धूड़ा : सेठजी, थोड़ी परलोक की भी सोचो! वहाँ सबको हिसाब देना पड़ेगा। आदमी आखिर आदमी होता है। कोई ढोर मरा हो तो हम घसीट कर भी ले जाएं... पर आदमी? छिः छिः! शरम करो सेठजी!

बनिया : अरे शरम-वरम बाद में कर लेंगे। कब? बाद में कर लेंगे। अभी तो सवाल उस हत्या को हटाने का है।

रमिया : (भीतर से) अरे क्या करने लगे? रोटी नहीं खानी?

धूड़ा : आया।

बनिया : तू ये मत समझ के मैं तुझ से बेगार करवा रहा हूँ! पैसे दूँगा।

धूड़ा : नहीं नहीं सेठजी! ये काम मेरे से नहीं होगा।

बनिया : (जेब से पैसे निकाल कर) ये सौ का नोट है। कितने का? सौ का। इसके एक सौ एक-एक के नोट आ सकते हैं और चार सौ पावलियाँ कितनी? चार सौ सब तेरे! जा! (धूड़ा की मुट्ठी में ठूँसने लगता है।) सब दिए, सफाई से काम करेगा और अपना मुखारविंद बंद रखेगा तो हम तेरे कर्जे-वर्जे भी माफ कर देंगे, एकदम टोटल, क्या? कितने? टोटल!

धूड़ा : नहीं सेठजी, मैं ऐसे काम में नहीं फँसता।

बनिया : अरे डोफा! जरा से कचरे को यहाँ से उठाकर वहाँ पटकने के एवज में मैं तेरा सारा कर्जा माफ कर रहा हूँ। तू क्या सोचता है, मैं किसी और से नहीं करवा सकता? सौ तैयार हो जाएँगे तेरे भाई, पण तू अपना ही आदमी है इसलिए...

धूड़ा : सेठजी, तुम चलो। मैंने रोटी नहीं खाई है। खाकर देखूँगा।

बनिया : क्या देखेगा?

धूड़ा : जँचेगी तो आ जाऊँगा।

बनिया : अरे जँचा ले अभी, रोटी की फिकर मत कर, तर माल छकाऊँगा। (जेब से आधी भरी बोतल निकाल कर) ये देख। है न? के नहीं है? (धीरे से) एक और पड़ी है घर पे।

रमिया : अरे सुनो!

धूड़ा : मैं रमिया से पूछ लूँ।

बनिया : अँगरेजी है साले! पर तुम्हारे भाग में कहाँ! लुगाई की अक्कल में चलते

तो हम भी तुम्हारी तरह दूसरों की टट्टी ही उठाते! नामर्द कहीं का, जा मर... (जाने लगता है)

रमिया : (बाहर आकर) अरे अब चलो भी।

धूड़ा : सेठजी ठहरो। चलो, मैं तैयार हूँ।

(सेठ मुस्कराता है, रमिया विस्मय से देखती है, धूड़ा दुविधा में होकर भी चल पड़ता है। फ्रीज़।)

सूत्रधार : दारू की प्यास जगाई और मुजरिम उसे बनाया,
छप्पन पकवान परस के, भूखा ही उसे उठाया।
छल-छद्म छिछोरी छलना, ये हैं सेठों की माया,
कर्जा माफी का लालच दे जेल उसे भिजवाया।

(रमिया माथा पकड़ कर रो रही है, विलाप कर रही है सेठ, पंडित, ठाकुर और अफसर उसके चारों तरफ घूम-घूमकर तमाशा देख रहे हैं)

रमिया : अरे मार दिया रे! गरीब के पेट पर जूता रख कर खड़ा हो गया। अरे तेरा सत्यानाश जाए मेरे मरद को जेहेल भेज दिया, हत्यारे ने हमको मार डाला रे! तेरी मट्टी खराब हो, तेरे कीड़े पड़ें, तेरा सत्यानास जाए! अरे झूठा फँसा दिया रे! मेरे मरद को दारू पिलाकर गिरफ्तार करा दिया रे! अरे इस खूनी को भगवान देखेगा! तेरी लास में कीड़े पड़ेंगे अरे रामेसर रे ऽ ऽ ऽ ऽ गरीब को मार डाला रे ऽ ऽ ऽ!

अफसर : इसे हमारी सहायता की आवश्यकता है।

ठाकुर : हमारे होते हमारी प्रजा ऐसा विलाप करे ऽ हम पर लानत हैं।

ब्राह्मण : दान करो महाराज! दान से बड़ा कोई धर्म नहीं, ऐसे ही अवसरों पर धर्म का पालन करने से लोग दानवीर कहलाते हैं।

बनिया : भई कर्जा तो मैं छोड़ दूँगा। थोड़ा सा क्या? थोड़ा सा। जमीन आप छोड़ दो! बेचारी का गुजारा हो जाएगा।

(चारों रमिया के गिर्द उसकी तरफ पीठ फेरकर खड़े हो जाते हैं)

अफसर : गाँव में तरह-तरह की अफवाहें फैल रही हैं।

ठाकुर : कुछ देर में पुलिस आ जाएगी। अब वो जमाना तो रहा नहीं जब हमीं...

ब्राह्मण : अदालत सच नहीं, गवाह देखती है महाराज! जहाँ लाठी काम नहीं आती वहाँ...

बनिया : अपना बरसों का साथ है! मैंने आड़े वक्त पर आपका साथ निभाया है अब आप मुझे अकेले मत छोड़ देना!

अफसर : अभी उसे सजा कहाँ हुई?

ठाकुर : हो जाएगी।

ब्राह्मण : करमगति टारे नाहिं टरै!

बनिया : मेरी लाज आपके ही हाथ है महाराज!

(चारों एक-दूसरे के हाथ पकड़कर घेरा बना लेते हैं)

रमिया : अरे मार डाला रे! झूठा फँसा दिया रे, हम तो पहले ही मरे हुए हैं, हम क्या मारेंगे किसी को। अरे इस हत्यारे को भगवान देखेगा। कीड़े पड़ेंगे। निपूता मरेगा। अरे गरीब को बर्बाद कर दिया रे! कोई तो इंसाफ करो...

(एक कोने में दो युवक आकर खड़े हो जाते हैं)

एक युवक : (वहीं से) अपनी पवित्र नफरत को इस तरह बरबाद मत करो! माँ!

(सेठ, ठाकुर, अफसर और ब्राह्मण उठ कर भाग जाते हैं। रमिया उठकर युवक के पास जाती है)

रमिया : (युवक से) कौन हो? कौन हो तुम?

युवक : मैं रामेसर का...

रामेसर : ये मेरा दोस्त है, मेरे साथ पढ़ता है। शाम को एक स्कूल में पढ़ाता भी है।

रमिया : है कौन? तुम हो कौन?

युवक : आदमी हूँ।

रामेसर : ब्राह्मण है।

युवक : हैं नहीं, था। जब पैदा हुआ। अब आदमी हूँ, जाति सूचक पुछल्ले फेंक दिए।

रामेसर : थाने में किसने रपट कराई माँ?

(रमिया चुपचाप अपनी जगह जाकर सिर पकड़कर बैठ जाती है)

रमिया : क्या करेगा कोई? ऊँची जात वाला हमारी क्यों मदद करेगा? शहर वाला हमारी क्या मदद करेगा?

रामेसर : माँ!

(रमिया रामेसर को पास बुलाती है और समझाती है)

रमिया : क्यों इन लोगों की बातों में आता है? ये शहर वाले तुझे भी बाबू साब बना देंगे। पराया बना देंगे! ये तो उन्हीं की तरफ से बोलेंगे। मौका पड़ने पर ठाकुर और बनिये की तरफ। उसकी मीठी-मीठी बातों में मत फँस।

रामेसर : ये ऐसा नहीं है, माँ।

युवक : मैं ऐसा नहीं हूँ माँ। मैं आपके लिए...

रमिया : क्या कर सकते हो तुम हमारे लिए? छांग-चराने जा सकते हो? घास-चारा काट सकते हो? गाय का दूध काढ़ सकते हो? कटाई-बुवाई-निराई-गुड़ाई कर सकते हो? (स्वर तेज होता जाता है) मेरे जानवर का चमड़ा उतार सकते हो? जूतियाँ गाँठ सकते हो? ठाकुर-ठकुराइन के बदन पर मालिश कर सकते हो? भूखे रहकर बच्चे को शहर में पढ़ा सकते हो? मेरे मरद की जगह जूते-गाली खा सकते हो? मेरी जगह अपनी देह तुड़ा सकते हो? हमारे माथे का लेख बदल सकते हो?

रामेसर : माँ ऽऽ

रमिया : क्या कर सकता है ये हमारे लिए?

युवक : मैं तुम्हारी तरफ से अर्जी लिख सकता हूँ।

(तीनों चुप हो जाते हैं)

रमिया : (रामेसर से) ये रोटी कहाँ खाएँगे?

रामेसर : क्यों? हमारे साथ।

(रमिया रामेसर को, रामेसर युवक को, युवक रमिया को देखते हैं। रमिया एक पोटली उठा लाती है। तीनों साथ बैठ कर खाने लगते हैं। थानेदार, बनिया और ब्राह्मण आते हैं।)

थानेदार : शड़प शड़प! अब हम आ गए हैं याने की कोई माई का लाल भागने न पावे। शड़प!

(हवा में संटी घुमाता है। तीनों खाना छोड़ कर खड़े हो जाते हैं)

बनिया : ये! ये उसकी लुगाई। और वो उसका छोरा।

थानेदार : शड़प! हम जानते हैं, याने कि तुम धूड़ा वल्द भूरजी की घरवाली हो?

(रमिया सिर हिलाती है)

...हाँ याने की (इधर-उधर देखकर) उस पर मर्डर का चार्ज है। हम मामले की तहकीकात करेंगे, तुम्हारे यहाँ कोई टेबुल-कुर्सी नहीं है? यहाँ कितनी बदबू आ रही है, औरत! तुम हमारे पीछे-पीछे हवेली आ जाओ, याने की शड़प! वहीं तहकीकात होगी।

रामेसर : हवेली?

बनिया : ठाकुर साहब की हवेली।

ब्राह्मण : ठाकुर साब इनके मौसेरे भाई हैं।

बनिया : सारा इंतजाम वहीं है।

ब्राह्मण : डरने की बात नहीं है रमिया! हम हैं न!

(अफसर आता है)

अफसर : (थानेदार से) सर...वो चाय के लिए...

थानेदार : शड़प, पहले मौका देखना पड़ेगा।

बनिया : हुजूर! वारदात तो पहले यहीं हुई है। इसी घर में। इसी जगह।

ब्राह्मण : मैंने खुद देखा महाराज! अपनी आँखों से राम राम! पैसों के लिए हत्या!

बनिया : मुझ से ही तो पैसे ले कर लादाराम ने इसको दिए थे। दोनों पिए हुए भी थे। बात बढ़ गई।

ब्राह्मण : राम-राम? ऐसा भी क्या नशा!

अफसर : तभी, तभी मैं कहूँ धूड़ा मुझ से पंद्रह सौ रुपए अचानक क्यों माँग रहा था!

थानेदार : कब की बात है ये?

अफसर : कल शाम की तो, मैं बी. डी. ओ. साहब के साथ ....

थानेदार : शड़प! सब शड़प! ये सारी बकवास वहीं चलके करना, मेरा बदबू के मारे सिर फटा जा रहा है याने की चलिए आप लोग, औरत! जल्दी आ जा।

(सब जाने लगते हैं)

युवक : रुकिए।

(सब चौंकते हैं)

युवक : ये वहाँ नहीं आएँगी, आपको जो कुछ पूछना हो यहीं पूछिए।

थानेदार : ये कौन है?

ब्राह्मण : पहले कभी देखा नहीं। इस गाँव का तो नहीं लगता।

बनिया : तू कौन है भई? लाड़ी की भूआ?

रामेसर : ये मेरा दोस्त है।

थानेदार : शड़प! दोस्त क्या होता है? नाम क्या है? बाप का नाम क्या है? यहाँ क्यों आया है?

अफसर : संदिग्धावस्था में है सर!

थानेदार : हमारे रहते कोई उल्लू का पट्ठा संदिग्ध नहीं रह सकता, कौन है बे तू?

युवक : देखिए आप जरा तमीज से बात कीजिए! इन्वेस्टिगेशन करने आए हैं, कीजिए। गाली देने का आपको कोई हक नहीं है।

थानेदार : शड़प्! याने की तू हमको तमीज सिखाएगा? चीरकर रख दूँगा हरामजादे!

युवक : हरामजादे आजकल सादे कपड़ों में नहीं घूमते।

थानेदार : जबान चलाता है! शड़प मैं तेरी... (मारने बढ़ता है। रमिया बीच में आ जाती है)

युवक : ये धमकियाँ किसी और को देना। सब-इन्स्पैक्टर हो, कोई तोप नहीं हो।

(रामेसर युवक को खींचकर दूसरी तरफ ले जाता है)

बनिया : देखो! आजकल की शिक्षा।

ब्राह्मण : तुझे नहीं कर रहे थे भाई। तू अपना काम कर! इन लोगों के बीच में...

अफसर : अपोजीशन का आदमी है जनाब! मर्डर के पीछे जरूर...इसका भी

कोई...

(फ्रीज़)

सूत्रधार : सबसे नीचे है जनता, जनता पर है चपरासी।

चपरासी पर बाबू हैं, बाबू पर चढ़ी उदासी।

बाबू के ऊपर अफसर, अफसर ऊपर फिर अफसर।

अफसर का अफसर मंत्री, मंत्री का अफसर तंत्री।

मंत्री के ऊपर कुर्सी, कुर्सी के ऊपर पैसा।

यह लोकतंत्र का भैया देखो सर्कस है कैसा।

इस कुएँ में अब सोचो यह भंग पड़ी है क्योंकर?

क्यों इक रानी गड्डी में? बाकी सारे क्यों जोकर?

(ठाकुर आता है। थानेदार के कंधे पर हाथ रखकर उसे शांत करता है और आगे बढ़कर रमिया को एक थप्पड़ जमाता है, वह गिर पड़ती है। रामेसर और युवक ठाकुर पर टूट पड़ते हैं लेकिन सब मिलकर उन्हें जमीन पर गिरा देते हैं और उन पर लात-घूँसे बरसाने लगते हैं। बनिया अपनी जूती उतार कर एक अफसर को और एक ठाकुर को देता है जिससे वह तीनों पीटते हैं बनिया खुश होता है और तालियाँ बजाता है।)

सूत्रधार : ये बड़े क्रूर जोकर हैं, जन को लोहू रुलवाते।

धनिकों के पैर दबाते, मुफलिस को मार लगाते।

हर रोज तमाशे इनके जन को नंगा कर जाते।

मर जाता देश मेरा, बस ये जिंदा रह जाते।

(अचानक हाथों में बंधी हथकड़ी में लटकी जंजीर हवा में घुमाते, पाँव में बेड़ियाँ पहने धूड़ा आता है।)

धूड़ा : ठहर जाओ। असल बाप की औलाद हो तो कोई भागे नहीं, औरत पर हाथ उठाकर बहादुरी दिखा रहे हो? मुझसे बात करो।

(बनिया भाग कर एक कोने में छिप जाता है। ब्राह्मण भाग जाता है। धूड़ा जंजीर से बाकी सबको पीटना शुरू करता है)

ठाकुर : अरे ये कहाँ से आ गया? (बोलते ही एक पड़ती है) हाय!

अफसर : पुलिस कस्टोडी से भाग आया (बोलते ही एक पड़ती है) ओ ऽ बाप रेऽऽ

थानेदार : फांसी पे चढ़ाऊँगा! शड़ाप याने की (बोलते ही एक पड़ती है) शड़ाप!

(तीनों पिटकर भाग जाते हैं।)

धूड़ा : पिट गया? (रामेसर का गला पकड़ कर) चुपचाप पिट गया? साले, देता दो-चार। तू भी।

रमिया : तुम भाग कर आए हो? वो तुम्हें पकड़ लेंगे।

धूड़ा : उन्होंने मेरे साथ धोखा किया। मैंने भी इनके साथ किया।

युवक : कानून...

धूड़ा : कानून कहीं होता तो चार मरद मिलकर मेरी जोरू को पीटते नहीं अभी।

रमिया : तुम छिप जाओ। तुम चले जाओ, वो तुम्हें पकड़ लेंगे।

धूड़ा : मैं जा रहा हूँ। मैं बागी बन जाऊँगा या पकड़ा जाऊँगा। (रामेसर और युवक से) पर तुम बदला लेना। मैं जा रहा हूँ!

(जाता है)

रामेसर : माँ अब अपन यहाँ नहीं रहेंगे। चलो शहर चलेंगे। मजदूरी करेंगे और जिएँगे।

रमिया : भाग जाएँ? अपना गाँव-घर छोड़कर भाग जाएँ?

रामेसर : यहाँ हम फिर आएँगे माँ। लेकिन आदमी की तरह जीने के लिए। जानवरों की तरह मरने के लिए नहीं।

रमिया : वहाँ मर जाएँगे तो कंधा कौन देगा? बीमार पड़ेंगे तो पानी कौन पिलाएगा? यहाँ हमारा घर-हमारी बिरादरी तो है—वहाँ हमारा कौन होगा?

रामेसर : (नाराज होकर) यहाँ हमारा कौन है? बाप को पकड़ कर ले गए, कौन आया? तेरे घर चूल्हा नहीं जला, कौन आया? इत्ते लोग तेरी कूटम्मस कर गए। कौन आया? एक भी दिखाई दिया? कहाँ है अपनी बिरादरी? सब ठाकुर के खेत में खट रहे होंगे। जब उन पर पड़ेगी तो तू काम छोड़कर जाएगी? क्या इसी को बिरादरी कहते हैं? (फ्रीज़)

सूत्रधार : यही सब से बड़ा सवाल है जनाब! आदमी की बिरादरी कहाँ है? कौन सी है? यदि हो, तो इनके आँसू पोंछने कोई क्यों नहीं आया? खून

चूसने वाले, सताने वाले आपने देखा संगठित हैं, मिले हुए हैं, एक हैं और जो पिट रहे हैं वे असंगठित हैं, बँटे हुए हैं, अनेक हैं। रामेसर और उसका दोस्त अगर इन लोगों को जोड़ पाएँगे तभी जुलम-जासती की चट्टान को तोड़ पाएँगे? मगर इन लोगों को खुद भी जागना और जगाना पड़ेगा, भागना नहीं, चौट्टों को भगाना पड़ेगा।

सब : जोड़ेंगे जवान! आदमी को आदमी से जोड़ेंगे जवान।

सदियों के शिकंजे को भी तोड़ेंगे जवान, तोड़ेंगे जवान।

फोड़ेंगे जवान। भंडा काली करतूतों को फोड़ेंगे जवान!

बहुत सहा बहुत सहा धाडैतो का राज,

ठोली घोड़ा करके इनको छोड़ेंगे जवान।

छोड़ेंगे जवान, दौड़ेंगे जवान।

सधे पाँव लिए हाथ क्रांति की मशाल।

देखना कब आगे-आगे दौड़ेंगे जवान

दौड़ेंगे जवान। दौड़ेंगे जवान

◆◆◆◆◆

सबका दुश्मन

स्वयं प्रकाश

एक तारे पर धुन

(एक काल्पनिक गोदाम के आगे खटिया पर बैठा सेठ करोड़ीमल हुक्का पी रहा है। एक नौकर जमीन पर बैठा उसके पैर दबा रहा है। ग्रामीण वेशभूषा में एक बूढ़ा और एक बच्चा आते हैं। बूढ़ा और बच्चा दोनों आकर बांएँ कोने में खड़े हो जाते हैं।)

बूढ़ा : ये हैं सेठ करोड़ीमल जी बहुत बड़े व्यापारी,

पैसा ही बापू है इनका पैसा ही महतारी।

गेहूं से गोदाम भरा है, खुद पहरा देते हैं।

जनता बिलख रही गेहूँ को, आप मजा लेते हैं।

(एक फटेहाल आदमी का प्रवेश)

आदमी : (हाथ जोड़कर) सेठजी - थोड़ा सा नाज...

सेठ : नाज चाहिए? तो राशन की दुकान पर जाओ, यहाँ क्या रखा है?

आदमी : राशन की दुकान पर नाज नहीं है?

सेठ : तो बाजार में जाओ।

आदमी : बाजार में भी नाज नहीं है।

सेठ : तो गाँव जाओ, किसान से ले आओ।

आदमी : किसान के पास भी नहीं है, उसने बेच दिया।

सेठ : जब किसी के पास नहीं है तो मेरे पास कैसे हो सकता है?

आदमी : सुना है आपने किसान से सारा नाज खरीद कर छुपा दिया है।

सेठ : गलत सुना है।

आदमी : तो फिर इस गोदाम में क्या भरा है?

सेठ : (चिल्ला कर) गोदाम में भरा है भूसा चलो भागो यहाँ से।

(नौकर लकड़ी उठाता है। आदमी भाग जाता है। गंदा पाजामा-कमीज पहने एक आदमी का प्रवेश। बढ़ी हुई दाढ़ी, बिखरे हुए बाल।)

आदमी : सेठजी नमस्ते।

सेठ : (मुस्कुराकर) आओ, आओ जवांई जी...आओ...बैठो।

(आदमी खाट पर बैठने लगता है, सेठजी ऐसे बचते हैं जैसे वह कोई छुतहा बीमारी हो, आदमी नीचे बैठ जाता है।)

सेठ : (पुनः मुस्कुराकर) और सुनाओ, जवांई जी, क्या हालचाल हैं?

आदमी : जी, ठीक हैं...

सेठ : बच्चे कैसे हैं?

आदमी : ठीक हैं।

सेठ : कमला मजे में है?

आदमी : जी, ठीक है।

सेठ : कैसे आना हुआ?

आदमी : सेठजी...मुझे गेहूँ चाहिए।

सेठ : (उठकर बैठ जाता है, इधर उधर देख कर) देखो...सबको तो मैं यही कहता हूँ कि मेरे पास गेहूँ नहीं है। पर तुम मेरे जवांई हो, इसलिए तुमको 'ना' नहीं है, एक बोरी से ज्यादा नहीं दूँगा। उसके भी दो सौ रुपये कैश लगेंगे। रोकड़।

आदमी : दो सौ? पिच्यासी रुपये की खरीद... दौ सौ...

सेठ : अजी भला-मानो...दे रहे हैं, वर्ना मिलता कहाँ है गेहूँ?

आदमी : ठीक है दे दीजिए लेकिन पैसे....

सेठ : (कड़क कर) नहीं हैं? तो फिर गेहूँ लेने कैसे चले आए? कोई खैरात बँट रही है क्या?

आदमी : सेठजी - बात ये है कि घर में एक पैसा नहीं है...और अब तो मुझे कोई उधार भी नहीं देता।

सेठ : उधार क्यों नहीं देता! अमानत रखो तो हजार तैयार हैं उधार देने के लिए। भई ब्याज ही तो लेगा? जान लेगा? लाओ... हम देते हैं कितने पैसे चाहिए?

आदमी : रखने के लिए कुछ होता तो...

सेठ : क्यों? कमला के गहने कहाँ गए?

आदमी : (खड़े होकर) आप मुझे उधार पैसा देने के लिए अपनी बेटी के गहने गिरवीं रखेंगे? ये आपकी इंसानियत है?

सेठ : इसमें इंसानियत की क्या बात है? भई देखो...रिश्तेदारी... रिश्तेदारी की जगह...बिजनेस, बिजनेस की जगह, इसमें बुरा मानने की बात नहीं है यह व्यवहार की बात है।

आदमी : शर्म करो सेठजी शर्म, कल को आप भी मेरी हालत में आ सकते हो। दो नम्बर के खाते आखिर कब तक नहीं पकड़े जाएँगे!

सेठ : (चेतावनी देते हुए) देखो...जमुनाप्रसाद जी जबान सम्हाल के बात करो हाँ! नहीं तो देख लो फिर अच्छा नहीं होगा!

(जमुनाप्रसाद चला जाता है, सेठ हुक्का पीने लगता है।)

बच्चा : बाबा!

सेठों का जामाता भी क्या ऐसा हो सकता है?

बूढ़ा : पैसों की दुनिया में बेटा सब कुछ हो सकता है!

सट्टेबाजी के चक्कर में उसका पिटा दिवाला,

इसने उस पर कुड़की कर दी, घर तक बिकवा डाला।

भरी हुई है इनकी नस-नस में बस, दुनियादारी

पैसा ही इनका बापू है, पैसा ही महतारी।

(बायीं तरफ से पाँच-छह गरीब आदमी आते हैं, सबके हाथ में थैले-थैलियाँ हैं)

एक : सुना है आपके गोदाम में गेहूँ भरा हुआ है?

सेठ : गलत सुना है, गोदाम में कुछ नहीं है, गोदाम खाली है।

दूसरा : खाली है तो फिर इसमें इतना बड़ा ताला क्यों लटका रखा है?

(सब हँसते हैं)

सेठ : (नाराज होकर) लटका रखा है। मेरी मर्जी। आपको क्या तकलीफ है?

तीसरा : (चीखकर) तकलीफ कैसे नहीं है? पब्लिक को गेहूँ नहीं मिल रहा है और आपने सारा गेहूँ गोदामों में छिपा रखा है।

सेठ : हाँ, छिपा रखा है।

चौथा : और उस पर साँप बन कर बैठे हो!

सेठ : हाँ, बैठे हैं!

पाँचवां : नहीं बैठने देंगे, हमें गेहूँ चाहिए।

सेठ : (उठ कर, पाँचवें के पास जाकर)

ए मिश्टर! ये गेहूँ तुम्हारे बाप का नहीं है। समझे? हमारा है। (लौटते हुए) बड़े...नहीं...बैठने...देंगे...!

छठा : तुम्हारे पास कहाँ से आया?

सेठ : हमने खरीदा है। पैसे खर्च किए हैं।

छठा : तो हम भी पैसे दे रहे हैं। कोई मुफ्त में नहीं माँग रहे हैं।

सेठ : हमें नहीं देना, किसी को नहीं देना, जाइए आप लोग।

(दाहिनी तरफ से एक पुलिस वाला और एक चपरासी आता है, सेठ पुलिस के पास जाता है। दोनों कुछ खुसर-फुसर करते हैं। पुलिस वाला चपरासी से कुछ नोट लेकर सेठ को पकड़ाता है, सेठ थूक लगाकर नोट गिनता है और जेब में रख लेता है। तीनों दरवाजे के पास आते हैं। सेठ ताला खोलता है, चपरासी अंदर जाकर एक बोरी निकाल लाता है। इसी बीच बाईं तरफ से एक पागल केले का छिलका खाते हुए आता है और कोने में खड़ा हो जाता है। उस पर कोई ध्यान नहीं देता।)

दूसरा : गोदाम खाली पड़ा है। (सब हँसते हैं।)

तीसरा : इसको क्यों दे दिया? ये तुम्हारा बाप लगता है?

सेठ : हाँ, हाँ, लगता है।

पुलिस : ओ...शिरीमानजी...कंट्रोल लगा दे जबान पर, तुम शाला गुण्डा पब्लिक में दंगा करेगा...वो हंटर शे खाल उधेड़ दी जाएगी, शमझा? शाला... जानता है ये गंऊ किधर जाता है? बड़ा शाब के बँगले पर। शाला, चलो जी!

(दोनों चले जाते हैं। सब देखते रह जाते हैं।)

बच्चा : बाबा।

इन कालाबाजारियों को सरकार नहीं कुछ कहती?

बूढ़ा : बेटा, आसन की चाभी इनके गल्लों में रहती!

इज्जत-अस्मत क्या, ये सरकारें खरीद सकते हैं।

सिर्फ कागजी घोड़े इनको नहीं जीत सकते हैं!

बच्चा : कौन धरा को फिर इनके पापों से मुक्त करेगा?

बूढ़ा : 'शक्ति संगठन में है', जो यह नीति प्रयुक्त करेगा।

सेठ : (लोगों से) देखो जी...कान खोल कर सुन लो। गेहूँ-बेहूँ कुछ नहीं है, गेहूँ लेना है तो राशन की दुकान पर जाओ, इधर दंगा-फसाद किया तो मैं अभी पुलिस को बुलाऊँगा टेलीफोन करके, जान प्यारी है तो सीधी तरह दफा हो जाओ।

एक : कैसे दफा हो जाओ?

दूसरा : (चीखकर) हमें गेहूँ चाहिए।

तीसरा : (चीखकर) हम गोदाम का ताला तोड़ देंगे।

चौथा : (चीखकर) हम गोदाम में आग लगा देंगे।

पाँचवाँ-छठा-सातवाँ : हाँ,हाँ...आग लगा देंगे?

सेठ : (हाथ उठाकर सबको शांत करते हुए)

...कोई इंसानियत है कि नहीं? इतनी जोर से क्यों बोलते हो? प्रेम से बात करो। क्या बात है? तुम्हें गेहूँ चाहिए? तो ले जाओ। मना किसने किया? हमने भी बेचने के लिए खरीदा है। कोई अचार डालने के लिए थोड़ी खरीदा है।

कोई एक : अब आया ना लाइन पर।

सेठ : (उसी शांत स्वर में) लाइन पर क्या? हम इसलिए ना बोले कि इधर इतना सस्ता नहीं मिल सकता है, कंट्रोल की दुकान जितना, क्या? लाओ निकालो, एक बोरी का दो सौ रुपया।

तीन-चार : दो सौ??

(कुछ झिझकते हैं। कुछ पैसे निकालने लगते हैं, सेठ जाकर खाट पर बैठ जाता है।)

पागल : (एक आदमी से) यहाँ क्या मिलता है?

आदमी : गेहूँ।

पागल : पोस्टकार्ड नहीं मिलता?

आदमी : नहीं (कुछ रुककर) पोस्टकार्ड का क्या करोगे?

पागल : (वीरता से) पोस्टकार्ड! लिखूँगा, लाट साहब को लिखूँगा, वाइसराय साहब को लिखूँगा। विक्टोरिया को लिखूँगा। (जोर से) के हाय...तुम लोग...क्यों...क्यों...चले...गए!! (छाती कूट-कूट कर रोने लगता है। कोई उसकी तरफ ध्यान नहीं देता) अरे...कैसे-कैसे...मानुसों के हाथ में हमारी...हमारी...नकेल थमा गए...

(बैठकर रोने लगता है। सेठ का नौकर बाहर जाकर आता है।)

नौकर : सेठ जी ... मंत्री जी आ रहे हैं।

(सेठ उठकर सबको एक लाइन में खड़ा कर देता है और पागल को चुप करा देता है। मंत्री जी आते हैं। पीछे-पीछे चार-पाँच चमचे, एक पत्रकार भी।)

मंत्री : नमस्ते...नमस्ते करोड़ीमल जी कहिए...सब ठीक-ठाक चल रहा है न? यह क्या...वितरण कर रहे हैं?...अच्छा-अच्छा (पत्रकार से) लिखिए... जनता को शासन द्वारा नियुक्त मूल्यों पर खाद्यान्न वितरण में व्यापारी की पहल। नगर के प्रसिद्ध व्यापारी...नहीं, यह काट दीजिए...क्या लिखा? हाँ...लिखिए...जनप्रिय... व्यापारी श्री...करोड़ीमल जी का सराहनीय सहयोग... (पत्रकार लिखता है, लोगों से) और भाइयों...सब ठीक-ठाक चल रहा है न?

कोई एक : एक किलो के दो रुपए माँगता है!

मंत्री : (दुखी होकर) माँगता है। नहीं...माँगते हैं। आपको शायद ज्ञात न हो, मैं प्रारम्भ से ही इस बात पर बहुत जोर देता रहा हूँ। एक बार इसी विषय पर बापू और मेरे बीच एक बड़ा दिलचस्प प्रसंग हो गया, हम लोग घूमने जा रहे थे। मैं, महादेव भाई, जयाबेन और बापू। अचानक मार्ग में एक छोटा-सा मेंढक हमने देखा जो...कुचला पड़ा था, या शायद जीवित हो। मैंने तत्काल बापू से कहा—बापू, देखिए एक जीव घायल पड़े हैं, और वे विनोद से ठठाकर हँस दिए, और सब लोग भी...हीः हः हः (चमचे खूब जोर से हँसते हैं) तो ...तो हो जाता है कभी-कभी। अच्छा करोड़ीमल जी...आज्ञा हो...अरे हाँ...वह अगले सप्ताह सी.एम.

साहब पधार रहे हैं तो आपकी ओर से...मैं इसीलिए उपस्थित हुआ था।

सेठ : (हाथ जोड़कर) आप चिंता मत कीजिए। सब हो जाएगा।

मंत्री : बस...बस...। मैं आश्वस्त हो गया। (चमचों से) अपने सेठजी भी बड़े मजेदार आदमी हैं।

(सारे चमचे हँसते हैं। काफिला चला जाता है।)

बच्चा : बाबा!

यह कैसा उपहास अरे यह कैसी बात छिछोरी!

चमचे चंपी करते इसकी, मंत्री करें चिरौरी!!

बूढ़ा : यही वर्ग अपना दुश्मन है, गाँठ बाँध लो मन में!

इसके मद का राज छिपा मजदूरों के शोषण में!!

मजदूरों का खून चूसकर इसने भरी तिजोरी!

दिन भर दान-धरम करता यह, और रात को...

बच्चा : और रात को?

बूढ़ा : और रात को चोरी

(अचानक पागल जोर-जोर से हँसने लगता है और फुदकता-फुदकता एकदम सेठ के पास पहुँच जाता है। सेठ डर के मारे खड़ा हो जाता है।)

पागल : (सेठ की तोंद को दोनों हाथों से भोंपू की तरह दबाते-बजाते हुए) आप बहुत मजेदार आदमी हैं। हा...हा...हा...हा...

(सब हँसते हैं। पागल वापस फुदकता हुआ अपने कोने में आ जाता है।)

(दाहिनी तरफ से एक गरीब औरत एक बच्चे को गोद में लिए हुए आती है और आकर सेठ के सामने खड़ी हो जाती है। यह कमला है।)

कमला : (रोती हुई) तुम मेरे पिता हो या जल्लाद! मेरे बच्चे भूख से बिलख रहे हैं और तुमने 'इनको' गेहूँ देने से मना कर दिया? तुम्हें पैसा चाहिए। लाखों रुपए जोड़ लेने पर भी तुम्हारी हाय नहीं मिटती? बच्चों की जान चली जाए पर तुम दो मुट्ठी नहीं दे सकते। तुम्हें पैसा चाहिए। कहाँ से लाऊँ मैं पैसा? तुमने हमारा घर-मकान सब बिकवा दिए। सारे गहने

बिक गए मेरे। अब क्या बचा है मेरे पास बेचने को? ये मंगलसूत्र बचा है एक, तुम कहो तो इसे भी बेच दूँ! लो, लो! (झटके से अपना मंगलसूत्र तोड़कर सेठ के सामने जमीन पर फेंक देती है) अब तो जी भर गया तुम्हारा? अब तो हो गया तुम्हारा कलेजा ठण्डा??

(सब सन्न रह जाते हैं। कोई कुछ नहीं कह पाता। अचानक पागल दौड़ता हुआ आता है और सेठ के हाथ से चाभी छीनकर गोदाम का ताला और दरवाजा खोल देता है। सेठ और उसका नौकर उसे रोकने की कोशिश करते हैं लेकिन असफल रहते हैं। लाइन टूट जाती है और लोग भीड़ की शक्ल में गोदाम में घुस जाते हैं। दोनों हाथों में गेहूँ भरकर अट्टहास करता हुआ पागल बाहर आता है और उसके पीछे-पीछे सारी भीड़ गेहूँ लेकर हर्ष ध्वनि करती हुई बाहर निकलती है। पागल भीड़ के धक्के से जमीन पर गिर जाता है और उसे कुचलते हुए सब लोग चले जाते हैं। सेठ भी भाग जाता है। अंत में सिर्फ कमला रह जाती है जिसकी गोद में सहमा हुआ बच्चा रो रहा है और जो पागल के पास बैठकर उसका सिर सहला रही है।)

बूढ़ा : नाज मिल गया जनता को पर सेठ अभी जिंदा है,
जिंदा शोषण अभी जगत में, लूट अभी जिंदा है।
मजदूरों का खून चूस कर जिसने भरी तिजोरी,
दिन भर धरम किया है जिसने और रात को चोरी।

बच्चा : माँ मैं उसके पापों से धरती को मुक्त करूँगा,
शक्ति संगठन में है मैं यह नीति प्रयुक्त करूँगा।

◆◆◆◆◆